서중석의 현대사 이야기 ⓰

서중석의 현대사 이야기

서중석 답하다
김덕련 묻고 정리하다

16

광주항쟁
한국 사회를 뒤흔든 시민 항쟁

오월의봄

일러두기
본문의 추가 보충 설명은 모두 김덕련이 정리했다.

책머리에

1

우리는 21세기에 들어와 극렬한 '역사 전쟁'을 겪고 있다. 역사 전쟁은 한국과 일본 사이에, 또 한국과 중국 사이에 벌어지는 것으로 알고 있는 사람들이 많겠지만, 오히려 한국 사회 내부에서 더 치열하다.

사실 최근에 와서야 비로소 역사 교육이 정상적인 길로 들어서는가 싶었다. 박정희 한 사람만을 위한 1인 유신 체제의 망령인 국정 역사 교과서가 21세기 들어 사라졌고, 가장 중요한데도 공백이나 다름없었던 근현대사 교육이 이루어지면서 한국사 교육이 조금씩 자리를 잡아가고 있었다. 이런 흐름을 따라 이제 극우 반공 체제나 권력의 손아귀에서 벗어나 역사 교육이 학문과 교육 본연의 자세로 조심스럽게 나아가는 듯싶었다.

우리 현대사에는 조금 잘될 듯하다가 물거품이 된 경우가 종종 있다. 역사 교육도 그렇다. 교육의 현장이 순식간에 전쟁터가 된 것이다.

2008년 이명박 정권이 들어서자마자 수구 세력은 오염된 현대사를 재교육하겠다고 나섰다. 과거 중앙정보부 간부, 수구 언론 논설위원 등이 포함된 강사들이 서울을 비롯해 전국 각지로 보내져 학생과 교육계, '사회 지도층'을 상대로 현대사 재교육에 나섰다. 강사라기보다 유세객遊說客이라는 표현이 맞겠지만, 이들 중 현대사 전공자라고 볼 만한 사람은 없었다. 현대사 전공자가 아니면 역사학자도 잘 모를 수밖에 없는 한국 현대사, 특히 해방 전후사를 수구 세력 이데올로기 대변자들한테 맡긴 것이다. 얼마나 다급했으면 그렇게 했을까 싶지만 해프닝이나 다름없었다.

거기까지는 그나마 양호했다. 그해 8월 15일은 공교롭게도 정부 수립 60주년이 되는 날이었는데, 특히 이날을 벼르고 벼르던 세력들이 광복절을 건국절로 명칭을 변경해 기념해야 한다고 나섰다. 일부는 뭐가 뭔지 모르고 가담했겠지만, 그것은 역사 교육의 목표, 국가 기강이나 민족정기를 한순간 뒤집어엎고 혼란에 빠트릴 수 있는 위험천만한 행동이었다. 친일파를 건국 공로자로 만들 수 있는 건국절 행사장에는 참석하지 않겠다고 독립 운동 단체가 단호히 선언하고, 독립 운동가들이 자신들이 받은 서훈을 반납하겠다고 강경히 주장해서 간신히 광복절 기념식을 치를 수 있었다.

가을이 되자 일선 역사 교사들에게 날벼락이 떨어졌다. 지금 쓰는 교과서를 바꾸라고 난리를 친 것이다. 모든 권력을 총동원해서 압력을 가해왔다. 그 전쟁터 한가운데에 서서 교사들은 어떤 사념에 잠겼을까. 역사 교사로서 올바르게 산다는 것이 무엇이라고 생각했을까. 그렇지 않으면 기구한 우리 현대사를 되돌아보았을까.

그로부터 5년 후 박근혜 정권이 등장하자 또다시 역사 전쟁이 벌어졌다. 이번에는 역사 교과서를 둘러싼 전쟁이었다. 2004~2005년부터 구체적인 본색을 드러내고 조직적으로 활동하며 수구 세력 내에서 역사 문제에 대해 강력한 발언권을 확보해온 뉴라이트 계열이 역사 교과서를 만든 것이다.

뉴라이트 계열 역사 교과서는 어이없이 참패했다. 일본 극우들이 2001년에 만든 후쇼샤 교과서보다 더한 참패였다. 일제 침략, 친일파와 독재를 옹호했다고 그 교과서를 맹렬히 비판하던 쪽도 전혀 상상치 못한 결과였다. 그 교과서가 등장하기 몇 달 전부터 수구 언론이 여러 차례 크게 보도해 분위기를 띄우고, 권력이 여러 방법으로 지원을 하는 등 나름대로 총력전을 폈으며, 수구 세력이 지배하는 학교 재단도 있었기 때문에 어느 정도는 채택될지도 모른다고 크게 우려했는데 결과는 딴판이었다.

2

왜 역사 전쟁에서 이승만을 띄우는가. 박정희의 경제 발전 공로는 진보 세력 일부도 인정하기 때문에 이제 이승만만 살리면 다 된다고 보기 때문일까. 그렇지 않다. 근현대 역사에서 너무나 중요한 '비결 아닌 비결'이 거기 내장되어 있기 때문이다.

우리에게는 '역사의 죄인'이 있다. 우리 역사에서 제일 큰 죄인은 누구일까. 우선 친일파, 분단 세력, 독재 협력 세력이 쉽게 떠오를 것이다. 이승만을 존경하는 사람들에는 여러 유형이 있다. 친일파, 분단 세력, 독재 협력 세력이 거기 포함된다. 이들은 이승만을 살리고 나아가 그를 '건국의 아버지' '국부'로 만들어놓을 수만 있으면 '역사의 죄인'에서 벗어날 수 있다고 믿는 것 같다. 나아가 이승만이 국부가 되면 권력이나 사회적 지위, 기득권을 계속 움켜쥘 수 있다고 확신하고 있는 것 같다.

역사 전쟁은 수구 세력이 일으키는 불장난이라는 생각이 들 때가 있다. 60~70년 전 역사를 가지고 지금 아무에게도 득이 되지 않는 소모적인 전쟁을 일으킬 필요가 없기 때문이다. 사실을 왜곡하는 일 없이, 개방 시대에 맞게 그 시대를 폭넓게 이해하도록 가르치면 되는 것이다. 문제는 친일파, 분단 세력, 독재 협력 세력은 그렇게 생각하지 않는다는 데 있다. 자연인으로서 친일파는 생명이 다했지만, 정치적·사회적 친일파는 여전히 강성하다. 그러니 자꾸 문제를 일으킨다. 어두운 과거를 떨치고 새 출발을 할 때 보수주의가 자리 잡을 수 있는데, 비판자들을 마구잡이로 '종북'으로 몰아세우고 대통령 선거에서 NLL로 황당무계한 공격을 하는 데서 알 수 있듯이, 그들은 과거를 떨치지 못하고 독재 권력이 행했던 과거의 수법에 의존하고 있다. 이렇듯 수구 세력이 정치적 생명을 연장하려고 하기 때문에 역사 전쟁이 지겹게도 반복되고 있는 것이다.

우리에게는 '역사의 힘'이 있다. 항일 독립 운동과 반독재 민주화 운동이 줄기차게 계속된 것도, 우리 제헌 헌법에 자유·평등의 독립 운동 정신이 담겨 있는 것도 역사의 힘이다. 우리 국민이 친일파, 분단, 독재를 있어선 안 되는 잘못된 것으로 보는 것도 역사의 힘이다. 막강한 힘의 지원을 받은 역사 교과서가 참패한 것도 그렇다. 2014년에 국무총리 후보가 역사의식 때문에 순식간에 추락한 것도 역사의 힘이 아니고서는 설명하기 어렵다. 그런데도 해방-광복 70주년이 되는 2015년에 들어서자마자 역사 교과서를 국정화하겠다는 소리가 들리고, 수구 언론은 과거처럼 '이승만 위인 만들기'에 노력하고 있다.

진보 세력은 역사의 죄인 혐의에서 자유로울까. 현대사 진실 찾기, 역사 바로 세우기를 방기한 것은 어떻게 설명할 수 있을까. 1980년대에 운동권은 극우 반공 세력의 역사관을 산산조각 냈다고 생각하기도 했지만, 그것은 자만이었다. 현대사 진실 찾기를 방기할 때, 그것은 또 하나의 이데올로기이자 도그마로 경직될 수 있었다. 진보 세력은 수구 세력이 뉴라이트의 도움을 받아 근현대사 쟁점에 나름 대로 논리를 세워놨는데도 더 이상 자신을 채찍질하지 않았다.

1980년대에 그렇게 현대사에 열을 올리던 사람들 가운데 몇이나 해방과 광복, 광복절과 건국절의 차이를 설명할 수 있을까. 그들은 단정 운동에 대해서 어느 정도 지식을 가지고 있을까. 이승만이 대한민국을 건국한 국부가 아니고 제헌 국회에서 표결에 의해 선출된 초대 대통령에 지나지 않는다는 것은 또 얼마나 알고 있을까. 한마디로 이승만 건국론이 잘못된 주장이라는 것을 일반 사람들에게 구체적인 사실을 들어 조리 있게 설명해줄 수 있을까. 현대사의 이런 저런 문제를 가지고 생각이 다른 사람들과 논전을 벌일 경우 상대방을 얼마나 설득할 수 있을까.

3

나는 역사 전쟁이 싫다. 특히 요즘은 이제 제발 그만두었으면 싶은 마음이 간절하다. 내가 현대사에 관심을 가진 것이 1960년대 중반부터이니, 반세기라는 긴 세월 동안 극우 세력의 억지 주장이나 견강부회와 맞닥트리며 살아온 셈이다. 하지만 어떡하겠나. 숙명이려니

하고 받아들이지 않을 수 없다.

2013년 6월 제자와 지인들 앞에서 퇴임사를 하면서 이런 이야기들을 전했고, 젊은이들이 발분하여 현대사를 공부해줄 것을 거듭 당부했다. 그러고 나서 얼마 후 프레시안 김덕련 기자에게서 현대사 주제들을 여러 차례에 걸쳐 인터뷰하고 싶다는 요청이 왔다. 그다지 부담이 없을 것 같아 응했다. 한국전쟁부터 시작했다.

김덕련 기자는 뉴라이트가 제기한 문제들을 포함해 여러 가지를 예리하게 추궁했다. 당연히 쟁점 중심으로 얘기가 진행됐다. 그런데 곧 출판 제의가 들어왔다. 출판을 한다면 좀 더 체계적으로 인터뷰를 이끌어가야 할 것 같았다. 그래서 이승만 건국 문제, 친일파 문제, 한국전쟁과 이승만 문제, 집단 학살 문제, 5·16쿠데타 평가, 3선 개헌과 유신 체제, 박정희와 경제 발전 문제, 부마항쟁과 10·26과 광주항쟁, 6월항쟁 등 중요 쟁점을 한층 더 깊이 파고들어가기로 했다.

욕심도 생겼다. 이승만에 대해서는 직간접적으로 다룬 여러 저작과 논문이 있지만, 박정희에 대해서는 두세 편의 논문과 일반적인 글이 있을 뿐이었다. 그렇지만 현대사에서 박정희는 18년이라는 커다란 몫을 가지고 있고, 1960~1970년대의 대부분이 포함된 그 18년은 정치적으로나 경제적으로나 대단히 중요한 시기였다. 그 중요한 시기 동안 박정희가 집권했으니, 그 시기를 통사로 한번 써야 하지 않겠느냐는 의무감 비슷한 것이 있었다. 그러던 차에 인터뷰가 책으로 나오게 된다니, 박정희 집권 18년의 전체 상을 박정희 중심으로 살펴보고 싶은 의욕이 생겼다.

해방 직후의 역사도 1980년대에 와서야 연구되었지만, 박정희 시기도 마찬가지였다. 그 당시 한국인의 대다수가 박정희의 창씨 명을 알지 못했고, 심지어 그가 남로당의 프락치였다는 사실조차 모르고 있었다. 적지 않은 사람들이 막 보급되던 TV 화면에 빠지지 않고 등장하는 박정희의 모습을 그의 참모습으로 알고 있었다. 더욱이 1990년대 중반, 특히 IMF사태 이후 박정희 신드롬이 일어나면서 그는 대단한 능력자로 신비화되기도 했다.

나는 박정희가 쿠데타를 일으켰던 그때부터 이미 박정희의 모습을 지켜보았다. 덧칠하지 않은 있는 그대로의 박정희를 볼 수 있었다. 그는 그렇게 특별한 능력이나 지식을 가진 사람이 아니었다. 다만 권력에 대한 집착이 생사를 초월하도록 강했고, 상황을 판단하는 총기가 있었으며, 콤플렉스도 있었고, 색욕이 과했다.

그런데 나는 박정희의 저작, 연설문집, 그에 관한 여러 연구와 글을 들여다보면서 의외로 일제 때의 군인 경험이 그의 일생에 지대한 영향을 미쳤음을 알게 되었다. 유신 체제, 민족적 민주주의-한국적 민주주의, 민족과 주체성 강조 등 '정치 이념'이 해방 이전의 세계관에서 먼 거리에 있지 않았다. 일제 때 군인 정신으로 민족, 주체를 강조하게 되었다는 것이 아주 이상하게 들릴지 모르겠지만, 거기에 박정희의 박정희다운 특성이 있고, 한국 현대사의 일그러진 자화상이 담겨 있다.

김덕련 기자와 인터뷰를 하게 된 것은 행운이다. 그는 대학 시절 국사학과에 재학 중일 때 내 현대사 강의를 들었다고 하는데, 현대사 지식이 풍부하고 문제의식이 날카로웠다. 중요 쟁점도 놓치지 않았고 미묘한 표현도 잘 처리했다. 거기다 금상첨화 격으로 꼼꼼하며 자상하기까지 하다. 김덕련 기자와 나는 이러한 작업에 잘 어울리는 좋은 팀이라고 생각한다. 출판에 대해 자신의 철학을 가지고 있고 공들여 편집하느라 애쓴 오월의봄 박재영 대표에게도 감사드린다.

서중석

차례

연표

12일	전두환 측, 일본이 건넨 허위 첩보를 근거로 임시 국무회의에서 남침설 유포
	국회 교섭 단체 총무들, '5월 20일 임시 국회 소집, 17일에 이를 공고' 합의
13일	미국 국방부, '휴전선에서 정체불명의 총격전 발생' 발표
	위컴 주한 미군 사령관, 전두환에게 '남침 임박 징조 없다' 통지
	자제하던 대학생들, 13일부터 대규모 가두시위(비상 계엄 해제 등 요구)
14일	신민당, 국회에 비상 계엄 해제 촉구 결의안 제출
15일	학생들, 서울역 회군
	국회 개헌 특위, 대통령 직선제에 합의하고 개헌안 작성 사실상 완료
16일	최규하 급거 귀국(밤 10시 반)
17일	전두환·신군부, 비상 계엄 전국 확대, 국회 봉쇄로 5·17쿠데타 결행
	(임시 국회 소집 공고됐으나 군인들의 국회 봉쇄로 사실상 국회 폐쇄)
	김대중(소요 배후 조종 혐의)·김종필(권력형 부정 축재자) 등 체포
18일	공수 부대가 일으킨 유혈 사태를 계기로 광주항쟁 발발
19일	시민들이 거세게 저항하며 광주항쟁 본격화
	전두환, 돈 봉투 건네며 '계엄군에게 우호적 여론 조성' 지시
20일	대법원, 김재규 사형 확정 판결
	신현확 내각 총사퇴
	기사들의 차량 시위, 광주항쟁 수위를 끌어올림
	3공수여단, 실탄 지급(발포로 광주 시민 4명 사망)
21일	전두환, 자위권 발동 관련 회의 참석
	계엄군, 광주 시민 정조준해 집단 발포 및 헬기 기총 소사
	집단 발포에 분노한 시민들, 전남 각지에서 무기 탈취
	계엄군, 광주 시내에서 철수(시민들이 도청 장악)
	계엄사령관 이희성, 광주항쟁 왜곡하는 담화문 발표
22일	시민군 탄생, 학생수습대책위원회 및 시민수습대책위원회 결성
	계엄사, 김대중 내란 음모 사건 중간 수사 결과 발표
	신임 국무총리 서리, 광주 인근까지 왔다가 서울 돌아가 담화문 발표
	전두환, 광주에 있는 11공수여단장에게 격려금 전달 지시
23일	공수 부대의 집중 사격과 즉결 처분으로 주남마을에서 17명 사망
24일	전두환·신군부, 남파 간첩 이창용 체포 발표
	공수 부대, 원제·진제마을에서 어린이들 사살
	전두환, 국방부 장관 및 각 군 참모총장과 '광주사태 대책 회의'
25일	독침 사건(계엄군이 전개한 교란 작전의 일환) 발생
	시민수습위는 재야 중심, 학생수습위는 적극 투쟁론자 중심으로 재편
	최규하 대통령, 광주 상무대까지만 방문(무력 진압 전 전두환·신군부의 요식 행위)
26일	계엄군, 탱크 앞세우고 광주 시내 진입 시도 후 최후통첩
27일	전두환·신군부, 새벽에 대규모 병력 동원해 광주항쟁 무력 진압
	(상무 충정 작전 / 이 작전 앞두고 전두환 등 명의의 돈과 중식용 소를 내려 보냄)

광주항쟁

10·26 직후 민주화 대세 속
군부와 과도 정부의 '3김 비토'

광주항쟁, 첫 번째 마당

민주화는 대세, 그러나
군부는 '3김 비토' 제기

김 덕 련 1979년 독재자 박정희는 부하의 총에 목숨을 잃었다. 박정희의 죽음을 계기로 마땅히 민주화로 나아갔어야 하지만, 유신 잔당의 발호로 1987년 6월항쟁에 이르기까지 8년이나 더 군홧발에 짓눌려야 했다. 어떻게 해서 그런 일이 생겼는지, 그리고 10·26 이후 1980년대 전반기까지 상황은 어떠했는지를 짚어봤으면 한다. 우선 10·26 직후 정세는 어떠했나.

서 중 석 김재규의 거사로 1979년 10월 26일 박정희는 사망했다. 그 다음 날 새벽 3시 45분경 비상 계엄이 선포됐다. 계엄 선포 시각이 언제인지도 새벽 4시, 4시 15분 등 자료마다 다르게 나오는데 3시 45분 이게 맞을 거다. 그때 국무회의에서 계엄을 선포했고 그러면서 새로운 상황에 들어가게 된다.

뉴욕타임스는 11월 2일 자에서, 10·26 후 불과 며칠 안 지난 10월 30일 비밀리에 열린 군 주요 지휘관 회의에서 유신 헌법을 폐기하기로 비공식 합의를 보았으나 일부 젊은 장성들이 빠른 시일 안에 폐기하는 것에 반대해 시기에 대해서는 의견 일치를 보지 못했다고 보도했다. 11월 3일 박정희 9일장이 끝날 때에도, 그 이후에도 짙은 안개 정국이었지만 정치인이건 일반인이건 이제는 민주화 쪽으로 간다는 생각을 하고 있었다.

계엄사령관 정승화 육군 참모총장은 한국이 민주화 쪽으로 가야 한다는 견해를 가지고 있었다. "군이 정치에 관여한다는 것은 (그럴) 여력도 없을뿐더러 곧 우리의 의무를 포기하는 결과가 될 것

박정희 대통령 서거 소식을 알리고 있는 1979년 10월 27일 자 경향신문. "정부는 긴급 소집한 임시 국무회의에서 대통령의 유고로 인한 국가의 안전과 사회질서를 유지하기 위해" 비상 계엄을 선포했다.

이다"라고 피력하면서 정치 권력의 공백기에 새로운 정치 권력을 창출하는 데 자신은 끼어들지 않겠다는 얘기도 했다. 민주화가 대세일 뿐만 아니라 군이 더 이상 정치에 개입해서는 안 된다는 말이기도 했다. 다른 군인들도 대체로 비슷했는데, 이제는 군이 정치에 관여하지 말아야 한다는 공감대를 군 내부에서 이루고 있었다고 한다. 전두환 등 하나회 쪽은 '그럴 수 없다'는 생각을 강하게 갖고 있다는 게 곧 드러나긴 하지만, 전반적인 분위기는 그러했다.

그러면서도 정승화나 새로 정권을 담당하게 된 최규하 대통령 권한

1979년 11월 3일 박정희 대통령 운구 행렬. 사진 출처: e영상역사관

대행, 그리고 신임 신현확 총리 이런 쪽에서는 김대중, 김종필에 대해서는 부정적인 생각을 갖고 있다는 게 노출됐다. 김영삼에 대한 것보다는 주로 김대중, 김종필 이 두 사람에 대해 그랬다.

── 이른바 3김에 대한 거부감, 어떤 식으로 표출됐나.

정승화는 11월 26~27일에 언론사 사장단, 편집국장들과 오찬을 하면서 "김대중 씨는 사상적으로 불투명하고, 김영삼 씨는 무능하며, 김종필 씨는 부패한 사람이므로 새 시대의 정치 지도자가 될 수 없다"고 말한 것으로 알려졌다. 이른바 '3김 비토' 발언이었는데, 세 사람한테 자신의 얘기가 전달되리라고 보면서 말했다는 점이 주목된다. 작심하고 한 발언일 뿐만 아니라, 이 발언에는 군부의 의견이라는 의미가 담겨 있었다.

　김대중의 사상이 문제라는 '인식'은 권력 지향적인 하나회 소속 군인들이 아니더라도 군 상층부 다수가 갖고 있는 생각이었다. 유신 권력이 그것을 끊임없이 퍼트린 점도 작용했을 것이고, 극우 성향의 군인들이 가질 수 있는 이데올로기일 수도 있다. 또 김대중이 집권하면 자신들이 몹시 불리한 상황에 처할 것이라는 점도 영향을 줬을 것이다.

　군인이나 과도 정권 일각에서 3김이 나와서는 안 된다고 주장한 것은 민주주의를 위협하는 행위였고 민주주의를 위태롭게 하는 짓이었다. 그러나 '권력'을 쥔 자들이 이러한 생각을 가진 것도 현실이었다. 따라서 3김은 정치 지도자로서 대도를 걷고 대의에 따르면서 냉정하게 현실을 직시해 난국을 풀어나갈 지혜를 짜내고, 서로 협력하고 합심할 필요가 있었다.

　이처럼 민주화라는 큰 방향에는 군이건 과도 정부 쪽이건 민간인이건 대개 의견을 같이하고 있었지만, 구체적인 내용으로 들어가면 의견 차이가 컸다. 그렇기 때문에 그걸 어떤 방식으로 조정할 것인가, 이게 대단히 중요한 과제가 됐다. 오랫동안 독재 권력을 휘두르던 박정희의 죽음으로 필연적으로 이러한 난국이 초래될 수밖에 없는 상황이 나타나고 있었다.

다시 체육관 대통령 선출 후 개헌하기로, '김종필은 대통령 보선에 못 나온다'

—— 당시 정치권의 핵심 사안은 새로운 최고 권력자 선출과 개헌 문제였다. 이것에 대해 정치권에서는 어떤 이야기가 나왔나.

1979년 11월 5일, 10·26으로 휴지 상태였던 국회가 속개됐다. 김영삼의 의원직 제명(10월 4일)으로 야당 의원들이 제출했던 의원직 사퇴서가 일괄 반려됐다. 이날 김영삼은 기자 회견을 열고, 제3공화국 헌법으로 돌아가는 것을 원칙으로 3개월 안에 개헌하고 그후 3개월 안에 대통령을 선거로 직접 선출하자고 주장했다. 유신 쿠데타 이전, 즉 3공화국 헌법으로 돌아가자는 건 김대중 생각하고 같았고 나중에 김종필도 똑같은 입장을 밝히게 된다. 그러나 앞에서도 말한 것처럼 권력 핵심과 관련 있는 쪽에서는 미묘하게 받아들일 수 있는 점도 있었다. 김영삼은 자동적으로 신민당 총재에 복귀했다.

그런 가운데 사람들이 궁금하게 여기던 정치 일정에 대해 드디어 11월 10일 최규하가 발표하게 된다. 최규하는 시국 특별 담화에서 "헌법에", 이건 유신 헌법을 가리키는데, "규정된 시일 내에 국법이 정하는 절차에 따라 대통령 선거를 실시"하되 "새로 선출되는 대통령은 현행 헌법에 규정된 잔여 임기를 채우지 않고, 현실적으로 가능한 빠른 시간 내에 …… 헌법을 개정하고 그 헌법에 따라 선거를 실시해야 한다"고 밝혔다. 간단히 얘기하면, 유신 헌법에 의해 빨리 새 대통령을 뽑는 절차를 밟아 대통령 권한 대행인 최규하 자신이 '권한 대행' 자를 떼겠다는 것이었다. 그리고 그렇게 체육관 대통령이 된 자신은 또는 새 대통령은 전임 대통령(박정희)의 남은 임기를 채우지 않고, 가능한 한 빨리 헌법을 바꾸고 그 헌법에 따라 선거를 치르겠다는 얘기였다.•

　　그런데 당시 주한 미국 대사였던 윌리엄 글라이스틴의 회고록을 읽어보면, 김종필이 유신 헌법 방식에 의한 대통령 후보로 나서려 했다고 나와 있다. 이 부분을 어떻게 해석할 것인가. 김종필은 11월 12일 공화당에서 만장일치로 총재로 선출됐을 때 대통령 보궐선거에 나서겠다는 뜻을 강경하게 밝혔다고 한다. 정병진 기자에 의하면, 11월 15일 김종필의 체육관 대통령 출마 문제로 최규하 대통령 권한 대행이 머물고 있는 총리 공관에서 이 문제가 논의됐다. 이날 정승화는 집무실에서 길전식 공화당 사무총장에게 전화를 걸어 "모든 정계 중진들이 최규하를 밀기로 했다. 이제 와서 공화당이 김종필을 보선 후보로 지명하는 것은 정국 혼란만 가져온다"고 말했다. 이날 공화당은 김종필을 대통령 후보로 옹립할 것을 가결했고, 김종필은 출마하지 않겠다고 밝혔다.

── 김종필 본인은 '1979년 그때 입후보해 체육관 대통령이 될 생각은 처음부터 없었다'고 1987년에 이야기하지 않았나.

　　그건 김종필 주장이다. 군부에서 최규하를 '임시 대통령'으로 선출한 것은 최규하가 정치적 야심이 없어 과도적 임무를 맡는 데

• 박정희는 1978년 12월 두 번째 체육관 대통령에 취임했다. 따라서 만약 박정희 후임이 박정희의 남은 임기를 채울 경우 국민들은 1984년 말까지 또다시 유신 헌법에 따른 체육관 대통령의 통치를 받게 돼 있었다. 그러나 그건 바람직하지도, 가능하지도 않은 일이었다.

1979년 11월 22일 총리 공관에서 최규하와 김영삼이 만나 3시간 5분에 걸쳐 시국 전반과 정치 발전에 관해 의견을 주고받았다. 사진 출처: e영상역사관

적합하다고 판단했기 때문이다. 12월 6일 체육관 대통령 선출을 하게 돼 있었는데, 11월 19일쯤 되면 통일주체국민회의 대의원들 사이에서 최규하의 보궐 선거 후보 추대가 표면화되고 있다고 보도된다. 이것을 보면 이때쯤 확실히 '정리'가 다 된 것으로 보인다.

정치권의 움직임도 점차 활발해졌다. 11월 17일 김종필과 김영삼이 회담을 열고, 평화적 정권 교체가 이뤄지도록 노력하기로 했다. 11월 22일에는 총리 공관에서 최규하와 김영삼이 만나 3시간 5분에 걸쳐 시국 전반과 정치 발전에 관해 의견을 주고받았다.

── 이 무렵 민주화 운동 세력은 어떤 움직임을 보였나.

11월 10일 최규하 권한 대행의 민주화 일정 발표에 민주화 운동 세력은 불만이 많았다. 무엇보다도 '박정희가 죽었는데 어떻게 유신 헌법이 계속 기능하고 그 헌법으로 대통령을 선출할 수 있다는 말이냐', 이게 제일 큰 문제였다. 민주화 일정이 불투명하고 좀 길어지는 것 아니냐는 우려도 작용했다.

전국 대학 휴교 조치 16일 만에 각 대학별로 개강하기로 발표된 11월 12일, 민주주의와 민족 통일을 위한 국민연합은 '통대'에 의한 체육관 대통령 선출을 비판하고 민주 헌법을 3개월 이내에 제정해서 새 대통령을 선거해야 한다고 주장했다. 동아투위, 조선투위에서도 비슷한 주장을 했다. 그러자 최규하는 11월 15일 긴급 조치 9호로 구속·제적된 학생과 사회 인사의 석방과 복교 문제를 조속히 검토하라고 지시했다.

10·26 이후 최초의 학생 시위는 서울대에서 일어났다. 11월 22일 서울대 학생들이 유신 체제 완전 철폐와 조기 개헌을 외치며 시위에 들어갔다. 그런 속에서 민주화 운동 세력에 큰 영향을 준 YWCA 위장 결혼식 사건이 11월 24일 일어나게 된다.

'통대' 대통령 선출을 저지하려 한
YWCA 위장 결혼식 사건

— 어떤 사건이었나.

계엄 상태였기 때문에 결혼식을 위장해서 이 모임을 열었다. 신랑, 신부도 정하고 청첩장까지 돌렸다(신부는 가상 인물). 그래서 이 사건을 YWCA 위장 결혼식 사건이라고 부른다. YWCA에 민주화 운동 세력이 500여 명(700여 명 또는 1,000여 명이라는 주장도 있음) 모인 것은 통일주체국민회의 대의원('통대')에 의한 대통령 선출을 저지하고 민주화를 촉구하기 위해서였다. 그 때문에 이 모임을 '통대' 선출 저지 민주화 촉구 대회라고도 부른다.

결혼식 형식을 밟았는데, 신랑 입장과 동시에 사방에서 '통대 저지를 위한 국민 선언', '거국 민주 내각 구성을 위한 성명서' 등의 유인물이 살포됐다. 그러면서 '통대'에 의한 대통령 선출을 반대하는 취지문을 전 공화당 국회의원이자 3선 개헌을 반대했던 박종태가 낭독했다. "유신의 청산을 위한 유신의 연장이란 결코 용납될 수 없다. 저 녹슨 독재의 쇠사슬의 마지막 허리를 끊어버리자." 이제 결혼식 위장을 완전히 벗어던진 것이다.

참석자들은 '통대'에 의한 대통령 선출 반대, 거국 민주 내각 구성을 촉구하는 구호를 외쳤다. 바로 그때 계엄군이 몰려왔다. 계엄군은 닥치는 대로 참석자들을 두들겨 패면서 끌어냈다. 그러자 참석했던 사람들 가운데 젊은 사람들을 중심으로 150여 명이 명동 코스모스 백화점 앞에서 시위 대열을 편성해서 스크럼을 짜고 "유신 철폐", "'통대' 반대" 등의 구호를 외치면서 조흥은행 앞까지 가두시위를 벌였다. 그렇지만 뒤쫓아 온 계엄군에 의해 이들 가운데서도 상당수가 무참히 끌려갔다.

— 끌려간 사람들은 어떤 일을 겪었나.

이날 계엄군한테 연행된 사람이 140여 명이라고 하는데, 젊은 군인들한테 정말 심하게 두들겨 맞았다. 연행된 사람들 중에는 유

咸錫憲　白基玩　李祐会 28

金炳傑　崔　洌　洪性燁

YWCA 위장 결혼식 사건으로 구속되거나 불구속
송치된 주요 인물들. 왼쪽 위부터 시계방향으로
함석헌, 백기완, 이우회, 홍성엽, 최열, 김병걸.
이들은 계엄군한테 연행되어 심한 고문을 받았다.

신 시대에도 가혹하게 고문당한 이들이 많았는데, 이때 계엄군한테 군화 발길질, 각목 세례 같은 구타도, 고문도 아주 심하게 당했다. '군인들이라 역시 다르다. 지독한 놈들이다', 이런 생각을 갖게 할 정도였다. 계엄사는 양순직, 박종태, 백기완, 임채정 등 14명을 수경사 계엄군법회의에 넘겼고 윤보선, 함석헌 등 4명을 불구속 송치했으며 적어도 67명을 즉결 심판에 넘겼다. 계엄사는 이 사건이 윤보선 등의 '집권욕'에서 비롯됐다고 몰아붙였다.

제일 심하게 고문당했다고 하는 김병걸 교수는 고문 후유증으로 상당 기간 보행에 어려움을 겪었고 오랫동안 서 있을 수도 없었다고 그런다. 백기완 소장도 지독하게 고문을 당했고, 심지어 '통대 선출 저지 국민 대회' 대회장으로 모셨던 함석헌 선생 같은 분조차 심하게 능욕을 당했다고 나와 있다. 백기완은 이때 심한 고문을 당해 한때 극심한 기억 상실증에 걸렸을 뿐만 아니라 조그만 금속성 소리에도 깜짝깜짝 놀라는 정신 착란증, 협심증 같은 것들이 겹쳐 한때 폐인이 되다시피 했다고 한다. 거기에다가 고관절과 무릎 관절, 5번 요추의 극심한 통증으로 잠도 못 자고 해서 병보석으로 석방은 됐는데, 석방될 때 체중이 불과 40킬로그램밖에 안됐다고 그런다. 나한테 이분이 그 직후에 개를 여섯 마리 잡아먹고 간신히 몸을 추스를 수 있었다는 이야기를 하더라.

이처럼 이 대회는 너무나 무참하게 계엄군한테 당해버렸다. 그뿐 아니라 다수가 끌려가고 상당수는 구속되는 상황을 맞이하게 됐다. 그런데 YWCA 위장 결혼식 사건에 전두환·신군부 쪽에서 위계를 쓴 것 아니냐는 문제가 일각에서 제기됐다. 이 부분에 대해 잘 알 수 있는 김정남 이분도 《진실, 광장에 서다》에서 '의문점이 있다'는 걸 지적했는데, 이도성 기자가 쓴 《남산의 부장들》 3권에 그 의문점이 상당히 구체적으로 나온다.

대권 노린 전두환의 공작?
재야가 집회 열게 한 후 재야를 짓밟다?

— 고문이 얼마나 혹독했으면 건장하고 풍채가 좋은 백기완 소장의 몸무게가 40킬로그램으로 줄었을까 싶다. 어쨌건 이 사건은 어떻게 해서 일어났던 것인가.

청년 운동권 등 재야 민주 세력은 11월 10일 최규하가 '통대'에 의한 대통령 보궐 선거 실시 방침을 발표하자 이것을 저지하고 민주화를 촉진하기 위한 투쟁 조직 작업에 들어갔다. 윤보선도 이에 적극 동참하면서 YWCA에서 결혼식을 하는 형태로 모여 '통대'의 대통령 선출을 저지하고 민주화를 촉구하기로 투쟁 방법이 구체화됐다. 그런데 그때 전두환·신군부 쪽에서 윤보선 쪽으로 위계를 썼다는 것이다.

10·26 이후 전 대통령 윤보선 집에 여러 장교가 찾아왔다고 한다. 물론 윤보선만 어느 쪽 장교인지 짐작할 수 있을 뿐이지 다른 사람들은 잘 몰랐는데, 그중에는 정승화 계엄사령관 쪽도 있었고 전두환 보안사령관 쪽도 있었다고 그런다. 윤보선 집에 와서 얘기도 듣고 정보도 캐내려고 그랬던 건데, 그것뿐만 아니라 대령 계급장을 단 어떤 장교가 '그런 걸 해도 좋다', '집회가 열리면 협조하겠다'는 얘기까지 했다고 한다.

YWCA 위장 결혼식에서 중요한 역할을 한 조성우는 최근 '음모론', '함정론'과 관련해 당시 대회 준비위원장이었던 임채정이 중앙정보부 간부였던 이종찬에게서 확인한 바를 한 글에서 얘기했다. "신군부의 지령에 의해 이종찬이 윤보선을 만나 신군부의 뜻을 전달한 바는 있다"는 것이다(《기억과 전망》 2018년 겨울호). 이종찬은 일찍부터 전두환을 알고 있었고, 전두환으로부터 민정당 창당의 중책을 부여받았다. 분명한 것은 YWCA 집회 참여자들 중에는 보안이 허술한 사람도 있어 당국에서 알았을 가능성이 있고. 그 경우 사전에 집회 자체를 저지할 수 있었는데 그렇게 하지 않았다는 점이다.

이건 여러 가지로 중요한 의미를 갖는다. 문제는 이렇게 '집회를 열어도 좋다'고 얘기한 것이 어느 쪽이겠느냐 하는 건데, 전두환 쪽으로 보인다. 김대중 쪽의 핵심 인물인 김상현이 바로 이 사건 직후 보안사에 연행된 걸 보더라도 그 가능성이 아주 높다. 재야의 11월 24일 도전이 있은 직후 김상현은 계엄사 합동수사본부로 끌려갔는데, 거기서 본부장인 전두환 소장을 만났다고 한다.

이건 뭘 얘기하느냐 하면, 국가 권력을 탈취하겠다는 생각을 전두환 보안사령관 쪽이 상당히 일찍부터 갖고 있었다는 것이다. 재야도 자신들이 담당해야 할 몫이라고 보고 '그러니 재야에 대해 공작도 하고 재야를 무력화하겠다', 이런 목적으로 '통대'의 대통령 선출 저지 민주화 촉구 대회를 재야에서 열려고 하는 것을 알고 일정하게 개입 또는 작용을 한 것 아니겠나.˙

이즈음 전두환은 12·12쿠데타 음모를 감추고 정승화 쪽 판단을 그르치게 하기 위한 일종의 양동 작전을 쓰고 있었다. 12월 6일에 있을 체육관 대통령 선출을 코앞에 둔 어느 날, 전두환은 정승화

˙ YWCA 위장 결혼식 사건은 10·26 이후 재야의 첫 번째 도전이라고 볼 수 있다.

에게 '통대' 지지 투표율이 90퍼센트를 넘어야 과도 정부가 힘을 쓸 테니까 자신이 나서서 통일주체국민회의 대의원들을 '지도'하고 경찰을 감독하겠다고 나섰다고 한다. 또 12·12쿠데타 보름 전쯤에는 "부정한 재벌들을 붙잡아다 재산을 환수하고 감옥에 처넣으면 총장님은 국민 앞에서 영웅이 됩니다. 재벌들 망하고 쓰러지는 거 안 좋아할 국민이 어디 있겠습니까?"라고 말했다. 정승화는 두 가지 모두 일축했지만, 1978년 12·12선거에서 "공화 위에 재벌 있다"는 신민당 구호가 그토록 인기가 대단했다는 것을 상기하게 하는 발언이었다.

YWCA 위장 결혼식 사건 이후 서울 쪽은 민주화 운동 세력이 워낙 세게 당했기 때문에 위축돼서 상당 기간 활동하기가 쉽지 않았다. 그런데 끌려간 김상현한테 전두환이 했다는 얘기가 심상치 않다.

── 전두환이 어떤 얘기를 했다고 김상현은 증언했나.

뭐냐 하면, 김상현이 전두환을 만났을 때 보니까 김대중 진영에서 재야와 학생을 동원해 정권 타도를 시도하는 것으로 전두환 쪽에서 잘못 짚고 있었다는 것이다. 이것에는 '학생들이나 재야의 움직임과 관련해 김대중 쪽에서 막강한 힘을 갖고 있다'는 식으로 잘못 인식한 점도 없지 않아 있었겠지만 다른 한편으로는 김대중에 대해 나쁜 감정을 갖고 '김대중 쪽에서 그런 일을 하고 있다', 이렇게 넘겨짚은 면도 있다는 점이 중요하다고 본다. 난 이 부분이 나중에 일어나는 일들과 연결되는 면이 있다고 본다.

그때 전두환은 전투복 차림으로 김상현 앞에 나타나서 '재야에서 혼란을 유도하며 시위를 벌이면 참지 않겠다'고 얘기했다. 자기는 생사를 초월한 지 오래라고 하면서. 전두환 말에 어떤 뜻이 담겨 있는지를 잘 생각해보면, 이건 합수부장 또는 보안사령관 입장에서 하는 얘기가 아니었다. 국가를 좌지우지하는 자의 입장, 그러니까 박정희의 입장과 비슷한 것이었다. 전두환이 이런 발언을 했다면, 정치 감각이 있는 사람이라면 적어도 12·12쿠데타 이후의 전두환을 주목하고 주시해야 하지 않았을까. 3김은 이 점을 너무 간과한 것이 아닐까. 그런데 김상현은 또 하나의 중요한 증언을 했다.

최규하 대행 체제가
김대중 등 3김에게 중요했던 이유

── 무엇이었나.

당시 김대중은 복권되지도 않았고 여전히 연금 상태로 묶여 있었다. 그래서 대외 활동이 불가능했다. 그런 이유 때문에도 YWCA 위장 결혼식에는 참석할 수 없었다. 김대중이 그런 상태였기 때문에 그 대리인 격으로 김상현이 활동했다. 그렇게 해서 김상현은 안국동 윤보선 자택 모임에도 참석했는데, 거기서 윤보선은 최규하 권한 대행을 즉각 퇴임시키고 조속히 범민주 정부를 수립해야 한다고 주장했다.

하지만 그 문제에 대해 김대중은 다른 주장을 했다고 한다. 김상현에 따르면, 김대중은 대통령 보궐 선거를 저지하고 최규하 권한 대행을 퇴진시키면 무정부 상태가 온다고 우려했다고 한다. 그렇기 때문에 민주 헌법으로 개헌하기 위해 최규하 권한 대행 체제를 오히려 강화해줘야 하며, 그 체제로 직선제 개헌을 주도해야지 그렇지 않으면 군부가 나온다고 내다봤다는 것이다.

엄혹한 현실을 정확히 꿰뚫었다고 난 본다. 유신 헌법으로 보궐 선거를 한다는 것은 문제가 있지만, 국민의 압도적인 여론을 배경으로 해서 최규하 권한 대행 체제로 직선제 개헌을 하는 방법 이외에는 문제를 해결할 길을 찾기가 어려웠다. 김대중이 복권되기 전까지는 이 생각을 했을 가능성이 있다. 최규하 대통령 권한 대행 쪽과 김대중, 김영삼, 김종필이 대화를 하면서 최 대행 체제를 강화해서 정치 군부를 억제하고, 그러면서 직선제 개헌 쪽으로 유도해가는 그 방식 말이다.

물론 재야인사, 민주화 운동 세력 쪽은 '유신 헌법을 빨리 폐지하라. 민주주의 방식으로 새롭게 정부를 수립해야 한다', 이런 주장을 당연히 해야 하고 또 할 수 있다고 본다. 그러나 현실 정치인이라면 정치적으로 여러 가지 배려해야 할 게 있는 법이다. 김상현의 주장을 통해 드러난 것처럼 김대중이 그 당시 갖고 있었다는 정세 인식은 그런 점에서 여러모로 되새겨볼 만한 내용을 담고 있는 것 아니겠는가.

11월 24일 대회 전에 김상현은 김대중의 그러한 입장을 가지고 모임에 참석해 '그런 의미에서 11월 24일 대회는 바람직하지 않다'고 발언했고, 그러면서 김대중 쪽은 그 대회에 참석하지 않은 것이다. 이처럼 몇 가지 중요한 것들이 11월 24일 대회와 관련해 나타났다.

—— YWCA 위장 결혼식 사건 후 정국은 어떻게 돌아갔나.

1979년 12월 14일 청와대에 온 최규하. 사진 출처: e영상역사관

그로부터 이틀 후인 11월 26일 국회에서는 여야 만장일치로 헌법개정심의특별위원회 설치를 가결했다. 12월 3일에는 백두진이 국회의장에서 사임했다.

헌법개정심의특별위원회를 여야 동수로 구성하기로 했다는 점도 눈여겨볼 만하다. 1960년 4월혁명 이후 민주당과 자유당이 개헌을 할 때, 자유당이 압도적 다수였지만 민주당이 주도하면서 자유당을 끌고 가지 않았나. 1979년 이때의 경우 여권은 유신정우회까지 합치면 의석의 3분의 2를 차지하고 있었다. 야당은 3분의 1밖에 안됐다. 그런데도 여야 동수로 했다는 건 야당과 개헌 문제에서 별

차이가 없다는 것, 그리고 야당에 협조해주겠다는 것을 말해준다. 이것하고 아까 김대중이 얘기한 걸 잘 연결하면 문제를 풀어나갈 수 있는 방안이 있지 않았을까, 그런 생각을 해볼 수 있다.

12월 6일 모두 알다시피 최규하가 유신 헌법으로 '통대'에 의해 대통령이 됐다. 7일에는 8일 0시를 기해서 긴급 조치 9호를 해제하기로 국무회의에서 의결했다. 12월 8일 김대중 연금을 해제했다. 10일에는 부총리였던 신현확을 총리로 임명했다. 당시 총리는 공석이지 않았나. 그리고 12·12쿠데타 9일 후인 12월 21일, 제10대 대통령 취임식을 열었다. 취임식 때에도 최규하는 새 헌법을 마련하고 가급적 빠른 시일 안에 총선을 실시하겠다고 밝혔다. 이처럼 12월 21일 취임했으므로 그 이전은 대통령 권한 대행이었다. 그런데도 《전두환 회고록》 등은 12·12쿠데타가 일어난 시점에 최규하를 대통령으로 호칭했다.

12월 6일까지는 정치가 문제가 많았고 균열될 조짐이 적지 않긴 했지만, 그래도 풀려나갈 수 있는 실마리가 있었다고 할 수 있다. 그런데 신현확이 총리가 되고 나서 이틀 후에 그 유명한 12·12쿠데타가 일어난다.

12·12쿠데타 일으킨 전두환 일당, 정승화의 판단 착오에 웃었다

광주항쟁, 두 번째 마당

김 덕 련 박정희 사후 민주화를 향한 여정은 전두환 일당에게 발목을 잡혔다. 결정적인 계기는 12·12쿠데타다. 역사를 뒷걸음질 치게 한 1979년 12월 12일 그날 상황을 되짚었으면 한다. 12·12쿠데타, 어떻게 전개됐나.

서 중 석 12월 12일 오후 6시경 전두환은 보안사 인사처장 허삼수 대령과 육본 범죄수사단장 우경윤 대령에게 정승화 계엄사령관 겸 육군 참모총장을 연행해 오라고 지시했다. 반란군 진압 활동을 가장 직접적으로 펴야 할 장태완 수경사령관은 그 시각에 전두환 초청으로 수경사 사령부를 떠나 연희동 비밀 요정으로 가고 있었다.

오후 6시 30분경 수경사 30경비단장실, 경비단장은 장세동이었는데 그 단장실에 12·12쿠데타의 핵심 인사들이 다 모였다. 국방부 군수차관보 유학성 중장, 수도군단장 차규헌 중장, 제1군단장 황영시 중장, 제9사단장 노태우 소장, 제20사단장 박준병 소장, 제1공수여단장 박희도 준장, 제3공수여단장 최세창 준장, 제5공수여단장 장기오 준장, 제71방위사단장 백운택 준장, 그리고 수경사 30경비단장 장세동 대령과 33경비단장 김진영 대령 등이 거기에 모여 있었다.

그 시간에 전두환은 최규하 대통령 권한 대행이 있는 총리 공관으로 가고 있었다. 이때는 최규하가 아직 대통령에 취임하지 않았기 때문에 청와대로 거처를 옮기지 않았다. 전두환은 합동수사본부 수사국장 이학봉 중령을 대동하고 가서 정승화 참모총장 연행 조사가 필요하다고 주장했다. 그러면서 연행 지시를 내려달라고 했다.

전두환·신군부 지시로 나온 《제5공화국 전사前史》를 보면 전

1979년 12월 12일 보안사령관 전두환을 비롯한 신군부 세력은 계엄사령관 정승화를 연행하고 쿠데타로 정권을 탈취했다. 사진은 12월 13일 새벽 서울 광화문 앞에 탱크부대가 진주해 있는 모습.

두환이 최규하에게 내민 서류에는 "고 박정희 각하 시해 사건에 관련된 것으로 판단되는 육군 참모총장 대장 정승화, 3군사령관 중장 이건영 및 특전사령관 정병주를 연행, 수사코자 하오니 재가 바랍니다"라고 쓰여 있다. 이 서류는 전두환·신군부의 목표가 정승화를 조사, 연행하는 것이 아니라 처음부터 쿠데타를 일으키는 것이었음을 명확히 보여준다. 정승화는 10·26 그날 궁정동에 있었지만, 이건영과 정병주는 10·26과 아무런 관계가 없었다. 그런데도 정승화와 함께 이 두 사람을 연행 대상에 끼워 넣은 것은 전두환·신군부 측과 반란군 진압 측이 무력전에 돌입할 경우 반란군 진압 부대를 지휘할 대표적 인물이 장태완과 함께 이 두 사람이었기 때문이다. 이 때문에 전두환·신군부 측은 쿠데타를 일으킬 때 이 두 사람을 먼저 제거하는 것이 대단히 중요하다고 판단해서 정승화와 함께 이름을 올려놓은 것이 분명하다.

1979년 12월 13일 무장한 군인들이 중앙청을 점거한 모습. 사진 출처: 국가기록원

—— 최규하는 어떤 반응을 보였나.

최규하는 전두환에게 그건 국방부 장관을 통해서 보고해야 한다고 말했다. 당신이 직접 와서 보고할 사안이 아니라는 것이었다. 당연한 얘기 아닌가. 그리고 '계엄 시에는 계엄사령관이 매우 막중한 자리다. 국무회의 의결을 거쳐 계엄사령관을 임명했다. 따라서 국무위원인 국방부 장관의 의견을 듣지 않고서는 내가 뭐라고 말을 못하겠다', 이렇게 나왔다. 그래서 전두환으로서는 어떻게 할 수가 없었다. 정승화를 연행하라는 지시를 대통령한테서 끝내 받지 못했다.

정승화의 판단 착오 덕분에
결정적 고지 선점한 쿠데타 세력

—— 전두환의 지시를 받고 정승화 쪽으로 간 사람들의 상황은 어
떠했나.

12·12쿠데타 세력이 승리하는 첫 번째 핵심 계기는 정승화를
잡아가는 데 성공한 것이었다. 그게 아주 중요했다. 앞에서 말한 것
처럼 우경윤과 허삼수가 전두환 지시에 따라 참모총장 공관으로
갔는데, 오후 6시 50분경 도착했다고 한다. 두 사람은 정승화한테
10·26과 관련해 조사할 게 있으니 자기들하고 같이 가야겠다고 말
했다. 그러자 정승화가 '나를 데려가도 좋다고 대통령이 승인했느
냐'고 물어봤다. 두 사람은 '네, 승인하셨습니다'라고 답변했다. 거
짓 답변을 한 것이다. 정승화는 부관을 불러서 대통령이 있는 총리
공관이나 국방부 장관한테 빨리 전화 연결을 하라고 지시했다.

그때 M16 소총 소리가 들렸고, 우경윤 대령과 허삼수 대령이
동시에 달려들어 좌우에서 정승화 총장의 겨드랑이에 팔을 끼고 강
제로 끌고 가려 했다. 그러면서 총성이 계속 울렸는데, 정승화가 사
격 중지를 명령했다. 결정적인 실수를 한 것이다. 바깥에서 들어온
자들이 자기들에게 총을 겨누는 상황 아니었나. 그런데도 그런 지
시를 내린 것이다. 그러자 12·12쿠데타 세력은 M16 소총을 쏘면서
유리창을 깨고 들어와 총을 겨누면서 '빨리 가자'고 하고는 정승화
를 차에 태워버렸다.

정승화가 판단을 아주 잘못한 것이다. 허삼수, 우경윤이 나타
났을 때 '뭔가 심각한 일이 일어나고 있구나', 이렇게 생각했어야

하는 건데 그렇게 하지 못했다. 정승화 자신은 항상 찜찜한 게 있기는 있었다. 10·26 그날 김재규 연락을 받고 궁정동에 불려가 쭈그리고 앉아 있었다는 그것에 대해서.

정승화는 소심한 사람이었던 것 같다. 12·12쿠데타 그날 모습을 보면 '뭐 이런 사람이 다 있나' 싶은 생각도 드는데, 아주 소심한 사람이어서 '이게 반란일 가능성이 있다. 전두환 쪽에서 지금 반란을 일으킨 것 아니냐', 이런 생각을 하지 못한 것 같다.

── 전두환 보안사령관을 중심으로 한 하나회 쪽을 경계해야 한다는 얘기가 12·12쿠데타 전에도 있지 않았나. 그런데 어찌하다가 그런 일을 당한 것인가.

전두환 쪽을 장악해야 한다는 얘기가 사실은 그전부터 있었다. 10·26 직후 계엄이 선포됐으니까 이제 계엄사령관 밑에 보안사령관이 들어오게 돼 있었다. 보안사령관을 포함한 모든 일선 부대 지휘관 인사권까지 계엄사령관이 장악했다고 볼 수 있다.

그런 속에서, 쿠데타가 있기 전 헌병감 김진기 준장 등이 정치장교들, 말하자면 12·12쿠데타를 일으키는 자들에 대해서 그쪽 동향에 뭔가 문제가 있다는 얘기를 했다. 정승화 자서전을 읽어보면, 청와대나 중앙정보부, 보안사만 돌면서 특혜 근무를 하는 군인들이 문제가 있으니 그들을 예편시켜야 한다는 여론이 정승화 귀에까지 들어왔다. 군부 권력의 핵심 쪽만 돌면서 특혜 근무를 하는 자들이란 군부 내 비밀 사조직인 전두환, 노태우 등 하나회 군인들을 주로 가리켰다.

그런데 정승화는 오히려 그걸 무마했다. 그뿐 아니라 굉장히 중요한 시기였던 만큼 총장 공관 경비를 강화해야 하는데, 오히려 경비를 맡고 있던 공수특전단 병력을 대부분 귀대시키고 일부만 남겨놓았다. 10·26 이후 공관 안팎에 배치된 병력까지 상당 부분 철수시켜버린 것이다. 계엄사령관 겸 육군 참모총장이라는 자신의 직위를 너무 믿었던 것 같다.

그러다가 12월 9일에 와서 노재현 국방부 장관과 골프를 칠 때 전두환을 '동방사' 사령관으로 전임시키는 것이 어떠냐는 얘기를 하게 된다. '동방사' 사령관은 동해안 지구 방위사령관(동해안 경비사령관)을 말하는데 내가 군대에 있을 때에도 그렇게 불렀다. 그런데 노재현이 국방부 차관 김용휴한테 그 사실을 알렸고, 그걸 김용휴가 바로 보안사령관한테 귀띔해줬다고 한다. 그래서 12·12쿠데타가 일어나게 된다고 일각에서는 주장한다. 하여튼 12월 9일에 와서야 그런 얘기를 국방부 장관한테 했다가 12월 12일 저녁에 그런 변괴를 당한 것이다.

— 쿠데타 당일 무력하게 끌려간 것에 대해 정승화 본인은 뭐라고 해명했나.

정승화는 자서전에서 이렇게 얘기했다. "허삼수와 우경윤이 나를 데리러 온 게 쿠데타의 수순인 줄만 알았다면 순순히 따라가진 않았을 것이다. 공관에는 외부로 통하는 숨겨진 통로가 있어", 이런 게 있는 건 당연한 일일 텐데, "공관 밖에서 놈들의 병력이 아무리 지키고 있다 하더라도 얼마든지 따돌릴 수가 있었으니까."

그런데 그런 대비를 전혀 하지 않다가 상황이 발생하자 정승화는 사격 중지 명령까지 내렸다. 그것도 사실 자기 쪽 사격만 정지시킨 것인데, 그러고는 끌려가버렸다. 이것 자체가 12·12반란을 일으킨 쪽한테 정말 결정적으로 유리한 상황을 만들어줬다.

우왕좌왕한 육본·국방부 상층, 진압 위해 고군분투한 장태완

── 전두환 쪽에서 있을 수 없는 하극상을 한 것인데, 이를 진압해야 할 쪽은 어떤 움직임을 보였나.

수경사 30경비단장실에 쿠데타 핵심들이 모였던 오후 6시 30분 바로 그 시각에 특전사령관 정병주, 수경사령관 장태완, 헌병감 김진기 같은 사람들은 전두환 초청으로 연희동 비밀 요정에 모여 있었다. 정승화와 함께 12·12쿠데타를 진압하는 데 제일 앞장서야 할 군인들이었다. 그리고 정승화, 김재규와 가까운 사이로 알려져 있었다. 그쪽 사람들이었는데, 12·12쿠데타 세력이 그걸 다 알고서 그 사람들을 불러낸 것이다. 자기들을 초청한 전두환이 오지 않자, 이 사람들은 시바스리갈을 한 잔씩 비웠다고 한다.

그러던 중 총장 공관에서 총격 소리가 났다는 연락을 받았다. 국방부 과거사 진상규명위원회 보고서에는 전두환이 유인한 이 세 사람이 정승화 납치 상황을 통보받은 시각은 오후 7시 38분으로 나와 있다. 황급히 정병주는 특전사령부로, 장태완은 수경사령부로 갔다. 장태완은 사령부로 가는 차 속에서 첫 번째 지시를 내렸다. 수경사 예하 부대에 비상을 발령하고 모든 지휘관과 참모들을 상황실에 집합시키는 한편 특공대를 보내 정승화 총장을 모시고 오라는 지시였다.

그러면서 이제 드디어 양쪽이 본격적인 작전에 돌입하게 된다. 먼저 육본 쪽을 보면, 참모총장이 끌려갔으니까 윤성민 참모차장이 대행을 해야 했다. 윤성민은 오후 8시에 육본 전 참모를 비상소집했다. 그 후 육본은 경계 태세인 진돗개를 상향 조정했다. 국방부 과거사 진상규명위원회 보고서에 따르면, 8시 8분경 육군본부는 수도권 지역에 진돗개 둘을 발령했다. 8시 20분에는 1군과 3군에도 진돗개 둘이 발령됐다.

오후 8시 30분에 노재현 국방부 장관이 외부에서 유병현 한미연합사 부사령관한테 문의 전화를 했다. 이때 노재현 장관이 정확히 어디 있었는지는 당시 알 수가 없었다. 정승화가 그렇게 된 상황에서 노재현은 윤성민과 함께 제일 중요한 위치에 있었다. 그러니까 전군에 출동 지시를 내려야 할 위치에 있었는데, 당시 어디 있는지조차 알 수 없는 상태였다.

─── 그 시기에 전두환 쪽은 어떻게 움직였나.

전두환은 불안하고 울화통 터지는 시간을 보내고 있었다. 오후 7시 40분이 조금 지나서 정승화 연행에 성공했다는 보고를 받았고, 그래서 즉각 최규하에게 그 얘기를 했다. 그렇지만《전두환 회고록》을 보면 최규하는 "알았다"고 하면서 "국방부 장관이 올 때까지 기다려봅시다", 이렇게 얘기했다. 다급해진 전두환은 자신이 찾아보겠다고 말했다. 그러나 최규하는 "조금만 더 기다려봅시다", 이렇게 나왔다. 할 수 없이 전두환은 다시 눌러앉았다. 밤 9시에도 국방부 장관 소재를 알 수 없어 전두환이 또다시 자신이 나가서 찾아보겠다고 하자, 그때서야 놔줬다.

2시간 반이나 허송세월한 전두환은 부리나케 30경비단으로 달렸다. 그곳에서 쿠데타의 다른 주모자들과 얘기를 나눴지만 뾰족한 방안이 없어 다시 최규하에게 가기로 했다. 이들로서는 정말 초조한 순간일 수밖에 없었다. 자기들의 행동이 하극상, 반란으로 규정될 수밖에 없는 상황이었으니까. 전두환은 권총을 찬 황영시, 유학성, 차규헌, 박희도, 백운택 등과 함께 오후 9시 30분에 최규하를 다시 찾아가서 결재를 요구했다.

그 무렵 장태완, 정병주 그리고 3군 사령관 이건영 쪽에서는 반란 부대를 저지하기 위한 활동에 들어갔다. 이건영은 김재규와 가까운 사이였다.

— 국방부 장관은 어디서 무엇을 하고 있었나.

노재현 국방부 장관은 어디에 있었느냐. 저녁 7시 15분경 이웃한 참모총장 공관에서 총소리가 나자, 국방부 장관 공관에 있던 노재현은 옷도 갈아입지 않은 채 담을 넘어 허둥지둥 공관을 떠났다. 그 후 8시 40분경 국방부 상황실로 전화했고, 9시 30분에 육군본부로 갔다. 그러고는 10시경 한미 연합사 상황실로 다시 피신했고, 그곳에서 밤 10시가 조금 지나서 최규하와 전화 연결이 됐다. 최규하는 "당장 공관으로 오시오"라고 지시했다. 그러자 전두환과 5명의 군인들은 '됐다'고 생각하고 총리 공관을 떠났다. 그러나 노재현은 12월 13일 오전 1시 30분경에야 한미 연합사를 떠나 국방부로 갔다.

그런데 오전 1시 50분경 박희도가 끌고 온 제1공수여단과 국

「12·12」全-盧氏 歷史앞에 서다

두 前대통령 한法廷 첫公判 – 盧씨만 신

鄭 무력동

檢察 "재가없이 總長연행은 반란죄"

辯護人 "10·26연루 수사마땅 합법조치"

1996년 3월 12일 자 동아일보. 12·12 및 5·18 광주 유혈 사태로 법정에 선 두 전직 대통령.

방부 병력 간에 총격전이 벌어지자 노재현은 다시 피신했다. 그러다가 오전 3시 50분경 국방부 장관을 찾기 위한 제1공수여단 수색 병력이 국방부 지하 계단에 숨어 있던 노재현을 찾아냈다.

물론 처음부터 12·12는 하극상 쿠데타다. 그렇다고 하더라도 노재현이 최규하를 만날 때까지 왜 계속 도피했는지는 알 수 없지만, 어쨌든 노재현은 10시간 이상 정승화 참모총장 연행 재가를 늦추는 '공'을 세웠다. 최규하는 오전 5시가 조금 지나서 정승화 연행을 재가하고 서명란에 '12·13 05:00 AM'이라고 적었다. 시간을 명시한 것이 눈길을 끈다.

── 최규하는 왜 그렇게 한 것인가.

최규하가 어떤 의도로 시간을 명기했는지는 불분명하다. 노재현이 숨바꼭질하듯 계속 피신해 최규하의 재가를 늦춘 것은 전두환·신군부의 '거사'가 반란이라는 점을 명확히 하는 데 유력한 증거가 됐다. 1997년 대법원은 전두환 등의 반란을 입증하는 증거로 이 시간을 중시했다. 판결문에는 이렇게 쓰여 있다.

"대통령이 1979년 12월 13일 05:10경 정 총장의 체포를 재가하였다고 하더라도, 이는 정 총장이 체포되고 피고인들이 동원한 병력에 의해 육군본부와 국방부가 점령되고 피고인들의 반란을 저지·진압하려고 한 장성들이 제압된 이후에 이뤄진 것으로서 ……대통령의 재가 없이, 적법한 체포 절차도 밟지 아니하고 정 총장을 체포한 행위는 대통령의 군 통수권 및 육군 참모총장의 군 지휘권에 반항한 행위라고 할 것이며, 원심이 적법히 인정한 바와 같이 피고인들이 작당하여 병기를 휴대하고 위와 같은 행위를 한 이상 이는 반란에 해당한다."

— 다시 돌아오면, 12·12 그날 밤 쿠데타 세력과 반란을 진압하려한 쪽은 각각 군을 어떻게 움직였나.

쿠데타군의 움직임은 신속했다. 12일 자정이 지나서 최세창 준장의 3공수여단 병력이 M16으로 무장하고 특전사령관실에 난입해 김오랑 비서실장을 사살하고 정병주 사령관을 무장 해제, 연행해버렸다. 13일 오전 1시 25분경이었다. 이때 정병주는 총에 맞아 중상을 입었다고 한다. 이에 앞서 정병주는 12일 오후 11시 40분경 9공수여단장에게 출동 명령을 하달한 바 있었다. 정병주는 나중에 자결의 길을 택했다.

이제 장태완만이 쿠데타를 진압하려고 동분서주하며 적극적으로 움직이게 된다. 반란군 고위 장성들은 장태완을 회유했다. 유학성은 전화로 장태완에게 "아무 소리 하지 말고 이리로 와"라고 말했다. 그러자 장태완이 "거기(30경비단)는 나의 부대인데, 당신 왜 남의 부대에 와서 지랄이야. 쏴 죽인다", 이렇게 대꾸한 것으로 《제5공화국 전사》에 쓰여 있다. 역시 중장인 황영시도 장태완을 달랬다. 그러나 장태완은 "쓸데없는 소리 마. 당신네들, 그럴 수가 있어?", 이렇게 소리를 질렀다.

13일 박희도의 제1공수여단은 육본에서 차량 바리케이드를 설치한 제1·2한강교를 피해 행주대교로 우회해 서울에 진입했다. 박희도는 출동을 막는 이들을 "각하(최규하) 명령에 의해 육본과 국방부를 점령하러 간다"고 속였다. 제1공수여단은 총격전을 벌이며 국방부와 육본을 오전 2시경 점령했다. 오전 3시경에는 노태우의 9사단 병력과 제2기갑의 1개 전차 대대가 구파발 검문소를 통과해 서울로 들어오기 시작했다. 반란이 '성공'한 것이다.

장태완은 이때까지 반란군을 진압하기 위해 혼신의 노력을 기울였으나 오전 4시 17분경 무장 해제됐다. 그런데 수경사령관으로서 장태완의 활동에는 큰 어려움이 있었다.

— 12·12쿠데타의 그 밤, 육본과 국방부 상층은 우왕좌왕하다가 어느 순간 은근슬쩍 쿠데타를 용인했다고 큰 틀에서 이야기할 수 있다. 장태완은 그와 전혀 다른 모습을 보였다. 그런데 장태완은 어떤 점에서 활동에 제약이 있었던 것인가.

우선 이 사람이 수경사령관에 임명된 때가 1979년 11월 16일이었다. 그로부터 한 달도 안 지나서 12·12쿠데타가 났으니, 장태완으로서는 너무 늦은 임명이었던 셈이다. 부대 구성이 상당히 복잡한데, 짧은 시간에 그걸 제대로 다 파악해서 장악하는 것이 쉽지 않았다.

제일 중요한 건 장태완 밑에 있는 핵심 병력인 30경비단, 33경비단 이게 반란군의 핵심이었다는 점이다. 또 헌병 부대, 이것도 처음부터 반란 세력에 가담해서 움직였다. 김진기 헌병감은 정승화 쪽이었지만, 수경사에 있는 헌병 부대는 쿠데타 세력이 장악하고 있었다. 장태완이 출동 명령을 내린 중요한 병력이 쿠데타군의 핵심이었으니, 장태완으로서는 수경사 군을 동원하는 데 상당한 한계가 있을 수밖에 없었다.

장태완 사령관은 모든 부대의 서울 진입을 막도록 지시했으나, 최측근 위치에 있는 작전 보좌관 김진선 중령이 반란군에 가담한 상태였다. 김진선이 '사령관 지시'라고 거짓말을 하며 반란군에게 길을 열어주는 사태가 벌어졌다. 김진선은 사령관에게 잇달아 허위 보고를 해 장태완을 힘 빠지게 만들었다.

박정희가 키운 사조직 하나회의
12·12쿠데타, 왜 진압하지 못했나

광주항쟁, 세 번째 마당

12·12쿠데타 진압 가로막은
대통령, 국방부 장관, 육본 상층의 기회주의

김 덕 련 5·16쿠데타와 비교하면 12·12쿠데타의 특성이 더 잘 드러
날 것 같다. 1961년 5·16쿠데타의 경우 쿠데타를 막아야 할 세력이
제대로 막지 않거나 양다리를 걸친 것이 큰 영향을 끼쳤다. 당시 장
면 총리는 쿠데타 정보를 여러 차례 들었지만 어떠한 실질적인 조
치도 취하지 않았고, 장도영 참모총장은 박정희에게 쿠데타 얘기를
들었음에도 오히려 박정희를 두둔했으며, 윤보선 대통령은 진압군
이 출동하지 못하게 하는 데 결정적인 역할을 했다. 12·12쿠데타
때 대통령, 그리고 참모총장을 비롯한 군 상층부는 어떤 모습을 보
였나.

서 중 석 전체 상황을 보면 정승화 참모총장부터 이건영 3군 사령
관, 정병주 특전사령관, 장태완 수경사령관이 군 상층을 형성하고
있었는데 정승화, 이건영, 정병주는 김재규와 가까운 사람들이었다
고 한다. 반란군 쪽 핵심은 12·12쿠데타 그날 수경사 30경비단장실
에 모인 사람들인데 거기에 더해 보안사의 대령, 중령 등 영관급들
이 아주 중요한 역할을 했다.

　그렇다 하더라도 정승화가 빨리 붙잡히지만 않았다면 12·12쿠
데타가 성사하기가 어려웠다. 군의 기본은 어디까지나 상명하복 아
닌가. 지휘 체계에 의해 움직이는 곳이다. 그런 점에서도 육군 전
체를 지휘할 수 있는 위치에 있던 정승화가 빨리 붙잡힌 것이 크게
작용할 수밖에 없었다.

　정승화가 그렇게 됐다고 하더라도, 윤성민 참모차장이나 그 위

에 있는 노재현 국방부 장관, 이 사람들이 장태완처럼 반란군을 진압하기 위해 적극적으로, 민완하게 움직였다면 반란군을 진압할 수 있었을 것이다. 그런데 그렇게 하지 않았다. 예컨대 윤성민은 처음에는 참모차장으로서 반란 진압을 좀 하려는 것처럼 보였으나 나중에는 방관했다. 그리고 장태완에게 진압 활동을 자제하라는 지시를 내렸다.

— 장태완은 쿠데타를 진압하기 위해 끝까지 동분서주했고 정병주는 1979년 12월 12일 자정이 지난 때에 쿠데타군에 체포됐다고 지난번에 얘기했다. 이건영 쪽은 어떠했나.

장태완과 마찬가지로 이건영도 반란을 진압하기 위해 군을 동원할 움직임을 보였다. 그렇지만 너무 늦었던 것 같다. 그리고 참모차장 등이 그것에 적극적으로 동조나 호응을 하지 않았다. 참모총장이 없는 상황에서 명령은 참모차장이 내릴 수 있었던 건데, 참모차장을 비롯한 육본 상층에서 그렇게 나오면서 이건영은 적극적으로 움직이지 못했다.

나중에 다시 얘기하겠지만, 미국 쪽 움직임도 영향을 준 것 같다. 내가 12·12쿠데타 직후 들었는데, 이건영 쪽의 부대 출동을 미군 쪽에서도 저지했던 것으로 보인다. 출동하면 문제가 커진다고 하면서 그렇게 하지 못하도록 했다고 한다. '노태우의 9사단 병력 같은 것이 서울에 들어오는 건 막지 못한 미군이 이건영의 군 출동은 저지했다는 건 좀 이상하지 않느냐', 그때 그런 얘기도 돌았다. 쿠데타를 진압하지 못한 것에 대해 장태완의 얘기를 들어볼 필요가 있다.

1993년 6월 28일 자 한겨레. 12·12쿠데타 당시 수도경비사령관이었던 장태완이 당시를 회고하고 있다.

—— 장태완은 어떤 얘기를 했나.

장태완은 진압 실패의 결정적 원인이 육본 측, 이건 윤성민 참모차장을 가리키는 건데 그쪽에서 '유혈 사태가 발생할 가능성도 있다. 유혈 사태를 피하는 쪽으로 해결해보자'고 하면서 진압 병력 출동을 '자제'한 것이라고 봤다. 그리고 특히 최규하 대통령 권한 대행과 노재현 국방부 장관에 대해서는 아주 강한 분노를 드러냈다.

장태완은 최 대통령 권한 대행이 1979년 12월 12일 오후 6시부터 다음 날 새벽 4시까지 10시간 동안 국군 통수권자로서 아무런

광주항쟁

조치를 취하지 않았다고 썼다. 대통령이 참모차장이나 국방부 장관한테 진압 명령을 내리면 되는 건데 어떠한 명령도 안 내렸다는 것이다. 그러니까 최규하는 12·12쿠데타 때 '정승화 연행 재가를 해달라'는 전두환 말도 안 들었지만, 반대로 진압에 대해서도 그런 태도를 취한 것이다.

사실 당시 국방부 장관이 어디로 없어졌는지 처음에는 많은 사람이 몰랐다. 그렇지만 국방부 장관이 없으면, 장관 밑에 있는 국방부 차관 같은 사람한테 국군 통수권자가 명령을 내리면 된다, 이 말이다. 대통령 권한 대행이 최고 명령권자 아닌가.

노재현은, 어디서 전화했는지는 불확실하지만, 12월 13일 오전 3시경 장태완에게 전화로 "가만히 있어! 시키는 대로 해"라며 '상황 중지' 명령을 내려 장태완으로 하여금 더 이상 어떻게 할 수 없게 만들었다. 또한 노재현은 새벽에 3군사령관 이건영에게 국방부에 들어오라고 지시했고, 이건영은 그 말에 따라 아침에 국방부에 갔다가 신군부에 의해 연행됐다.

장태완은 노재현 국방부 장관의 임무 수행 포기, 상황이 발생한 때부터 마지막 순간까지 보인 기회주의적인 행위는 군 형법 24조의 직무 유기죄와 30조의 군무 이탈죄를 범한 게 명백하다고 썼다. 노재현은 전두환 측으로부터도 욕을 먹었다. 전두환은 회고록에서 노재현이 10시간 이상 대통령 재가를 지연시켰다고 불만을 터트리며 노재현의 도피를 비난했다.

이처럼 대통령 권한 대행 그리고 국방부 장관이 기회주의적이었고 정승화가 어이없게 잡힌 것이 12·12쿠데타 세력이 승리한 큰 요인이라는 건 틀림없다. 박정희가 유신 권력을 지키기 위해 총리나 군 최고위직에 어떠한 사람을 앉혔는가를 보여주는 사례이기도

하다. 그런데 12·12쿠데타 세력에게는 상대방보다 유리한 점이 또 있었다.

12·12쿠데타 원인 중 하나는
인사 적체에 대한 불만…5·16쿠데타와 닮은꼴

── 그게 무엇인가.

뭐냐 하면 군의 정보를 장악하고 있었다는 점이다. 보안사를 중심으로 해서 전군의 정보를 장악하고 있었는데 장태완이나 정병주, 이건영 쪽은 그 점에서 약했다. 쿠데타 세력은 12월 12일 그날 보안사 상황실을 본부로 해서 보안사가 갖고 있던 통신망을 최대한 활용했다. 보안사 참모들은 각 부대에 연락해 자기들 쪽을 편들게 했다. 육본 정승화 쪽의 주요 지휘관 밑에 있는 참모들도 설득했다. 진압 부대가 출동하지 못하도록 그런 식으로 노력했다, 이 말이다. 각 부대에 파견된 보안부대장, 이 사람들도 직접 설득에 나서고 그랬다.

이러한 설득, 다시 말해 부대가 출동하지 못하게 한 그것이 효과를 보게 된 데에는 인사 적체 같은 게 작용했다고 한다. 전에 5·16쿠데타를 다룰 때 인사 적체 문제가 쿠데타를 일으킨 아주 중요한 요인이었다고 얘기하지 않았나. 그것과 닮은꼴이라고 볼 수 있다.

전두환, 노태우 등 육사 11기들은 4년제 정규 육사 1기라는 자부심을 갖고 있었고 육사 8기, 9기, 10기 등과 나이 차이도 별로 안

났다. 그런데 11기들은, 물론 전두환 등 몇 사람은 빨리 소장이 되긴 했지만, 선배들이 중장 등으로 쫙 올라간 것에 비해 자신들은 빨리 위로 올라가지 못하는 것에 대해 불만이 많았다. 그 점은 대령, 중령으로서 쿠데타에서 큰 역할을 한 육사 16, 17, 18기를 비롯한 육사 12기 이후도 마찬가지였다고 한다. 적체가 돼서 장군 진급이 앞으로 힘들어지는 것 아니냐는 것이었다. 그런데 쿠데타를 계기로 그 위쪽의 상당수를 싹 쓸어버리면 그 문제가 풀릴 수 있었다.

12·12쿠데타에서는 보안사에 있는 대령들과 중령들, 즉 허화평, 허삼수, 이학봉 같은 사람들이 대단히 중요한 역할을 했는데 이들은 장군 진급이 막혀 있는 사람들이었다. 보안사에만 주로 있었기 때문인데, 그렇게 해서는 장군으로 올라가기가 힘들었다.

그런데 뭐니 뭐니 해도 반란군 쪽이 유리했던 건 제일 중요한 수경사의 30경비단과 33경비단, 헌병 부대의 부대장을 하나회 쪽에서 맡고 있었다는 점이다. 심지어 유사시 수경사령관의 손발 노릇을 해야 할 작전 보좌관도 반란군과 내통하고 있었다. 그리고 공수여단 중 서울권에 있는 부대들의 부대장도 9공수여단을 제외하면 그쪽에서 다 차지하고 있었다. 이건영이 출동 병력으로 찾고 있었던, 소요 진압 부대인 20사단 사단장도 반란군 쪽이었다. 군 상층 몇몇은 정승화 쪽이었지만, 실제로 부대를 장악해 뛸 수 있는 건 반란군 쪽이 많았다. 그처럼 수경사 30경비단과 33경비단 및 헌병대, 공수여단, 그리고 서울 가까이에 있는 9사단, 또 소요 진압 훈련을 받은 20사단 같은 부대를 장악하고 있었다는 점이 아주 유리하게 작용했다.

쿠데타 세력 주축은 비밀 사조직, 하나회
손영길·노태우, 박정희 군사 정권 때 쿠데타 모의

— 12·12쿠데타에서 빼놓을 수 없는 존재가 바로 하나회다. 전두환·신군부는 12·12쿠데타 과정에서도, 그 후 집권 공작에서도 5·16쿠데타 세력보다 훨씬 일사불란한 모습을 보였다. 박정희, 김종필을 중심으로 한 세력이 5·16쿠데타 후 숱한 반혁명 사건을 양산하며 쿠데타를 함께한 이들까지 상당수 제거한 것과는 다른 모습이다. 그런 모습을 보인 건 전두환·신군부가 12·12쿠데타를 일으키기 전부터 하나회로 결집돼 있었던 것과 떼어놓고 생각하기 어렵지 않나 싶다.

제일 중요한 것은 12·12 반란군의 대부분이 하나회 구성원이었다는 점이다. 쿠데타를 일으키기 훨씬 전부터 잘 단결돼 있는 비밀 조직이었다. 12·12쿠데타 이후 출현하게 되는 전두환·신군부 정권, 이 권력은 하나회 권력이라고 얘기해도 좋을 정도로 12·12쿠데타와 1980년 5·17쿠데타 이후에는 하나회 사람들이 군뿐만 아니라 정부 요직을 많이 맡게 된다.

12·12쿠데타 주동자들을 보면, 전두환보다 선배인 황영시, 차규헌, 유학성 같은 하나회 후원·지지자를 제외하고 전두환부터 9사단장, 20사단장, 여러 공수여단장, 수경사 30·33경비단장 등이 다 하나회 사람들이었다. 그중 전두환, 노태우 같은 육사 11기들은 5·16쿠데타가 일어났을 때부터 정치 성향이 아주 강했고 정치 군인으로 활약했다. 육사 생도들이 5·16쿠데타를 지지하게 하는 데 전두환 대위 등이 나름대로 역할을 했다.

육사 11기들은 5·16쿠데타 직후 최고회의, 중앙정보부 같은 주요 기관의 요직에 있었다. 예컨대 최고회의에는 소령 손영길, 최성택이 근무했고 중앙정보부에는 소령 전두환, 김복동과 대위 권익현이 있었다. 육군 방첩대에는 대위 노태우, 최고회의 공보처에는 대위 정호용이 있었다. 이처럼 하나회 구성원이자 육사 11기들은, 김복동 같은 경우 하나회 구성원은 아니었지만, 이미 이렇게 5·16쿠데타 직후부터 정치 군인이 될 수 있는 위치에 있었다. 그만큼 정치에 관심이 컸다.

이 사람들은 그러면서 오성회라는 걸 만들었다. 오성회라는 건 전두환은 용성勇星, 노태우는 관성冠星, 이런 식으로 전두환, 노태우, 김복동 등이 자기들을 다섯 별이라고 하면서 그렇게 이름을 붙인 것이다. 이렇게 오성회를 만들기는 했지만, 초기에는 오성회보다는 칠성회라는 이름으로 주로 알려져 있었다. 칠성회는 1961년 말 전두환, 노태우, 손영길, 정호용, 권익현, 최성택, 백운택 등 육사 11기들이 친목 모임으로 만든 것이다. 이게 나중에 하나회로 바뀌는데, 오성회 구성원이었던 김복동은 그때 빠져나가는 걸로 나와 있다. 흥미롭게도 전두환, 노태우 등은 5·16쿠데타 후 한때 쿠데타를 일으키려고 했다.

— 박정희가 5·16쿠데타 전에도 여러 차례 쿠데타를 꿈꿨던 것과
   비슷한 모습이라는 생각이 든다. 그런데 육사 11기들은 그때
   왜 그런 생각을 한 것인가.

1963년 6월 말경 박정희 최고회의 의장 전속 부관이던 손영길 소령하고 육군 방첩대 노태우 대위가 중앙정보부장 김재춘을 찾아

갔다. 손영길과 노태우는 쿠데타 비슷한 걸 일으켜서 4대 의혹 관련자, 부패분자 등을 처단하겠다고 말했다. 김종필을 비롯한 육사 8기를 겨냥한 건데, 김재춘은 말렸다. 그렇지만 이 사람들은 그해 7월초에 김재춘을 또 찾아갔다. 이때 김재춘은 안 된다고 하면서 단호하게 돌려보냈다고 한다.

그런데 이 정보가 다른 쪽으로 들어갔다. 육사 11기를 중심으로 한 일부 장교들이 공화당 김종필계 등 40명을 체포하려 한다는 정보를 중앙정보부도, 치안국도 알게 된다. 그래서 최고회의 긴급회의가 소집됐다. 박정희 의장은 민기식 육군 참모총장과 방첩부대장한테 긴급히 수사에 착수하라고 명령했다. 그런데 이때 방첩부대장이 공교롭게도 정승화였다. 12·12쿠데타 때 연행되는 계엄사령관 정승화, 바로 그 사람이다.

하여튼 그렇게 되자 김재춘 중앙정보부장이 정승화를 만났다. 손영길, 노태우가 자기를 찾아와서 한 얘기를 전하면서 '그냥 덮어두자'고 했다. 그렇게 해서 이 건이 덮이는 줄 알았는데, 박정희가 김재춘을 부르더니만 전두환, 노태우 등을 구속하라고 지시했다. 김재춘은 적극적으로 그걸 말리면서 중앙정보부장 사의를 표했다.

그런데 이때쯤 돼서는 박정희도 중앙정보부장을 바꿔야 한다고 생각하고 있었다. 전에 얘기한 것처럼 그 무렵 김재춘은 '공화당과 별개로 범국민 정당을 새롭게 만들라'는 박정희 지시에 따라 그 작업을 하고 있었는데, 박정희는 아무래도 공화당으로 대선에 출마하는 게 낫겠다는 쪽으로 생각을 바꾸고 있었다.

그렇게 되면서 결국 육사 11기들 문제는 덮어두고 김재춘이 중앙정보부장에서 물러나는 것으로 이 사안은 정리됐다. 그런데 김재춘이 깜짝 놀란 건 바로 김형욱이 자기 후임이 됐다는 점이었다.

이게 노태우, 손영길 등의 쿠데타 사건이다.

윤필용 사건으로 타격 입은
하나회 키워준 건 박정희·차지철

── 하나회 문제는 1973년 윤필용 사건으로 수면 위에 떠오르지
않나.

윤필용 사건이 터지면서 하나회 문제가 크게 부각된다. 강창성
보안사령관은 박정희 지시로 윤필용 사건을 조사했는데, 수경사령
관으로 군 실력자인 윤필용이 하나회 대부라는 걸 알게 됐고 그 하
나회가 무서운 사조직이라는 것도 파악하게 된다.

육사 11기 이후의 정규 육사 장교 그룹, 그것도 주로 경상도
출신으로 구성된 장교 그룹인 이 하나회는 1979년 12·12쿠데타가
날 때까지 육사 한 기당 5퍼센트 정도를 선발했는데, 육사 이외 출
신까지 포함한 전체 장교로 따지면 1퍼센트에 불과했다고 한다. 이
때까지는 육사 11기에서 20기까지가 주축을 이루고 있었고 나중에,
그러니까 1990년대에 김영삼이 대대적으로 숙청할 때에는 27기 이
후까지도 하나회가 일부 있었다고 그런다.

문제는 소수에 불과한 이 사람들이 군의 핵심 요직을 차지하
고 있었다는 것이다. 하나회 회원들은 수경사, 보안사, 특전사, 대
통령 경호실, 중앙정보부를 비롯한 권력 핵심에 자리 잡고 서로 편
의를 봐줬다. 이 사람들은 하나회 사조직에 신명을 바쳐 충성할 것
을 맹세했다. 일단 하나회에 가입하면 다른 어떤 장교들보다도 여

1969년 박정희와 윤필용. 윤필용은 하나회 대부로 활동했고, 박정희는 하나회라는 사조직이 있는 걸 전혀 모르는 척했다. 전두환·신군부 정권이 들어서는 기반을 박정희가 일찌감치 만들어놓은 셈이다. 사진 출처: 국가기록원

러 혜택과 특전을 누렸다. 이들 중 일부는 고위층으로부터 정기적으로 일정한 활동비까지 받았다. 일부 재벌들한테도 자금을 받아냈는데, 일부 기업인은 자진해서 하나회에 자금을 대줬다고 한다. 하나회 회원들은 박정희 대통령으로부터 직급에 따라 승용차, 지휘봉 등을 받기도 했다. 일부는 일심一心이라는 휘호와 함께 지휘봉을 받기도 했다.

강창성은 하나회가 군에서 있을 수 없는 사조직이자 아주 심각한 문제라고 봤다. 또 윤필용 사건과 깊은 연관이 된다고도 봤다.

그래서 하나회에 대해 대대적인 조사를 해서 박 대통령한테 보고했다. 강창성은 하나회 조사 대상 200여 명 중 수경사 참모장으로 윤필용 직속이었던 손영길 준장을 비롯해 법을 위반한 10명은 군법회의에 회부하고, 군에 누를 끼친 31명의 장교를 강제 예편시켰으며, 나머지 160여 명에 대해서는 보직을 바꿔서 분산시키도록 조치를 취했다.

그런데 박정희 대통령은 하나회라는 사조직을 전혀 모르는 척하면서 전두환 쪽에 대해 철저히 수사하는 걸 제지했다. 그리고 '당신 때문에 경상도 장교들 씨가 마르겠다'고 얘기하면서 강창성을 보안사령관 직위에서 해제하고 다른 쪽으로 발령을 내버렸다.

12·12쿠데타가 성공하고 나중에 5·17쿠데타를 통해 전두환·신군부 정권이 들어서는 기반을 박정희가 일찌감치 만들어놓은 셈이다. 군 내부의 사조직이라는 건 있을 수가 없는 일인데 대통령이 오히려 뒷배를 봐주지 않았다. 더군다나 그 사조직 구성원들이 군의 핵심 요직에 많이 배치돼 있다는 건 박 대통령이나 차지철 경호실장의 적극적인 배려 없이는 있을 수 없었다. 결국 그자들이 12·12쿠데타를 일으켜 국가 권력을 장악하게 되는데 그건 박정희, 차지철이 하나회를 키워줬기 때문에 그렇게 됐다고 볼 수 있다.

전두환 일당은
쿠데타를 언제부터 모의했나

── 그런 점에서 12·12쿠데타와 5·17쿠데타는 한국 민주주의에 대한 박정희의 사후 복수 아닌가 하는 생각마저 든다. 그런데 전

두환 등은 12·12쿠데타를 언제부터 추진했나.

반란군이 언제부터 쿠데타, 반란을 모의했느냐. 국방부 과거사 진상규명위원회, 대개 국방부 과거사위라고 하는데 여기서는 12월 12일을 거사일로 정한 것은 1979년 12월 9일 전두환을 동해안 지구 방위사령관(동해안 경비사령관)으로 보내려고 했던 것이 직접적인 계기였다고 기술했다. 국방부 과거사위에서는 동해안 경비사령관 발령이 12월 13일 개각과 함께 예정된 상태였는데 이 정보가 김용휴 국방부 차관을 통해 전두환 측에 누설됐고 전두환은 12월 12일을 거사일로 택했다고 보고서에 썼다. 이와 달리 장태완 수경사령관은 반란 모의 시점에 대해 최소한 12월 5일 이전이라고 주장했다.

── 장태완이 그렇게 주장한 근거는 무엇인가.

전두환 쪽에서 '수경사령관 부임을 축하하는 자리를 전두환 보안사령관이 마련하겠다. 그러니 만나자', 이 말을 자신들한테 전달한 때가 12월 5일이라고 장태완은 밝혔다. 이건 뭘 얘기하느냐 하면, 전두환 쪽에서 이미 쿠데타 결정을 내렸고 그렇기 때문에 그걸 진압할 만한 핵심들을 유인하기 위해 연락한 때가 12월 5일이라는 것을 말한다. 그리고 12월 12일 저녁에 비밀 요정으로 오라고 자신들한테 알려준 날짜는 12월 8일이라고 장태완은 밝혔다. 12월 8일에는 시간까지, 즉 12월 12일 몇 시에 정승화를 잡으러 가면서 쿠데타를 시작한다는 것까지 정한 상태였다는 얘기다. 그래서 장태완은 12월 5일 이전에 모든 거사 준비를 완전히 끝내고 있었음을 알 수 있다고 썼다.

미국도 '12·12쿠데타 세력이 12월 5일 이전에 계획을 세우고 있었다', 이 얘기를 했다. 글라이스틴 대사가 1979년 12월 13일 자로 미국 국무부 장관한테 보낸 전문이 글라이스틴 회고록에 수록돼 있는데, 그걸 보면 이렇게 나와 있다. "오늘(13일) CIA 지국장의 보고에 의하면 이들은 거사를 최소한 10일 전부터 계획했으며 전군의 젊은 장교들의 지지를 규합했음. 그들은 이미 군의 신규 보직 리스트를 준비하고 현 차관을 신임 국방부 장관에 앉히는 문제까지 생각했음."

그런데 지난번에 말한 것처럼 그해 11월 24일 YWCA 위장 결혼식 사건과 관련된 김상현의 증언은 전두환 쪽에서 권력을 탈취하겠다는 생각을 그전에 이미 갖고 있었다는 걸 짐작케 하고 있다. 그리고 여기서 유의해야 할 점이 하나 더 있다.

── 무엇인가.

1979년 11월 1일 마이니치신문은 일본 외무성 소식통을 인용해서 '전두환 계엄사령부 수사본부장, 한국의 실권을 잡다'라는 제목으로 상당히 자세하게 보도했다. 마이니치신문쯤 되는 곳이 유언비어 정도를 가지고 이런 기사를 썼다고 보기는 어렵다. 인용한 출처도 일본 외무성이라고 밝혔다. 그러니까 일본 외무성에서는 전두환 쪽이 권력을 장악하려는 생각을 갖고 있다는 걸 11월 1일 이전에 파악하고 있었고 그걸 일본 정부 쪽이 지원하고 있다고 볼 수 있는 기사를 마이니치신문을 통해 내보낸 것이라고 얘기할 수도 있다.

12·12, 5·17쿠데타의 설계사 또는 모사로 알려진 허화평은 박

정희가 죽은 직후부터 '권력 장악' 문제를 구상했다고 하는데, 보안사가 1982년에 편집한《제5공화국 전사》에는 전두환이 정승화를 수사하겠다고 확고히 결심이 선 것은 1979년 11월 초였다는 노태우 증언이 나온다. '확고히 결심이 섰다'는 것은 '실력대결'도 불사한다는 의미이니, 쿠데타를 일으키겠다는 생각과 별 차이가 없는 것으로 보인다. 11월 초면, 박정희 장례가 마무리된 때가 11월 3일이니까 그 언저리로 보인다.

전두환과 허화평 등은 10·26 직후부터 권력을 탈취할 의사와 구상을 가지고 있었음이 틀림없다. 전두환은 11월 중순부터 이 문제에 대해 12·12쿠데타에서 핵심 역할을 하는 보안사의 허화평, 허삼수, 이학봉 및 30경비단장 장세동, 33경비단장 김진영과 모의한 것으로《제5공화국 전사》에 나온다. 12월 초에는 노태우, 박준병 등 장성 9명에게 12월 12일 오후 6시 30분 "속에는 군복, 겉에는 사복을 입고 수경사 30경비단에 집결"하라고 통보했다. 경호실 33헌병대 대장 최석립 중령은 12월 5일경부터 정예 요원 60명을 데리고 집중 훈련에 들어갔다. 이들은 거사일에 육군 참모총장 공관 인근 위병소를 장악했다.

미국은 12·12쿠데타 방관,
일본은 전두환의 권력 탈취 지원

광주항쟁, 네 번째 마당

미국은 반란 진압을 위한
어떠한 조치도 하지 않았다

김 덕 련 1979년 12·12쿠데타 당시 미국은 어떤 태도를 취했나.

서 중 석 12·12쿠데타와 관련해 당시 많은 사람이 '미국의 입장이 뭐냐', 이걸 궁금하게 여겼다. 당시 주한 미국 대사였던 글라이스틴의 회고록을 보면 12·12쿠데타를 일으킨 자들이 권력을 장악하려하고 있고 서울의 봄을 산산조각 낼 것이라는 식으로 글을 쓰면서도, 12·12쿠데타 때 미 8군 벙커에 자신과 함께 있었던 노재현 국방부 장관과 김종환 합참의장에 대해 미국이 침묵만 지켰는지 아니면반란을 진압하기 위해 다른 뭔가를 했는지는 얘기하지 않았다.

12·12쿠데타 그날 밤 노재현과 김종환은 글라이스틴 대사, 존위컴 주한 미군 사령관과 함께 꽤 오랜 시간 동안 미 8군 벙커에 머물지 않았나. 그런데 그 중요한 시기에 노재현, 김종환 이 사람들이벙커 안에서 반란을 진압하기 위해 어떤 조치를 취했는지, 그리고그것을 위해 글라이스틴 자신과 위컴이 그 사람들한테 뭘 요구하거나 요청했는지가 글라이스틴 회고록에는 안 나온다. 어떻게 그럴수 있을까. 이상한 일이다.

그러니까 약 12시간에 걸쳐 쿠데타 세력이 서울 일대를 장악할 때까지 미국은 마치 자기들과는 관련이 없는 것처럼 반란 진압을 위해 어떠한 조치도 하지 않았다. 노재현한테 '쿠데타 진압을 위해 이러저러하게 했으면 좋겠다' 같은 한마디는 함직한데 그런 얘기를 했다는 기록이 안 나온다. 일선을 지키는 9사단은 한미 연합사에 속해 있기 때문에 통제권이 위컴에게 있는데, 9사단이 무단이

1982년 청와대를 방문해 전두환과 악수하고 있는 존 위컴 주한 미군 사령관. 전두환 등 쿠데타 세력이 서울 일대를 장악할 때까지 미국은 마치 자기들과는 관련이 없는 것처럼 아무런 조치도 하지 않았다. 사진 출처: 국가기록원

탈해 서울에 들어간 것에 대해서도 별다른 조치를 취하지 않았다.

다만 이런 기록 하나가 있다. 이건 아주 중요한 부분이라고 볼 수 있다. 노재현, 김종환이 미 8군 벙커에 있을 때 위컴 사령관은 "한국군끼리의 충돌 가능성을 최소화하기 위해 최소한 날이 샐 때까지만이라도 진압 병력의", 이건 정승화 쪽인 이건영의 3군 사령부 부대를 가리키는데, "서울 진입 명령을 보류하라"는 '조언'을 했다. 그걸 빼놓고는 한 일이 없다. 그러니까 진압하려는 쪽에 불리한 조언만 한 것으로 글라이스틴 기록에는 나온다.

혹자는 12·12쿠데타와 관련해 위컴 사령관이 화를 낸 것을 얘기하기도 한다. 그런데 자세히 읽어보면 위컴이 화를 낸 것은 12·12쿠데타가 한국의 민주주의를 '위협'했기 때문이 아니라 자신의 작전 통제권을 '위협'했기 때문이었다. 즉 자신이 전혀 모르는 상태에서 쿠데타가 일어나 자신의 권위나 미국의 권위를 손상시켰기 때문에 화를 낸 것이다.

1979년 12월 28일 글라이스틴 대사가 박동진 외무부 장관을 만났는데, 이때 박 장관은 미국 측이 새 군부 지도자들과 협력 관계를 공고히 하는 게 좋을 것이라고 말했다. 그러자 글라이스틴은 "미국 쪽도 비슷한 생각이며, 새 군부 지도자들에 대해 그들을 배척하거나 경원하는 태도를 취하고 있는 것은 아니다"라고 답했다. 알 듯 모를 듯하기도 하지만 미국의 입장을 짐작할 수 있게끔 하는 답변이었다.•

• 이 만남이 있기 9일 전인 그해 12월 19일에도 글라이스틴은 박동진과 만났다. 이때 글라이스틴은 12·12쿠데타 세력이 한미 연합사의 작전 지휘 체계를 흔들고 병력을 자의적으로 움직였으며 주한 미군 사령관부터 백악관에 이르기까지 그 부분에 불만을 품고 있다고 지적했다. 그랬다가 9일 후인 12월 28일에는 분위기가 다른 만남이 이뤄진 것인데, 이러한 것들은 미국 측과 전두환·신군부의 밀고 당기기 과정의 일환이라고 볼 수 있다. 쿠데타 직후 미국에서는 "이번 사건은 이러한 민주화가 다른 방향으로 나아갈 가능성을 시사하기 때문에 우려 대상이 되고 있다"(워런 크리스토퍼 미국 국무부 차관, 워싱턴 현지 시각 12월 12일)는 반응이 나왔다. 그러나 이러한 표면상 분위기와 달리 미국 측이 실제로 보인 모습은 12·12쿠데타 세력을 부정하는 것과는 거리가 멀었다. 쿠데타 직후인 1979년 12월 13일 위컴이 자국에 보낸 보고서에서도 그러한 점을 엿볼 수 있다. "우리는 곧 등장할 새로운 통치 세력과 친밀한 관계를 형성하면서, 최근 이뤄진 정치 발전이 어느 정도 복구될 수 있을지 그리고 북한의 침략 가능성이 수그러질 정도로 군과 정계가 안정될 수 있을지를 지켜봐야 할 것이다." 미국의 대한對韓 정책에서 한국의 민주주의 진전은 우선순위가 결코 아니었으며, 미국으로서는 냉전 체제에서 한국을 국제적인 반공의 보루로 유지하는 것이 무엇보다도 중요했다는 점과 떼어놓고 생각할 수 없는 문제다.

일본에 쿠데타 사전 통보한 신군부,
전두환의 권력 탈취 지원한 일본

—— 일본 쪽은 어떠했나.

12·12쿠데타와 관련해 가장 흥미로운 건 일본의 태도다. 일본은 12·12쿠데타에 대해 상당히 일찍부터 알고 있었던 것으로 보인다.

박선원 교수 논문을 보면, 주한 일본 대사 스노베 료조가 1979년 10월 28일 육군본부에서 허문도 당시 주일 한국 대사관 수석 공보관을 만났다. 이때 허문도가 스노베 대사에게 "전두환 장군을 중심으로 새로운 체제가 열린다"고 말한 것으로 나와 있다. 10월 28일 이날은 10·26사건에 대한 계엄사 합동수사본부의 중간 수사 결과 발표가 있는 날이었는데, 박정희가 죽은 후 불과 이틀밖에 안 지난 때였다. 그때 이미 허문도가 그런 얘기를 한 것이다. 스노베 료조는 그 이야기를 즉시 본국에 보고했다. 조갑제가 쓴 글에도 10·26 직후부터 허화평을 중심으로 해서 계획을 세우고 있었다는 것을 시사하는 대목이 있다.

그러니까 10월 26일에서 28일 사이에 전두환과 허화평 등이 권력 탈취를 구상했다는 것인데, 문제는 왜 이들이 미국한테는 얘기를 못 하거나 안 하고 일본에 대해서는 상당히 깊이 있게 얘기했느냐는 것이다. 이것은 전두환·신군부가 박정희 못지않은 친일 세력임을 시사할 뿐 아니라, 일본의 극우 보수 세력도 박정희가 죽은 순간부터 박정희와 비슷한 세력을 키우려는 의지를 갖고 있었음을 시사한다.

극과 극은 통한다지만 넓게 배경을 보면 친일파와 일본의 대륙 침략 세력 간의 관계와 맥이 닿아 있다고 볼 수 있다. 정권을 잡겠다는 생각이 맨 처음 들었던 순간부터 이러한 일이 발생했다는 것은 한국의 극우 파시스트들의 사대 의존성을 적나라하게 보여준다고 하겠다. 일본한테는 박정희 정권 같은 친일 정권이 정말 얼마나 좋았나. 그렇게 좋은 정권일 수 없었다. 그런데 또다시 그러한 기회가 찾아온 것이다. 군부가 지배한 30년의 한일 관계를 되돌아보면, 김영삼 정부가 들어서면서 비로소 일본에 대해 할 소리를 하는 정부가 출현했음을 알 수 있다. 그래서 1997년 IMF 사태 때 일본에 보복을 당하긴 하지만. 민주주의 정부만이 일본에 자주적이고 자립적인, 그런 점에서 문자 그대로 한일 관계가 정상적인 관계가 된다는 점을 한국 현대사는 보여준다.

—— 12·12쿠데타가 임박했을 때 전두환 쪽과 일본은 어떤 모습을 보였나.

신군부 세력은 스노베 대사에게 12·12쿠데타를 사전 통보하며 일본의 협력을 구했다. 1979년 11월 말 주한 일본 대사관 근처에 있는 보안사 소속 안전 가옥에서 전두환과 허문도가 스노베 료조와 은밀히 접촉했다. 박 교수 논문에 따르면, 이 자리에서 허문도는 "전두환 장군을 중심으로 새로운 체제가 열린다"고 다시 한 번 강조했다. 전두환은 "머지않아 정승화 계엄사령관을 체포할 계획"이라고 말했다. 그러자 스노베 대사는 "소란스런 일만 없었으면 좋겠다"고 대답한 것으로 나와 있다. 그리고 스노베 료조는 그해 12월 25일, 12·12쿠데타 13일 후인데, 한국의 정권 교체 문제에 대한 일본의 정책 목표는 민주주의가 아니라 "안정 유지"라고 자국에 보고 했다.

전두환 보안사령관은 1980년 4월 중앙정보부장 서리를 겸직하게 되는데 그러면서 허문도를 비서실장으로 임명했다. 그때부터 허문도는 직접 전두환 밑에서 일하게 된다. 허문도는 12·12쿠데타의 핵심이자 하나회의 주요 구성원이던 육사 17기 허삼수 보안사 인사처장 그리고 김진영 33경비단장, 이 두 대령과 부산고 동기였다. 허문도는 전두환 밑에서 일하게 되면서 전두환·신군부 정권의 언론, 문화 정책에 많은 영향을 끼치게 되는데, 허문도의 능력에 대해 김진영이 전두환 쪽에 얘기했다고 한다.

그러한 허문도를 통해 전두환을 중심으로 한 신군부의 의중이 일본 쪽에 전달됐고, 일본은 박정희 정권을 대신할 새로운 정권으로 이 세력을 지원하기 시작했다. 전두환·신군부가 권력을 탈취하는 데 일본의 지원은 상당히 중요한 역할을 했는데, 그 구체적인 내용은 1980년 5·17쿠데타에 가서 나온다.

— 일본은 전두환·신군부 세력이 집권한 후에도 여러모로 도움을 줬다. 예컨대 경제 사정이 좋지 않았던 전두환 정권 초기에 나카소네 야스히로 정권은 40억 달러를 융자해주며 전두환 정권에 상당한 힘을 실어줬다.

해방 후 70여 년의 역사를 돌아보면, 일본 우익은 한국에서 민

허문도는 조선일보 기자 출신으로 도쿄 특파원으로도 일했다. 허화평, 허삼수와 함께 '쓰리 허(3허)'로 불리며 전두환 정권의 실세로 군림했다. 언론 통폐합 및 수많은 언론인 해직을 주도했고, 광주항쟁 1주년인 1981년 5월에 열린 관제 문화 행사 '국풍 81'에도 관여했다. 허문도는 전두환 정권의 괴벨스라는 오명을 남기고 2016년 세상을 떠났다.

주주의가 진전되는 것을 달가워하지 않았다. 민주주의가 아니라 안정 유지가 목표라는 스노베 료조의 말에서도 이 점은 잘 드러난다. 그렇게 된 데에는 일본 우익 자체가 역사적으로 민주주의와는 거리가 있는 세력이라는 점, 한국을 낮춰 보는 뿌리 깊은 인식 같은 것이 작용했을 것이다. 그와 함께, 더 직접적으로는 1945년 일본의 패전과 한국의 해방 후 새롭게 형성된 동아시아 국제 반공 체제, 즉 미국-일본-한국으로 이어진 속에서 미국과 일본이 한국의 극우 반공 세력을 밀어준 구조와 깊이 관련된 문제라고 볼 수 있다.

이러한 한국 민주주의와 일본 우익의 관계는 오늘날에도 여전히 깊이 고민할 수밖에 없는 사안이다. 박근혜 정부 출범 후 더욱 후퇴한 민주주의를 다시 진전시키고, 한일 관계에서도 예컨대 '위안부' 피해자들의 가슴에 다시 대못을 박은 2015년의 '12·28 야합' 같은 것을 되풀이하지 않기 위해서는 피해 갈 수 없는 문제다. 다시 돌아오면, 12·12쿠데타를 통해 정승화 계엄사령관 등을 체포한 후 전두환·신군부는 어떤 모습을 보였나.

하극상 반란을 일으켜 정승화 쪽을 제압한 12·12쿠데타 세력은 우선 육군의 요직을 장악하는 데 초점을 맞췄다. 12·12쿠데타 당시 중앙정보부장 서리였던 이희성 중장은, 꼭 전두환 패거리라고 볼 수만은 없지만, 정승화를 대신해 육군 참모총장 겸 계엄사령관이 됐다. 국방부 군수차관보였던 유학성 중장은 이건영 대신 3군사령관을 맡았다. 1군단장이던 황영시 중장은 육군 참모차장, 9사단장이던 노태우는 수경사령관, 50사단장이던 정호용은 특전사령관이 됐다. 전부 반란 세력이 육본과 국방부를 점령한 12월 13일 자인사다. 굉장히 신속하게 인사이동이 이뤄졌다. 이러한 인사이동이 가능했던 것은 갓 출범한 최규하 정권이 대단히 취약했다는 것을 말해준다. 최규하는 정승화 체포 연행에 서명을 해준 그 순간부터 사실상 허수아비와 다를 바 없는 무력한 대통령이 되었다.

이렇게 군의 핵심 요직을 차지했는데, 당시 상황에서 군의 핵심 요직을 장악했다는 건 국가 권력 전체를 장악할 가능성이 있다는 걸 시사하는 것이기도 했다. 전두환 쪽은 국가 권력 전체를 장악할 기회를 노렸다. 이들은 민주화를 대망하고 있었던 한국 국민들의 서울의 봄에 나타날 학생 시위 등 '기회'만 생기면 그것을 구실로 삼아 제2의 쿠데타를 일으키겠다는 구상을 갖고 있었다.

12·12쿠데타를 막거나
피할 수 있는 방법은 없었을까

— 12·12쿠데타에 대한 이야기를 마무리하기 전에 몇 가지 더 짚어봤으면 한다. 우선 1961년 5·16쿠데타 때에는 쿠데타 정보가 사전에 곳곳에서 샜다. 12·12쿠데타 때에는 어떠했나.

5·16쿠데타는 준비 기간이 길었다. 그런 점도 생각을 해야겠지만, 12·12쿠데타는 보안사가 중심이 돼 움직여서 그런지 보안에 대해 치밀하게 한 면이 있다. 특히 권력 지향 군인들이 많았던 하나회라는 기본 사조직이 있었다는 점이 중요하다. 앞에서 말한 대로 일본 쪽에는 사전 통보를 하고 협력을 구한 것으로 나와 있는데, 일본 쪽에 그렇게까지 알려줄 수 있는 건가 하는 점은 이해가 안 간다.

그만큼 일본에 대한 신뢰가 대단했던 것 같다. 그리고 쿠데타 핵심들과 허문도 사이에도 신뢰가 컸던 것 같다.

그런 걸 빼놓고는 김진기 헌병감 등이 '뭔가 낌새가 이상하다. 저 정치 군인들에 대해 조치를 취해야 한다'는 내용의 얘기를 정승화한테 했다는 것만 나온다. 이런 점에서도 5·16쿠데타와는 차이가 난다.

— 5·16쿠데타 당시 장도영 참모총장처럼, 12·12쿠데타 세력과 쿠데타를 진압해야 하는 쪽에 양다리를 걸친 경우도 있었나.

막아야 할 사람들이 제대로 막지 못했다는 건 있지만, 쿠데타 계획에 대해 처음부터 알면서 양다리를 걸친 자는 없었다. 5·16쿠데타 때에는 양다리를 걸친 자가 육군 참모총장이었지만, 12·12쿠데타에서는 육군 참모총장이 반란군의 제거 목표물이었기 때문에 사정이 전혀 달랐다.

주도면밀했다는 점에서 조갑제가 허화평을 높이 평가한다. 12·12쿠데타, 5·17쿠데타, 그 후 국보위(국가보위비상대책위원회) 활동까지 허화평이 아주 중요한 역할을 한 것 아니냐, 주도면밀하게 계획을 짠 것 아니냐고 조갑제는 얘기했다. 다른 기자들이 쓴 책에도 허화평 역할이 컸다고 나온다. 그 당시 나도 허화평이 그러한 기획에서 중요한 위치에 있었던 것 아니냐는 얘기를 들었다.

— 5·16쿠데타 때 박정희는 쿠데타를 일으킨 지 이틀 만인 1961년 5월 18일 장면 정부로부터 항복을 받아냈다. 다른 나라 사례를 봐도, 쿠데타 당일 내지 길어도 며칠 안에 결판을 내고 정

1981년 전두환이 허화평에게 정무제1수석비서관 임명장을 건네준 뒤 악수를 하고 있다. 12·12 쿠데타, 5·17쿠데타, 그 후 국보위 활동까지 허화평이 아주 중요한 역할을 한 것으로 알려져 있다. 사진 출처: 국가기록원

권을 바로 장악하는 게 일반적이다. 그와 달리 전두환·신군부는 12·12쿠데타에 이어 이듬해에 5·17쿠데타를 다시 일으켰다. 2단계 쿠데타를 한 셈인데, 그중에서도 12·12쿠데타가 더 결정적인 역할을 했다고 생각한다.

이와 관련해 10·26이라는 형태로 유신 정권이 무너졌다는 점, 따라서 유신 체제를 떠받친 세력이 여전히 실권을 갖고 있었던 점을 고려하면 12·12쿠데타 이후에는 유신 잔당의 발호를 막기가 여러모로 쉽지 않은 상황이 아니었을까 하는 생각이 든다. 그런 점에서도 12·12쿠데타를 막지 못한 것, 그리고 그에 앞서 10·26에서 12·12쿠데타 사이에 유신 체제를 떠받친 세력들 중 강경파를 제압하지 못한 것이 유신 잔당의 집권 연장을 가능케 한 핵심 요인이 아니었을까 싶다.

1979년 12월 14일 보안사령부에 모인 전두환을 비롯한 신군부 실세들. 이들은 이날 쿠데타 성공 기념 파티를 열었다.

1987년 6월항쟁이 있긴 했지만, 아직까지도 그 세력을 제대로 청산하지 못하고 있는 한국 사회의 오늘날을 생각해봐도 매우 아쉬운 대목이다. 그러한 12·12쿠데타를 막거나 피할 수 있는 방법은 없었을까.

5·16쿠데타나 다른 지역 쿠데타와 달리 전두환·신군부는 왜 2단계 쿠데타로 갈 수밖에 없었느냐 하는 건 앞으로 학계에서 많이 논의하고 연구돼야 할 중요한 사안이다. 12·12쿠데타가 일어날 때에는, 대세가 민주화로 가야 한다는 분위기가 강했다. 12·12쿠데타 핵심 세력은 당시 시민이나 정치 세력들이 일거에 권력을 탈취하는 것을 용납하지 않으리라고 판단하지 않았나 싶다. 5·16쿠데타가 일어난 시기의 정치 상황과 10·26 직후의 정치 상황은 그만큼 크게 달랐다.

무엇보다도 12·12쿠데타 핵심 세력은 일거에 권력을 탈취하려 할 경우 군부 전체의 지지뿐만 아니라 하나회 군인들의 동의도 받기가 쉽지 않을 것으로 판단했다고 본다. 당시 상황에서 일거에 권력을 탈취하려 하면 과도 정부에 대한 반역이자 역사에 대한 반역으로 낙인찍힐 수 있었다. 그보다는 정승화가 10·26과 관련이 있어 연행하려 했다는 것에 모든 초점을 맞추면 군부의 반발이나 의아심을 약화시킬 수 있었다. 또 하나회 군인이나 군부는 군 상층부가 대폭 바뀌는 것은 환영하는 입장이었다. 따라서 12·12쿠데타 핵심은 우선 정승화 쪽을 제거하고 군권을 장악하는 데 모든 힘을 기울이고, 그다음에 기회를 기다리고 만들어야 한다고 생각했을 것이다.

　　그런 과정이 최대한 자연스럽게 보이도록 할 필요가 있었다. 반란이나 반역이 아니라는 인상을 줄 필요가 있었다, 이 말이다. 그러다 보니까 최규하 쪽도 진짜 대권을 생각해볼 수 있었고, 신현확이나 다른 사람에게 대권 의향이 있는지 떠보는 일도 있었으며, 과도 정권 쪽이나 일본 쪽에서는 이원 집정부제가 필요하다는 주장이 나오기도 했다. 또 전두환 등 쿠데타 핵심 세력이 처음부터 권력을 탈취할 의도가 없었는데 어떻게 하다 보니까, 상황을 따르다 보니까 5·17쿠데타가 일어난 것이라는 주장까지 성행하게 된다.

　　12·12쿠데타가 '성공'하는 데에는, 앞에서도 얘기했지만, 쿠데타 핵심의 주도면밀함 못지않게 정승화 쪽의 과단성 부족이 크게 작용했다. 이 대목에서 박정희가 특히 유신 시기에 육군 참모총장이라는 아주 중요한 직책에 어떤 사람들을 임명했는가 하는 점도 생각해볼 필요가 있다. 그 시기에 육군 참모총장으로 임명된 사람들을 보면, 심하게 말하면 무능하다고 얘기할 수 있는 경우도 있고 그렇게 통솔력이 강한 사람들은 아니지 않느냐고 볼 수 있다. 그렇

기 때문에 마음 놓고 그 자리에 임명한 것 아니겠는가 하는 생각이 든다.

유신 쿠데타 당시 육군 참모총장은 노재현이었다. 12·12쿠데타 때 국방부 장관이었던 바로 그 사람이다. 노재현에 이어 1975년에 이세호가 육군 참모총장이 되는데, 이 사람은 1980년 5·17쿠데타 때 권력형 부패 행위자로 지목돼 잡혀 들어가기까지 한다.

그 후임이 정승화인데, 인덕이 있다며 정승화를 칭찬하는 사람도 있다. 또 정승화가 10·26 이후 군 지휘관 회의에서 한 발언 같은 것들을 보면 군은 정치에 관여해서는 안 된다는 생각을 가진 사람이었던 것 같다.

그렇기는 한데, 방첩부대장까지 지낸 사람이 계엄사령관이라는 위치를 믿고서 전두환 쪽, 하나회 쪽에 대해 너무 방심했다. 다른 나라 사례를 보더라도, 세상에 계엄사령관이 체포되는 나라가 어디 있나. 우리도 그때 '도대체 계엄사령관이 체포되는 경우가 어떻게 있을 수 있느냐', 그런 얘기를 많이 했다.

—— 군부 쪽은 그렇다 치더라도 민주화 운동 세력이나 야당 쪽은 어떠했나.

그쪽엔 어떠한 정보도 없었다. 아까 얘기한 것처럼 12·12쿠데타 세력이 정보가 새게 하지 않았다. 그렇다면 12·12쿠데타 이후에라도 막으려는 노력을 적극 했어야 하는 것 아닌가 하는 생각을 해볼 수 있지만, 그렇지 못했다.

몹시 답답하고 이해가 안 되는 것은 10·26 이후, 민주화 운동 세력은 몰랐다고 하더라도 정치 세력 즉 김영삼, 김대중, 김종필 쪽은 전두환·신군부 쪽에 대해 상당히 신경을 썼어야 했는데 그렇지 않았다는 점이다. 그쪽에 대해 정보를 파악하고 있었거나 파악하려 하면서 뭔가 대처했다고 볼 수 있을 만한 자료가 나오지 않는다. 마지막 순간에 와서야 대비를 하려고 했지만, 그때는 너무 늦었다.

분열로 치명적 자충수 둔 양김,
회심의 K-공작 편 전두환

광주항쟁, 다섯 번째 마당

드디어 찾아온 서울의 봄,
그러나 전두환이 하는 짓은 심상치 않았다

김 덕 련 10·26으로 유신 정권이 종말을 고하면서 민주화에 대한 기대감이 한껏 높아졌지만, 12·12쿠데타와 5·17쿠데타를 거치며 전두환·신군부의 권력 찬탈로 귀결됐다. 이 과정에서 야권은 내홍을 거듭했다. 주요 정치 지도자들은 12·12쿠데타를 심각하게 받아들이기는 했나 하는 의문마저 드는, 즉 정치 일정에만 주로 관심을 보이며 집권 환상에 갇힌 듯한 모습을 보였다.

아울러 학생, 재야 세력의 상당수도 이 문제를 얼마나 심각하게 받아들이고 냉정하게 대처했는지 의문이 든다. 10·26 이후 1980년 5월 광주항쟁이 일어날 때까지 야당, 학생, 재야 세력의 상당수가 근거가 불충분한 낙관론에 기울어져 있었던 건 아닌지, 이 시기에 민주주의를 추구한 세력은 어떤 잘못 또는 실수를 한 것인지 찬찬히 짚어봤으면 한다. 우선 서울의 봄 상황과 분위기, 구체적으로 어떠했나.

서 중 석 봄이라고 표현했으니까 서울의 봄이라는 것을 3월부터로, 더 직접적으로는 2월 29일 대규모 사면 복권 이후로 볼 수도 있다. 그렇지만 1980년 초 정치인들의 신년사가 나오고 국회에서 개헌 논의가 진행될 무렵부터 5·17쿠데타가 날 때까지 이제는 민주화로 나아갈 거라는 기대, 거의 모든 한국인이 가졌던 그런 기대 속에서 나타났던 민주화 염원을 서울의 봄으로 얘기할 수도 있다.

1979년 말에 12·12쿠데타가 있긴 했지만 그래도 새해는 왔다. 드디어 1980년 신년을 맞이한 건데, 1월 1일 김영삼 신민당 총재는 개헌 시한을 앞당겨 1980년 하반기까지 정권을 이양하자는 신년사를 발표했다. 김종필 공화당 총재도 헌법 개정을 서둘러서 1981년 초에는 정권 인수인계가 이뤄져야 한다는 신년사를 발표했다. 모두 서울의 봄을 준비하자는 얘기들이었다.

그렇게 신년사가 발표된 후 1월 16일 전년에 만들어진 국회 헌법개정심의특별위원회(개헌 특위)의 첫 번째 공청회가 열렸는데 대통령 직선제를 지지하는 의견이 압도적으로 우세했다. 2월 8일에는 개헌특위 위원장 김택수와 김종필 총재가 대통령은 직선제로 선출하고 임기는 4년으로 하되 1차 중임을 할 수 있다는 개헌 시안에 합의했다. 이건 너무나도 당연하게 김영삼이나 김대중이 갖고 있던 생각 그대로였다.

그런 속에서 2월 25일 김상만 동아일보 회장이 3김(김대중, 김영삼, 김종필)을 불러서 만찬 회동을 했다. 이 자리에는 정일권, 글라이스틴 주한 미국 대사 등도 참석했는데, 이 회동에 관한 기사가 동아일보에 크게 났다. 3김 중 김대중이 더 돋보이는 모임이었다. 그래서 동아일보가 김대중 쪽으로 움직이고 있는 것 아니냐는 얘기가 돌고 그랬다.

2월 29일 최규하 정부가 687명을 사면 복권시켰다. 여기에는 윤보선 전 대통령, 지학순 주교, 정일형 전 의원, 문익환 목사, 함세웅 신부 등이 들어 있었는데 김대중도 이때 사면 복권이 됐다. 김대중이 너무 쉽게 사면 복권된 것 아니냐, 정승화 발언을 보면 군부가 경계하고 있었는데 이렇게 쉽게 사면 복권될 수 있느냐, 이런 생각을 해볼 수 있다. 그런데 뜻밖에 고건 회고록에 이 부분에 대한 설명이 나온다.

— 고건은 이에 대해 어떤 기록을 남겼나.

고건은 1979년 1월 청와대 비서실 정무 제2수석비서관이었고, 최규하 대통령 취임식 직전인 12월 18일 정무수석에 임명됐다. 그리고 1980년 2월 18일 허정, 유진오, 백낙준, 김수환 등 23명이 대통령 국정 자문 위원으로 위촉됐다. 고건이 1979년 12월말 김수환 추기경을 만나 국정 자문 위원을 맡아달라고 부탁했을 때 김 추기경은 김대중 복권을 당부했다. 고건은 복권 문제가 거론될 때 중앙정보부, 보안사령부, 경찰에 김대중 복권 검토를 제시했는데 결론이 없었다. 고건은 1980년 2월 28일 복권 명단에 김대중의 이름을 넣었다. 최규하에게 김대중 이름을 넣었다고 보고하자, 최규하는 아무 말 없이 결재만 했다.

고건 회고록을 읽어보면 고건 때문에 김대중이 복권된 것은 확실하다. 그러나 그것이 가능했던 것은 중앙정보부나 보안사에서 아

이 회동에 관한 기사는 만찬 다음 날인 1980년 2월 26일 자 동아일보 1면에 크게, 그것도 두 건이나 실렸다. 그런데 이 기사들에서는 김대중이라는 이름을 찾아볼 수 없다. 김대중이 김상만 회장, 김영삼, 김종필과 나란히 서서 찍은 사진도 실리지 않았다. 이 사진은 14년 후인 1994년 4월 1일 자 동아일보에 실리게 된다.
이렇게 된 건 보도 통제 때문이다. 그래서 신문에 그 이름을 쓰지 못하고 "한 인사", "한 참석자"로만 표현한 것이다. 1978년 12월 김대중이 형 집행 정지로 석방된 후 신문에서는 '원외의 모 인사', '당외 인사', '동교동 모 씨'로 표현해야 했는데, 박정희 정권이 무너진 후에도 보도 통제는 계속되고 있었다.
그렇지만 동아일보의 이 회동 기사들에는 김대중이 참석했음을 충분히 짐작할 수 있게 하는 대목이 곳곳에 있다. 예컨대 "(19)81년 선거의 대통령 후보로 유력시되는 인사들을 초청", "복권을 가까운 시일 내로 앞둔 가운데 대면했다는 점에서 내외의 비상한 관심" 같은 구절이 그러하다. 또한 "세 마리 사자three lions의 만남"이라는 글라이스틴 대사의 말이 누구누구를 가리키는 것인지도 어렵지 않게 짐작할 수 있었다. 정치인 이름에 대한 보도 정상화 문제가 화제에 오르자 참석자들이 "그러면 생일을 오늘 새로 맞이한 셈"이라면서 한 인사를 위해 생일 축하 노래를 합창했다는 대목도 마찬가지다. 이날 회동은 유신 쿠데타 이후 국내 공식 석상에 모습을 드러내기 어려웠던 김대중이 오랜만에 참석한 행사라는 점에서도 김대중 쪽으로서는 의미가 있었다.

정부의 사면 복권 소식을 알린 1980년 2월 29일 자 동아일보. 윤보선, 김대중, 김찬국(상단 왼쪽), 정일형, 리영희(하단 왼쪽)의 얼굴과 그들의 사면 복권에 대한 소감이 실렸다.

尹潽善 앞으로 不當不法한것 모두 一掃돼야
金大中 候補競合이 제1의 관심사는 아니다
鄭一亨 民主發展의 唯一한기회 놓쳐서는곤란
金贊國 신앙과 양심따라 弱者위한 努力 계속
李泳禧 反共法이 政治에 남용되는일 없어야

무 말도 하지 않았기 때문이다. 왜 아무 말도 없었을까. 그것은 김 대중을 복권시켜도 좋다는 전두환 등 신군부의 의견이 작용했기 때문이라고 나는 본다. 왜 군부가 그렇게 싫어한 김대중을 복권시키는 것에 반대하지 않았을까. 이것이 대단히 중요한 문제가 아닐까?

이 2월 29일 복권을 전후해서 '대통령 후보로 김영삼이나 김대중이 나가려고 한다'는 소문이 돌기 시작했다. 사실은 그 이전에 김영삼 쪽에서 이 얘기가 나온 바 있었다. 여야 개헌안이 대통령 직선제에 합의를 봐서 헌법 개정안 시안이 마련됐다고 2월 9일 발표됐는데, 그로부터 3일밖에 안 지난 2월 12일 김영삼은 신민당 집권이 역사의 순리라고 주장하며 대통령 출마를 시사했다. 1971년 대선을 앞두고 제일 먼저 40대 기수론을 들고나와 선풍을 일으켰던 일을 상기하면서 그런 야망을 시사한 것이었지만 성급해도 너무 성급한, 그야말로 무책임한 짓이었다. 김대중은 2월 29일 복권되던 날 "후보 경합이 제1의 관심사는 아니다"라고 말했는데도 그의 복권을 전후해서 이제는 양김이 대선에 나가려 한다는 소문까지 나돈 것이다.

그런데 이렇게 복권되기 전 김대중에게 심상치 않은 일이 일어났다.

— 어떤 일이었나.

김대중 자서전을 보면 1980년 1월말 부분에 이런 구절이 나온다. 뭐냐 하면, '전두환 장군이 만나고 싶어 한다'는 전갈이 김대중 쪽에 왔다고 한다. 그래서 김대중이 합동수사본부에서 쓰던 안가로 찾아갔다. 그랬더니만 전두환은 안 나오고 보안사에서 권정달과 이학봉, 이렇게 두 사람이 나왔다고 한다. 이 자리에서 이학봉은 위압적으로 김대중한테 복권되려면 각서를 쓰라고 했다고 한다. '해외에 나가지 않겠다. 정치적으로 자중하겠다. 그리고 정부에 협조하겠다', 이런 내용을 쓰라고 했다는 것이다.

이도성 기자 책에도 이 얘기가 나온다. 다만 그 시점이 1월말이 아니라 2월 중순경으로 나오고, 내용이 좀 더 구체적이다. '시국 안정에 협력한다. 사회 불안을 일으키는 소란 행위를 하지 않겠다. 6월말까지 외국에 나가지 않는다'는 등의 '서약서'를 쓰라는 것이었다.

이게 뭘 얘기하는 것이겠나. 감히 보안사의 영관급 참모들이 야당 대통령 후보였던 김대중 정도 되는 정치인을 맞대면했을 뿐만 아니라, 내용도 상당히 모욕적인 각서나 서약서까지 쓰라고 하는 상황이었다. 이것이 갖는 의미, 그건 아주 심각하다고 볼 수 있다. 그렇게 하면 복권시켜주겠다고 하면서 각서를 쓰라고 한 것이었는데, 김대중은 물론 거부했다.

나온다던 전두환은 얼굴도 안 내밀고, 감히 보안사 참모들이 이런 식으로 나왔다는 것이 무엇을 의미하겠나. 하나는 반응을 떠보고 인물 됨됨이를 시험하며 모욕을 주면서 '당신은 대권을 꿈꾸지 말라'고 한 것이었다. 다른 하나는 권력의 핵심이 어디에 있는가를 잘 알라는 명백한 경고였다.

정치권에서는 이 문제를 대단히 심각하게 생각했어야 한다고 난 본다. 백번 양보해서 그런 걸 정부에서 요구한다면 또 몰라도 어떻게 보안사가 나설 수 있나. 말이 안 되는 일이었다. 이도성 기자 책에는 다른 심각한 사례들도 들어 있다.

—— 또 어떤 일이 있었나.

전두환 부부 주례도 맡았던 군 원로 최영희 유정회 의장이 '안개 정국' 속에 극도로 시계視界가 흐렸던 1980년 1월 하순 김종필을 밀도록 설득하기 위해 전두환을 찾아갔다. 전두환은 냉담했다. 김종필만 안 된다는 것이 아니라 3김 모두 안 된다는 것이었다. 정승화의 3김 불가론이 전두환에게서도 나온 것이다. "전 사령관이 직접 나서겠는가"라고 묻자 전두환은 "고민 중이다. 여러 가지를 생각 중"이라고 답했다고 한다. 이게 무슨 얘기겠는가. 자신이 하겠다는 것 아닌가.

윤필용 사건 때 하나회를 쑥대밭으로 만들었던 강창성 전 보안사령관은 전두환이 보자고 해서 1980년 3월 초순에 전두환을 만났다. 그랬더니만, 이도성이 쓴 것을 그대로 옮기면 "3김, 저것들이 설치고 있는데 저 사람들 가지고는 어디 되겠습니까? 김종필이는 흠이 많고 경솔하며 김영삼이는 아직 어려서 능력이 부족한 것 같고 김대중이는 사상을 도무지 믿을 수가 있어야지요"라고 전두환이 말했다. 그러고는 지도급 여야 정치인들이 "제가 직접 대권을 맡아야 한다고 주장하고" 있다면서 자신을 밀어달라고 말했다. "최 대통령은 참 멍청한 인물입니다", 이 말도 했다. 강창성은 군인이 정치권력을 탐내서는 안 된다고 말했다. 그래서 어색하게 헤어졌는데, 4개월 후 강창성은 끌려가 삼청교육대에서 최악의 수모를 당하며 고초를 겪게 된다.

이처럼 전두환이 최고 권력을 탈취하려 한다는 것을 여기저기서 간취할 수 있었을 것이고, 김대중에게 보안사의 두 장교가 요구한 것도 전두환 자신이 어떠한 위치에 있다는 것을 흘려준 것이었다. 그런데 참으로 이상하게도 김대중 등 3김은 잘 몰랐던 것 같다.

—— 이즈음 정치권 상황은 어떠했나.

전두환과 보안사가 무슨 짓을 하든, 어떤 야욕을 품었든 아랑곳하지 않고 정치권은 이전투구를 벌였다. 공화당에서는 김종필, 이후락 등 반김종필파, 정풍 운동파 간 내분이 발생했다. 신민당에서는 양김의 힘겨루기가 계속 벌어졌다. 김대중 복권 이틀 후인 3월 2일 뉴욕타임스는 김대중이 김영삼 총재의 지도 노선을 비판하고 나섰다는 기사를 실었다. 3월 3일 김대중계인 박영록 부총재가 "10·26'의 배경에 양김 씨의 공이 똑같다"면서 신민당과 재야의 1:1

통합을 주장해 시끌시끌했다. 이런 상태에서 3월 6일, 세간에 두 사람이 서로 대통령이 되려고 한다는 소문도 돌아서 그랬겠지만, 김영삼과 김대중이 만나서 2시간이나 단독 회동했다. 그런데 여기에서 심각한 문제가 하나 제기됐다.

김영삼은 1979년 5월 30일 전당 대회에서 총재가 됐을 때 상임 고문으로 윤보선과 김대중을 모셨다. 그래서 김대중이 당연히 신민당에 입당한 것으로 생각했다. 그런데 1980년 3월 6일 회동 자리에서 김대중은 "난 신민당에 입당하지 않았다"고 얘기했다. 김대중이 경우에 따라서는 김영삼과 다른 행동을 취하겠다는 것을 밝힌 것이었다. 그러면서 두 사람은 각자 대권 행보에 나섰다.

줄다리기 끝에 끝내 결별한
김영삼과 김대중…1987년과 닮은꼴

— 김대중은 1971년 대선 때 신민당 대통령 후보도 한 사람인데 1980년 이때는 당원이 아니었다는 사실을 의아하게 받아들일 독자들도 있을 것 같다.

본래 신민당 당원이었다고 하더라도 그 후 잡혀가고 납치되는 등 여러 과정을 거치면서 법만 가지고 따진다면 당원 자격이 없어졌다고 볼 수 있다. 그리고 전당 대회가 있던 1979년 5월 30일 그때 김대중은 사면 복권된 상태가 아니지 않았나. 그런 점은 있지만 일반 사람들은 대개 그런 것을 인정하지 않았다.

3월 중순부터 지구당 개편 대회가 열릴 때 양측 간에 계속 싸

1980년 4월 4일 자 경향신문 1면에 실린 김대중, 김영삼 회동 사진.

金泳三신민당總裁ⓛ와 金大中씨ⓡ가 현안문제등을 논의하기위해 4일상오 新羅호텔에서 만나 악수를 나누며 활짝웃고있다。

움이 붙었다. 심지어 폭력 충돌이나 유혈 사태도 벌어졌다. 대통령 직속 기관으로 헌법개정심의위원회가 발족해 두 군데(다른 하나는 국회 쪽)에서 헌법 개정안이 나올 수 있게 된 다음 날인 4월 4일, 양김은 다시 만났다.

이 4월 4일 대좌가 특이한 형식으로 돼 있다. 뭐냐 하면 두 사람이 알맹이 없는 4개 항의 공동 발표를 하고 그러고 나서 각자 자기 입장을 단독 설명하는, 아주 이상한 방식을 택했다.

이 자리에서 김영삼은 '김대중 동지가 100퍼센트 신민당에 들어오겠다고 의사 표시를 했다'고 딱 잘라 말했다. '다만 그 시기는 재야인사들과 협의해서 결정하겠다', 김대중이 이렇게 얘기했다는 것이다. 그런데 김대중은 '4월 7일에 열리는 신민당 중앙상무위원회의 논의 결과를 보고 입당 문제를 결정하겠다'며 아직 결정하지 않았다는 뜻을 밝혔다. 그러면서 '나 혼자 입당을 못하는 것은 새로운 재야 정당 출현을 막기 위해서다. 모든 재야인사를 흔쾌히 영입해야 한다', 이런 얘기를 했다.

이건 뭘 얘기하느냐. 신민당에 김대중이 들어오면 총재인 김영삼이 훨씬 유리한 상황에서 대통령 후보 경쟁을 할 수밖에 없는 면이 있었고, 따라서 김영삼이 대통령 후보가 될 가능성이 높았다. 그렇기 때문에 김대중 쪽은 신민당의 최고 의결 기구인 중앙상무위원회 개편에서 재야 몫이 커야 한다고 주장했다.

그런데 김영삼계 쪽 의사대로 중앙상무위원회 구성안이 채택됐다. 4월 6일 윤보선은 김대중에게 김영삼 총재와 힘을 합쳐야 한다고 역설했다. 그다음 날인 4월 7일 유명한 김대중의 신민당 입당 포기 선언이 나오게 된다. 이제 두 사람은 따로 놀게 됐다, 이 말이다. 1987년 여름 상황하고 거의 비슷한, 한 치도 다르지 않다시피 한 상황이 이때 나타나게 된다.

김대중은 신민당 입당 포기 선언을 발표하게 됐다고 자서전에 쓰면서 그다음에 "이문영, 박형규, 문익환 이분들이 긴급히 모여 나의 입당 포기 선언에 대해 충분히 이해하며 지지한다"고 했다고 썼는데, 이것도 1987년하고 매우 비슷한 점이다. 그리고 "당시 재야 민주 인사들 가운데 대다수는 내가 대통령이 돼야 한다고 생각했다", 이렇게까지 써놓았다. 이 점 역시 1987년에도 마찬가지였다. 재야인사들은 대개 김대중이 돼야 한다고 봤다. "특히 문동환, 이문영, 한완상, 박종태, 예춘호가 적극적이었다", 김대중은 이렇게도 썼다.˚

민주화 열망에 거듭 찬물 끼얹은 양김 분열

— 양김 분열은 한국 현대사의 중요한 길목에서 거듭 나타나, 민주화를 열망한 다수의 국민들에게 연이어 찬물을 끼얹었다. 대표적인 시기가 1980년과 1987년이다. 1987년에 양김이 분열하지 않았다면 12·12쿠데타의 주역 중 하나인 노태우는 대선 승리를 기대하기 매우 어려웠을 것이라는 점은 대다수가 동의할법한 사항이다. 1980년의 경우 1987년과는 상황에 다소 차이가 있긴 하지만, 양김 분열이 민주화로 나아가는 데 상당한 악영향을 끼쳤다는 건 부정할 수 없는 것 아닌가. 특히 12·12쿠데타로 전두환·신군부가 군을 장악한 이후에는 양김이 힘을 모아도 전두환·신군부의 권력 찬탈을 막기가 어려운 상황이었는데도 오히려 갈라섰다는 점에서도 그렇다.

심각한 문제일 수 있었는데 여기서 몇 가지를 생각해볼 필요가 있다. 먼저 '대통령 직선제로 가야 한다', 이 점에 대해서는 3김뿐만 아니라 당시 한국인의 대다수가 그렇게 되지 않겠느냐고 생각했다.

다만 신현확 총리 쪽 또는 크게 봐서는 최규하 정부 쪽에서 나

• 야권이 내홍을 거듭하던 이 시기에 공화당도 만만찮은 내부 갈등을 겪고 있었다. 10·26 이후 공화당에서는 소장 의원들을 중심으로 이른바 정풍 운동이 전개됐다. 부정부패한 자, 타락한 자 등을 당에서 내쫓아야 한다는 것이었는데 큰 성과를 거두지는 못했다. 그렇지만 정풍 운동의 주요 표적으로 지목된 이후락은 강하게 반발했다. 이후락은 1980년 3월 24일 기자 회견을 열고 "나를 몰아내야겠다는 정풍의 기준은 김(종필) 씨가 부여한 것"이라며 김종필 총재 퇴진을 요구했다. 이에 대해 김종필 측은 이후락이 전두환·신군부의 보호를 받고자 김종필을 흠집 내고 있다고 판단하고, 이후락에게 탈당 권유 처분을 내렸다.

온 의견이라고 하면서 이원 집정부제 분위기를 띄우고 냄새를 피우는 얘기는 있었다. 예컨대 1980년 3월 14일 최규하 대통령은 새로운 정부 형태로는 대통령 중심제와 의원 내각제를 가미한 절충 형태가 바람직하다는 견해를 시사했다. 이원 집정부제 쪽으로 가야 하지 않겠느냐고 시사한 것인데, 그러면서 대통령 직속 자문 기관으로 헌법개정심의위원회를 발족했다. 이건 국회와는 다른 길을 가겠다는 걸 얘기한 것이었다. 그렇지만 이러한 움직임이 세를 얻는다는 건 쉽지 않았다.

직선제가 될 가능성이 컸고 3김이 그쪽으로 밀어붙이고 있었으며 국회에서도 그걸 통과시킬 것이 확실한 상황이었는데, 문제는 군이나 최규하, 신현확 이쪽에서는 '1971년 대선 경험을 볼 때 직선제를 하면 김대중이 제일 유력하지 않겠느냐', 그 생각을 할 수 있었다는 것이다. 그런데 그건 김대중도 그와 같은 생각을 할 수 있었다. 1971년 그때 박정희를 얼마나 위기에 몰아넣었나. 영남 몰표가 아니었다면 박정희가 될 수 없는 상황 아니었나. 더욱이 이제는 박정희도 없는 상황 아닌가. 물론 김종필, 김영삼을 생각할 수는 있지만 그렇다고 하더라도 김대중에 대해 그런 생각을 할 수 있었다.

그런데 박정희가 키워놓은 군 또는 박정희 밑에서 최고위직에 있었던 최규하, 신현확 정부 일각에서는, 김종필에 대해서도 그런 게 좀 있긴 했지만, 특히 김대중에 대해서는 아주 두려워한다고 할까 기피하는 게 있었다. 12·12쿠데타 이전 정승화 발언에서도 이미 그런 게 나온다. 여러 기록에 그 얘기가 나오는데 여기서는 김대중 자서전에 나온 걸 한번 보자. "공산주의 활동을 한 일이 있는 사람은 장교가 될 수 없듯이 국가 원수도 미심쩍은 사람은 시킬 수 없는 것이다", 이렇게 정승화 계엄사령관이 1979년 11월 28일 기자 간

담화에서 공공연하게 얘기했다고 썼다. 이게 누구를 가리키느냐 하는 건 뻔했다. "정승화는 언론계 간부들을 세 차례(11월 26, 27, 28일)나 육본으로 초청해서 나에 대한 거부감을 노골적으로 드러냈다"고 김대중 자서전에 나와 있다.

그런데 12·12쿠데타로 군권을 쥐게 된 전두환 쪽은 정승화보다 더 심하다고 생각해야 할 것 아닌가. 어떻게 해야 이 문제를 풀어낼 수 있을 것인가. 바로 그 점에 아주 미묘한 게 많이 들어 있었다.

신군부 저지가 최우선 과제이고
대통령 선거는 나중 문제였거늘…

── 생각해볼 만한 다른 사항으로 어떤 것이 더 있나.

김대중은 4월 7일 신민당 입당을 포기한다고 선언했다. 그런데 이 시기에 김대중 쪽 또는 3김 쪽에서 신군부 세력에 대항해 싸울 수 있는 제일 큰 무기가 뭐였겠나. 그건 국회라고 볼 수 있다, 이 말이다.

물론 이 국회는 유신 헌법에 의해 제한된 민의밖에는 담겨 있지 않았다. 국회의원의 3분의 1은 대통령이 사실상 지명하는 유정회 소속이었고, 나머지 3분의 2도 자유롭게 정권을 비판할 수 없는 선거를 통해 뽑는 구조 아니었나.

그렇다고 하더라도, 1978년 12·12선거 결과에는 그래도 민의가 상당히 반영됐다고 봐야 한다. 그런 점에서도 당시 민의를 어느 정도 대변할 수 있는 유일한 기구가 국회였다. 그렇기 때문에 아무도 국회를 무시할 수 없었다. 굉장히 중요한 위치에 국회가 있었다. 그래서 당시 언론도 개헌 관계 보도를 포함해 국회 보도를 매우 중시했다.

국회를 통해야 3김은 신군부를 견제할 수 있었다. 5·17쿠데타를 다루면서 자세한 얘기를 하겠지만, 국회를 통해 계엄을 풀고 신군부를 견제하는 것이 현실적인 방안으로 얘기될 수 있는 상황이었다. 그런데 정당을 포기했다고 할 경우 국회를 통해 신군부를 견제하는 게 어렵지 않겠는가 하는 점을 생각하지 않을 수 없다.

특히 양김이 분열된 상태에서는 더 그랬다. 물론 그 이후에 와서는 양김이 힘을 합쳐도 문제를 풀기가 쉽지 않은 상황이었다. 그리고 당시 보안사 간부 이학봉 등이 김대중한테 한 짓이 있지 않나. 그런 걸 보더라도 문제는 간단하지 않았다.

그런데 신민당 입당 포기, 이건 신민당에 그대로 들어갈 경우 김영삼은 유리하고 자신은 불리하기 때문에 김대중 쪽 기준으로 보면 어쩔 수 없이 그렇게 갈 수밖에 없던 면이 있었던 건 사실이다. 그렇다고 하더라도 당시 큰 테두리에서 신군부를 어떻게 견제할 것이냐, 여기에다가 더 초점을 맞췄다면 어땠을까. 그렇다면 그건 야권이 1987년에 마주치게 되는 상황과 똑같은 것이다. '노태우 집권을 막으려면', 이것과 같은 것이다.

4월 7일 입당 포기 성명과 관련해서 재야인사들이 자신의 신민당 입당 포기를 지지했다고 김대중이 자서전에 썼다고 앞에서 말하지 않았나. 4월 18일에는 더 나아가서 동국대 강당 연설에서 김대중은 재야 세력이 민주 세력의 구심이라고 얘기했다.

재야 세력이 민주화 운동의 구심, 핵심이라는 건 누구도 부인할 수 없다. 그야말로 간고艱苦한 상황에서 정말 헌신적으로 싸워오지 않았나. 민주화 운동에서 그분들의 위치는 굉장히 높다. 우리 현대사, 그중에서도 민주화 운동사에서 대단히 중요한 위치를 차지하고 있다.

그런데 '서울의 봄' 시기에는 민주화 운동 세력이 가질 수 있는 힘이라고 할까, 영향력이 제약돼 있었다. 그러한 재야 세력을 민주화 세력의 구심, 자기 자신의 활동의 구심으로 삼겠다는 시사를 하면 상대편, 예컨대 신군부 쪽이나 신현확을 비롯한 최규하 정부 쪽에서는 그것을 상당히 껄끄럽게 여기거나 강하게 반발할 수 있었다. 이 세력들이 김대중 다음으로 미워한 사람들이 어느 쪽이겠느냐, 이 말이다. 그 경우 오히려 더 강경한 대치, 대립 국면을 만들어내는 것 아닌가 하는 점에 대해 좀 더 정치적으로 판단하는 게 중요하지 않았겠나 하는 생각이 든다.

거듭 말하지만 민주화 운동 세력의 헌신, 그분들이 한 활동의 중요성은 누구도 부정할 수 없다. 그렇지만 정치인은 현실을 중시할 수밖에 없는 면이 있다. 최규하나 내각을 비판하더라도 다른 한편으로는 관계를 열어놓고 그러면서 신군부를 제압하기 위해 때로는 협력하는 쪽으로 나아가는 것을 심사숙고하는 게 필요한 상황이었다. 이 시기에 최대 현안은 신군부가 전면에 나서는 걸 막는 것이었고, 대통령 선거 부분은 나중 문제라고 볼 수 있는 상황 아니었나. 신군부가 나오는 걸 막기 위해서는 신군부 견제를 위해 3김이 단결하고 최규하 쪽과도 맥을 통하면서 국회를 충분히 활용해 계엄을 푸는 것이 필요했다.

이 대목에서 지난번에 YWCA 위장 결혼식 사건(1979년 11월 24일)을 다루면서 소개한 김상현 얘기가 다시 떠오른다. 김상현은 민주 헌법으로 개헌하기 위해 최규하 체제를 오히려 강화해줘야 하며 그 체제로 직선제 개헌을 주도해야지 그렇지 않으면 군부가 나온다고 김대중이 내다봤다고 얘기하지 않았나. 이때는 김대중이 사면되기 전인데, 그러한 김상현 얘기가 시사하는 바가 있다.

김영삼·김대중 갈라설 때
전두환·신군부는 회심의 K-공작

—— 김영삼과 김대중이 분열하고 세 불리기 경쟁을 하고 있을 때 전두환·신군부는 어떤 움직임을 보였나.

이 시기에 신군부는 뭘 하고 있었느냐. 국가 권력을 찬탈하기 위한 구체적인 움직임으로 K-공작이라는 걸 펴고 있었다. 이 공작에는 이상재가 깊이 관여했다. 이상재는 보안사 준위에 지나지 않았지만 한때 막강한 권력을 휘둘렀다. '쓰리 허'(허화평, 허삼수, 허문도), 이학봉, 권정달에 이어 그다음 정도로 이상재가 힘이 센 것처럼 당시 부각되고 그랬다. 이상재는 1980년 2월에 이미 보안사 쪽에서 K-공작 계획과 관련된 활동을 하고 있었다. 그러면서 3월부터 K-공작 계획이 구체화된다.

권정달 증언에 의하면 K-공작은 이상재가 입안 단계부터 시행에 이르기까지 추진했다. 허화평, 허삼수 등 보안사의 핵심 인물들은 전두환 보안사령관의 지침에 따라 배후에서 이상재를 조종했다. 전두환을 비롯한 신군부 핵심 세력이 자신들의 정권 장악 기도에 유리한 여론을 조성하는 한편 반대 여론을 무마하기 위해 언론을

1980년 4월 16일 전두환이 최규하 대통령에게 중앙정보부장 서리 임명장을 받은 뒤 선서를 하고 있다. 중앙정보부장 서리가 됨으로써 전두환은 양대 정보 기관을 장악했을 뿐 아니라 국무회의에 출석해 발언할 수도 있었다. 사진 출처: e영상역사관

조종, 통제, 회유할 목적으로 그러한 계획을 수립, 시행했다고 권정달은 진술했다.[*]

　　그러니까 K-공작은 간단히 얘기하면 전두환 권력을 만들기 위해 언론을 조종, 통제, 회유한 작전이라고 볼 수 있다. 거기에서는 이상재 쪽이 주된 활동을 했는데 언론사 간부들을 접촉해 '현재 상황에서 민주주의는 안 된다', '3김은 안 된다. 사회 안정을 위해 군부가 집권해야 한다', 이런 취지의 보도를 하도록 유도하고 그러한 성향의 여론이 조성되도록 회유했다. K-공작 담당자들은 언론이 3김과 신군부를 분리, 차별화해서 다루도록 했다. 신군부를 안정 구

---

[*] K-공작에서 K는 King을 가리킨다. 신군부의 언론 통제 문제를 조사한 국방부 과거사위는 2007년, K-공작이 전두환 보안사령관의 결재를 받아 실시됐다고 밝혔다.

축 세력으로 내세우면서 '지금은 선先안정이 중요한 때다', 이런 논리를 퍼뜨리고 언론계 간부들의 성향을 분석해서 협조 가능한 사람들을 포섭한 것이다.

K-공작이라는 건 나중에 언론인 접촉 공작이라는 것으로 진행됐는데 이건 1980년 8월 하순까지, 이때가 전두환이 '통대'에 의해 대통령으로 선출될 때인데, 계속된 것으로 알려져 있다. 이러한 K-공작을 통해 전두환 쪽은 3김을 물리치고 자신들이 권력을 장악하겠다는 바로 그 길로 들어서게 된다.

K-공작이 한창 진행되던 4월 14일 전두환은 중앙정보부장 서리에 임명됐다. 최규하가 12·12쿠데타로 육군 참모총장이 된 이희성 후임을 진작 임명했더라면 전두환이 중앙정보부장 서리가 되는 걸 막을 수 있었는데, 무려 4개월이나 그 중요한 자리를 공석으로 뒀다. 결국 그 자리의 중요성을 알고 있었던 전두환이 그 자리를 거머쥐었다. 신현확 총리는 전두환 부탁을 거부했고 미국 측도 전두환이 그 자리에 앉는 것을 못마땅하게 여겼으나, 바보 최규하가 임명한 것이다. 서리는 전두환이 현역 군인이기 때문에 붙은 딱지였다.

중앙정보부장 서리가 됨으로써 전두환은 양대 정보 기관을 장악했을 뿐 아니라 국무회의에 출석해 발언할 수 있었다. 중앙정보부장 서리로 자신이 '알게 됐다'는 정보로 국무회의에서 분위기를 휘어잡을 수 있게 됐다. 전두환이 실질적으로 최고 권력자가 된 셈인데, 이에 대해 김종필이나 김영삼은 언급조차 회피했다. 김대중이 우려를 표시한 것이 정치권의 주된 반응이었다.

폭도로 몰린 사북 광산 노동자들,
그들은 왜 들고일어났나

광주항쟁, 여섯 번째 마당

학원 민주화 바람 속에서도
신중하게 움직인 대학생들

김 덕 련 서울의 봄 시기에 대학가 분위기는 어떠했나.

서 중 석 서울의 봄, 1980년 3~4월에 학생들은 신중하게 움직였다. 그해 2월 16일 문교부는 학도호국단 간부 선출 방법을 임명제에서 선거제로 바꾸고 학도호국단 기능에서 학생 군사 교육을 제외하겠다고 발표했다. 학원 민주화를 요구하던 학생들은 이러한 미봉적인 조치에 반발했다. 주요 대학에서 만들어진 학생회 부활 추진위원회가 학도호국단 폐지를 들고나왔다.

3월에 새 학기가 시작되고 개강을 하자 학생들은 각 대학에서 학생회를 부활시켰다. 그런 가운데 4월 3일 서울대는 부활한 총학생회를 인정하고 학도호국단 관련 학칙을 삭제하겠다고 했다. 이때는 서울대뿐만 아니라 연세대, 이화여대에서도 이미 총학생회가 발족한 상태였는데, 서울대에서 그렇게 나온 것이다. 이어서 4월 7일에는 전국 9개 국립대 학생처장들이 모임을 열고, 서울대와 마찬가지로 학도호국단 관련 학칙을 삭제하기로 결정했다.

1979년 10·26 이후 이러한 과정을 거치면서, 유신 정권이 억압했던 학생 자치 활동이 다시 활기를 띠기 시작했다. 그런 속에서 1980년 4월 1일에는 전국 14개 대학에서 학생들이 학원 자율화, 어용 교수 퇴진, 교권 확립 등을 요구하면서 시위를 했다.

그런데 이 4월에 병영 집체 훈련 문제가 등장했다. 4월 10일 성균관대 학생들이 입영 훈련을 거부했다. 24일에는 서울대 총대의원회에서 1학년을 대상으로 한 병영 집체 훈련을 거부할 것을 결의했다. 그러면서 몇몇 대학에서 농성이 시작됐다.

학생들뿐만 아니라 교수들도 학원 민주화를 요구하는 목소리를 냈다. 4월 24일 서울 시내 14개 대학 교수 361명은 '최근 학원 사태에 관한 성명서'를 발표했다. 여기서 교수들은 족벌의 대학 운영 반대, 교수 임용제 철폐, 교수 회의의 민주적 기능 확대 등을 요구했다. 해방 이후 대학에서 이렇게 많은 교수들이 함께 발언한 것은 아주 드문 일이었다.

5월로 접어들자 서울대 학생들은 병영 입소를 하기로 결정했다. 병영 집체 훈련 거부 투쟁이 정치적으로 악용될 것을 우려해, 이건 신군부를 염두에 둔 것일 텐데, 그런 결정을 내린 것이다. 이처럼 학생들은 자치 조직을 부활시키고 학원 민주화 활동을 벌이면서도 이 시기에 전두환·신군부에게 빌미를 주지 않기 위해 아주 신중한 태도를 취했다. 학생 운동을 되돌아볼 때, 격동의 시기에 이렇게 학생들이 꾹 참고 지켜본 경우는 없었던 것 같다.

고된 노동, 힘든 생활, 진폐증, 어용 노조…
언제 폭발할지 알 수 없는 상태였던 광부들

— 서울의 봄 시기에는 노동 쟁의가 크게 늘어나는 등 사회 각계에서 그동안 억눌렸던 목소리가 분출했다. 그 가운데 오랫동안 관심을 모은 사건으로 강원도 사북의 광부들이 들고일어난 것을 빼놓을 수 없다. 그런데 이 사건을 부르는 이름이 다양하다. 그만큼 이 사건을 어떻게 규정할 것인가에 대해 의견이 엇갈린다는 뜻일 터인데, 이 부분을 어떻게 보나.

1980년 4월에 큰 상황이 하나 벌어졌다. 사북항쟁이라고도 하고 사북사태라고도 하고 사북노동항쟁이라고도 하는 그 사건이다. 이 세 가지 중에서 호칭을 무엇으로 하느냐. 그 부분은 사북에서 일어난 이 일을 노조 집행부와 반대파의 싸움 때문에 생긴 일로 볼 것이냐 아니면 광부들의 불만과 분노가 분출한 것으로 볼 것이냐, 그리고 광부들이 공권력과 싸우면서 며칠 동안 사북이 공권력 부재 상황이 됐는데 그런 걸 어떻게 평가할 것이냐, 그다음에 사북에서 싸운 사람들이 그 후 아주 혹독하게 당하는데 그걸 어떻게 평가할 것이냐, 이런 것들에 따라서 달라진다고 본다.

사북에서 일어난 일은 노조 집행부와 반대파의 싸움이라기보다는 그간 박정희 유신 체제 아래에서 누적된 불만, 분노가 노조 문제를 계기로 분출한 것이었다. 그렇기 때문에 광부들의 투쟁이 그렇게 강렬했던 것이다. 그런 점이 분명히 주조를 이루고 있다. 그런 면에서 사북항쟁이라고 부를 수 있겠다.

그런데 사북에서 일어난 일은 1971년 8월 광주 대단지에서 벌어진 일, 5만 명의 빈민이 들고일어난 그 사건과 유사성이 있다. 그렇지만 아직도 그쪽은 광주 대단지 항쟁이라고 하지 않고 광주 대단지 사건 또는 다른 이름으로 부르고 있다.

그런 점과도 연관시켜서 학계에서 더 검토할 필요가 있다. 사북항쟁과 사북사태, 이 둘 중에서 어느 것을 사용하느냐 하는 건 그러한 검토가 충분히 있은 다음에 정해야겠고 지금으로서는 그 두 가지를 병용하는 게 좋겠다는 것이 내 생각이다.

— 사건이 발생할 무렵 광부들의 생활 실상은 어떠했나.

이 사건이 나고 나서 몇 년 후 나도 《신동아》 기자로 탄광 지역인 강원도 사북, 고한, 장성 일대에 가서 한 200매짜리 기사를 쓰고 그랬는데, 광부들이 몹시 힘들게 사는 걸 직접 볼 수 있었다. 장성에서 수직으로 몇 백 미터 갱도도 내려가 봤다. 그 당시 청계천 피복업체 노동자들을 비롯해 아주 불량한 노동 환경에서 저임금을 받고 일하던 노동자들의 상태가 다 나빴지만, 광산 노동자들이 처한 상황도 그런 것들에 못지않았다.

광산 노동자들의 상당수는 이주해온 사람들이었다. '광산에서 일하면 그래도 농사짓는 것보다는 한꺼번에 돈을 손에 쥘 수 있지 않겠느냐', 그런 것들이 작용하고 해서 광산으로 몰려든 건데 그 일이 말할 수 없이 고됐다. 그뿐 아니라 아주 많은 광부가 진폐증에 걸렸다. 진폐증은 폐에 석탄가루가 쌓여 생기는 병인데, 불치병으로 알려진 무서운 병 아닌가. 그뿐 아니라 난청, 시력 장애 같은 것들에도 시달렸다. 사택이라는 데를 찾아가보면 그 생활이라는 것이 아주 절박한 느낌을 줬다. 특히 겨울철에는 어떻게 이런 곳에서 사람이 살고 있을까 싶은 모습이었다. 그러니까 많은 광산 노동자들이 언제 폭발할지 알 수 없는 상태에 있었다.

일정한 수준 이상의 광산에는 대개 노조가 있었는데, 사주 쪽과 결탁한 어용 노조가 아주 많았다. 그 점이 광산 노조의 중요한 특징이라면 특징이었다. 당시 노조를 장악한다는 건 굉장한 이득, 특혜와 연결돼 있는 것으로 많은 광산 노동자들이 생각하고 있었다. 사실 큰 광산의 노조 지부장들은 그 사회에서 일종의 권력자라는 얘기를 들었다.

사북과 고한은 특히 광부들이 일하는 광산 때문에 도시가 생겼다고 볼 수 있었다. 그야말로 순전히 석탄 도시였다. 사북, 고한에 3만 명 내외가 살았는데, 학교에서 어린 학생들한테 그림을 그리라고 하면 학생들이 하늘도, 하천도, 지붕도, 산도 전부 시커멓게 그린다고 얘기하는 곳이 바로 이 지역이었다. 사방이 온통 시커멓게 보였으니까.

사북에는 검은 노다지로 불리던 큰 석탄 광산이 있었다. 국내 최대의 민영 탄광이었다. 동원탄좌 사북광업소가 그것이었다. 노동자가 4,500명 정도였는데, 그중 3,798명이 이 항쟁이 일어났을 때 노조원이었다. 이렇게 큰 탄광이고 노조였기 때문에 노조 지부장의 위세도 대단했다.*

회사·공권력·노조에 분노한
광부들, 사북 시내 점거

─── 광부들의 분노가 폭발한 계기는 무엇인가.

회사가 이 어용 노조하고 1980년 광업소 임금 인상률에 합의했는데, 그 결과가 노동자들의 기대에 너무나 어긋났다. '어용 노조 지부장이 이렇게 만들었다. 회사와 야합한 것이다'라고 하면서 노

• 광산 노동자들은 고된 노동을 해야 했지만 임금이 생계비에도 못 미쳤다. 사택 지역에서 수십 가구가 공동 화장실을 쓰고, 상수도 시설이 제대로 되지 않아 충분히 씻을 수도 없는 것 등은 어렵지 않게 볼 수 있는 풍경이었다. 이와 달리 사측은 정부 보조금 등 여러 혜택을 누리며 부를 쌓아갔다. 또한 식당 운영권 같은 이런저런 특혜로 어용 노조 지부장을 회유해 노조가 노동자들을 대변하지 못하도록 했다. 어용 노조 지부에서는 사측과 결탁한 것에 더해 조합비 횡령 문제까지 일으켰다. 그런 속에서 광부들은 말 그대로 막장 인생이라고 자조하며 울분에 찰 수밖에 없었다.

동자들의 분노가 커졌다. 그러면서 노동자들이 모여서 충분한 임금 인상, 노조 지부장 재선거 같은 걸 요구하며 항의했다. 4월 18일에는 여러 조합원들이 조합 사무실에 몰려가서 항의했다.

그러다가 21일 오후에 노동자들이 조합 사무실에서 농성에 들어갔다. 그런데 이때 광산 노동자들을 감시하던 경찰이 지프차로 광부 4명을 치고 달아나는 일이 발생했다. 동료들이 경찰차에 치여서 쓰러지는 걸 본 노동자들은 분노했다. 그 사실이 알려지면서 곧바로 여기저기서 광산 노동자들이 모여들었다. 이들은 경찰과 충돌하면서 곳곳을 점거하기 시작했다.

22일에는 이 노동자들의 시위가 훨씬 커졌다. 시위대는 수천 명으로 불어난 상태였다. 이를 진압하기 위해 인근 지역 경찰까지 동원됐는데, 경찰은 소총으로 무장하고 있었다. 3,000여 명의 분노한 노동자들이 가두시위에 나서자 경찰은 공포탄도 쏘고 최루탄도 막 쏘면서 저지하려 했다.

시위대는 돌을 던지면서 맞섰는데, 이때 부녀자들이 치마폭에 돌을 날라다줬다. 그전에도 부녀자들, 주로 광부 부인들인데 이 사람들은 노조를 찾아가 항의하거나 시위를 하고 그랬다. 시위대는 갱목坑木장 바위나 통나무를 굴려서 경찰을 밀어내버렸다. 결국 경찰은 밀려났다.••

22일 오후 2시경 시위대가 사북을 완전히 장악했다. 경찰은 물러났고, 노동자들은 외부인의 출입을 통제했다. 노동자들은 외부로 통하는 두 개의 길에 바리케이드를 설치하고 50명 내지 100명을 한 조로 하는 감시반을 편성, 운영했다. 예비군 무기고 등도 점거했

•• 충돌 과정에서 다친 경찰 중 1명은 그 후 사망했다.

1980년 4월 사북사태 당시 시위 군중.

광주항쟁

사북에 출동했던 경찰들이 고한으로 철수하고 있다.

탄광 노동자들의 시위로 파손된 기물과
현장을 둘러보는 조사단들.

지만 노동자들은 무기고를 부수거나 그 무기로 무장하지는 않았다. 한 도시에서 이렇게 공권력이 마비되고 도시 전체가 점거된 것은 1953년 휴전협정 이래 처음 있는 일이었다.

그런 속에서 노동자 대표들과 정부 측 사이에 협상이 시작됐다. 정부 측에서는 강원도 도지사, 도경국장, 치안본부 2부장 등이 나왔는데, 24일 새벽에 합의를 봤다. 주요 내용은 상여금을 150퍼센트 인상하고 노조 지부장인 이재기를 축출한다는 것이었다. 그렇지만 이건 노동자들이 만족할 만한 결과와는 거리가 멀었다. 노동자 쪽이 힘이 달리고 협상력이 약했기 때문에 그런 내용의 합의가 이뤄진 것이다. 계엄군을 투입하겠다고 하니 광부들이 두려워할 수밖에 없었고, 그것 때문에도 협상하기가 어려웠다.

합의 후 돌아온 건
심한 고문과 폭도라는 오명

── 합의 후 광부들과 그 가족은 어떤 일을 겪었나.

이 사건과 관련해 나중에 몇 가지가 문제가 된다. 21일 밤 분노한 노조원들과 그 부인들이 노조 지부장 이재기의 집과 노조 간부 15명의 집을 파괴했는데, 특히 이재기 부인을 붙잡아 4일 동안 묶어놓고 가혹 행위를 한 것이 난동 또는 폭동으로 몰리는 구실이 됐다. 반대편에서는 '이들이 난동을 일으켜 이렇게 지독한 인권 유린을 했다'고 공박했다. 그러면서 인권 유린으로 크게 비난을 받게 된다. 그렇게 된 데에는 그 당시 언론도 큰 역할을 했다.

1980년 10월 6일 사북탄광을 방문한 전두환. 4월 24일 합의가 이뤄지자 5월부터 당국은 광부들을 계엄사로 연행해 심하게 고문을 했다. 여자들도 옷을 전부 벗겨놓고 성 고문 등을 했다고 알려져 있다. 사진 출처: e영상역사관

　　4월 24일 합의가 이뤄지자 바로 그다음 날 경찰은 수사에 착수했다. 5월이 되자 당국은 광부들을 계엄사로 연행하기 시작했다. 여자들도, 가혹 행위를 했다고 하는 사람들은 대개 이재기 부인을 붙잡은 사람들이겠지만, 연행돼서 아주 심하게 당했다. 남자 광부들을 심하게 고문한 건 말할 것도 없고 여자들도 옷을 전부 벗겨놓고 성 고문 비슷한 것을 하고 그랬다.●●

　●　어용 노조 지부장 이재기는 도망갔지만, 그 부인은 잡혀서 성적 수치심을 강하게 느낄
　│　수밖에 없는 일을 당해야 했다.
　●●　끌려간 사람들은 물고문을 비롯한 온갖 고문을 당해야 했다. 사건 당시 광부들 사이에서
　　　지도적인 위치에 있었던 이원갑은 훗날 이렇게 얘기했다. "우리는 지옥이 따로 없다는
　　　것을 절감했다."

그렇게 해서 구속된 사람이 31명, 불구속 기소된 사람이 50명이나 됐다. 정처 없이 모여든 사람들이었기 때문에 감옥 생활을 2~3년간 하고 형기를 마친 다음에는 의지할 곳도 마땅치 않아 대개 다시 정처 없이 흩어졌다.

전두환·신군부는 왜 1980년 5월
학생들의 거리 진출을 방치했나

광주항쟁, 일곱 번째 마당

김 덕 련 1980년 5월은 서울역 회군, 5·17쿠데타, 광주항쟁이 연이어 일어난 달이다. 말 그대로 결정적 국면이라고 할 수 있는 이 시기를 찬찬히 되짚었으면 한다. 우선 이때 학생들은 어떤 움직임을 보였나.

서 중 석 신군부가 기다리던 5월이 드디어 왔다. 1979년 11월 24일 YWCA 위장 결혼식 사건도 전두환 측이 유도한 바 있는데, 이도성 기자 책에는 3월말 보안사의 허화평, 허삼수, 이학봉과 장세동, 김진영, 이현우 등 신군부의 '실세 대령'들과 술자리를 함께했던 사람이 "양김은 천하에 몹쓸 X이다. 데모가 더 일어나 시끄러워져야 한다"는 얘기를 들었다는 증언이 나온다. 신군부는 소위 혼란이라는 걸 조장해 집권 기회로 삼으려 했다. 5·16쿠데타 세력이 1961년 4·19 1주년에 즈음해 '시위를 크게 해라. 거리에 나가라'고 학생들을 부추긴 것하고 아주 비슷한 점이 있다.

그렇지만 학생들은 5월에도 대체로 신중한 태도를 취했다. 계엄 철폐 요구는 5월 이전에도 여러 차례 나왔는데, 5월 들어서도 여러 대학에서 제기됐다. 5월 1일 서울대 복교생 300여 명이, 이들은 박정희 정권 때 주로 긴급 조치 위반자들이었는데, 민주화를 위한 시국 성토대회를 열고 비상 계엄을 즉각 해제할 것을 요구했다. 시위대는 1,500여 명으로 불어났고, 그러면서 교문에서 경찰과 대치했다. 이날 성균관대 학생들도 시위를 했다. 당국이 입영 훈련을 거부한 1학년 학생들한테 징병 검사 영장을 발부하자, 그것에 반발한 1,500여 명이 영장 철회, 계엄 해제를 요구하며 교문 앞까지 진출해 시위를 했다.

서울대 학생들은 5월 1일 복교생 교내 시위에 이어 2일에는 학생 총회를 열었다. 1만여 명이 모였는데, 1학년생들은 입영 훈련에 참가하고 나머지 학생들은 철야 농성에 돌입하기로 결의했다. 입영 훈련에 참가한다는 대목에 특별히 주목할 필요가 있다. 그러면서 학생들은 전두환을 유신 잔당의 수괴로 규정하고, 모든 반동적 야욕을 포기하고 즉각 공직에서 물러나라고 요구했다. 또한 "비상 계엄을 해제하라"는 플래카드를 들고 교문까지 행진했다. 같은 날 성균관대, 충남대 학생들도 교내에서 시위를 벌였다. 고려대를 비롯한 다른 대학에서도 교내에서 시위가 일어났다.

그 후에도 계엄 해제 등을 요구하는 시위, 성토대회, 농성 같은 것이 전국의 여러 대학에서 계속됐다. 그렇지만 학생들은 10일까지는 거의 거리에 나가지 않았다. 학교 바깥으로 나가 시위하는 것을 자제했다. 오히려 전국 23개 대학 총학생회장들은 5월 9일부터 10일 새벽까지 고려대에서 회의를 열고, 당분간 비폭력적인 방법으로 교내 시위를 하겠다고 밝혔다. 그것에 이어 11일부터 12일 새벽까지 서울대에서 열린 전국 26개 대학 학생회장단 회의에서는 가두시위를 자제한다는 방침을 다시 확인했다. 5월초부터 전국 여러 대학에서 민주화를 요구하는 교내 시위는 있었으나 교외 시위는 거의 일어나지 않았다.

5월 초순부터 여러 대학에서 교수들이 민주화를 요구하는 목소리를 냈다. 5월 7일 연세대 교수 531명이 계엄 해제 등을 요구하는 '민주화를 위한 교수 선언문'을 발표했다. 외국어대, 이화여대, 중앙대, 한신대, 동국대, 인하대, 고려대, 전남대, 부산대 등의 교수들도 민주화를 위한 시국 성명서를 발표했다.

── 더디긴 했지만, 정치권에서도 민주화를 요구하는 목소리에 뭔

가 반응하지 않을 수 없는 상황 아니었나.

5월 12일 국회의 각 교섭 단체 총무들은 임시 국회를 5월 20일에 소집하기로 합의를 봤다. 임시 국회 소집 공고는 5월 17일에 하기로 했다. 국회가 열리면 대정부 질문에서 민주화와 관련된 사항들이 집중적으로 제기될 것이 명약관화했다. 특히 계엄 해제 문제가 가장 중요한 쟁점이 될 것이 틀림없었다. 국회가 문을 열면 국민들의 관심이 국회에 쏠리고, 국회가 정치의 중심이 될 것도 확실했다. 더구나 계엄 해제 건의가 가결되면 전두환·신군부의 입지는 크게 약화될 수밖에 없었다.

5월 13일 신민당은 예상대로 계엄 해제 결의안, 정치 일정 단축 건의안 등 4개 안을 제출하기로 결정했다. 그런데 5월 12일 이상한 일이 일어났다.

정체불명의 휴전선 총격전 발표
"진상은 누구도 밝히려 하지 않았다"

── 무엇이었나.

이날 비상국무회의에서 중앙정보부 간부가 일본 방위청으로부터 북괴 특수 8군단이 자취를 감췄다는 연락을 받았다면서 북한의 침투 가능성이 높다고 설명했다. 이도성 기자에 의하면 비상국무회의가 열리기 직전 신현확 총리는 신민당 측에 "지난 토요일(10일), 15일부터 20일 사이에 북괴가 남침한다는 정보를 우방으로부터 들었다"며, 전면 남침이 아니고 특수 8군단을 남침시킬 것이라고 부연 설명했다고 한다. 김종필도, 김대중도 이 '정보'를 들었다. 나중에 안 것이지만 전두환·신군부의 권력 탈취 작전이 본격적으로 시작된 것이다. 김대중은 5월 13일 기자 회견을 열고, 북한의 무력 남침 야욕을 엄중히 경고하고 학원 및 근로자들이 북한 공산주의자들에게 오판 자료를 주지 않아야 한다고 강조했다. 그러면서 "사회 혼란 조성을 피하겠다는 전국 대학 총학생회장들의 결의를 중심으로 환영하고 지지한다"고 말했다.

그런데 정말 기이하고 관심을 끄는 것은, 이도성에 의하면 일본 국회의원단이 덩샤오핑을 방문했을 때 '북한의 남한 침공은 불가능하다'는 얘기를 들었다는 내용(5월 14일), 르몽드가 '북한 남침 가능성 없다'고 보도한 내용(5월 14일), 학생 시위대가 외친 "김일성은 오판 마라, 반공 전선 이상 없다"는 구호는 계엄사가 신문에 게재하지 못하게 했다는 점이다. 물론 김대중의 기자 회견 내용도 언론에 일절 보도되지 않았다.

5월 12일 밤 또 하나의 이상한 일이 일어났다. 동아일보 5월 13일 자에 따르면 서울대에서 12일 밤 9시를 전후해 '갑자기'(교내) 농성을 풀고 자진 해산했다. 대학원생 1,000여 명도 오후 6시 30분경부터 '돌연' 자진 해산했다. 연세대에서는 정법대, 공대 등 학생 500여 명이 오후 9시 반경 '갑자기' 농성을 풀고 자진 해산했다. 명지대에서는 오후 10시경 '갑자기' 해산했다. 그래서 대부분의 대학에서 '조용한 밤'을 맞이했다고 이 신문에 쓰여 있다. 왜 이런 일이 일어났을까. '남침'이나 '휴전선 무장 충돌' 같은 특별 긴급 사태 '정보'가 '돌연히' '전달'되지 않았더라도 이런 사태가 일어날 수 있었을까.

이상한 일은 13일에도 일어났다. 휴전선에서 총격전이 벌어졌다고 미국 국방부가 발표한 것이다. 주한 미군 순찰대가 12일 밤 10시 반 비무장지대에서 정체불명자들과 소규모 총격전을 벌였으나 미군 측 사상자는 없었다고 발표했다. 나는 그때 이 기사를 읽고 정말 이상하다고 생각했다. 그러면서 그 전날 밤 대학가에서 일어난 이상한 일들이 떠올랐다.

—— 어떤 점에서 그러했나.

당시 남침설이 돌고 있었는데, 그것도 영향을 줄 수 있었는데 그것에 더해 휴전선 총격설이 전해졌다. 12일 밤 휴전선 총격설은 다른 곳도 아닌 미국 국방부에서 발표했기 때문에 한국 사회에 큰 영향을 줄 수 있었다. 휴전선에서 일어난 일은 대개 유엔사 또는 한미 연합사에서 발표했는데, 왜 이때는 미국 국방부에서 발표했을까. 이상했다. 더구나 사소한 총격전 아닌가. '정체불명자'라는 표현도 이상했다. 이 기사에 대해 이도성은 이렇게 썼다. "이 사건의 진상은 그 후 밝혀지지도 않았고, 또 누구도 밝히려 하지 않았다. 그야말로 '정체불명의 사나이'들이 벌인 '정체불명의 사건'이었다."

5월 13일, 10·26 이후 서울에서 최초로 학생들의 가두시위가 벌어졌다. 낮에 연세대 학생들이 기동 경찰이 철수한 틈을 타서 800미터쯤 떨어진 신촌역까지, 또 이화여대 부근에서 가두시위를 한 것이다. 대학 학생회장단에서 가두시위는 자제하기로 결의하지 않았나.

그보다 더 큰 가두시위가 밤에 일어났다. 연세대 학생들을 주축으로 한 2,500여 명이, 낮도 아닌 야간(밤 9시)에 광화문 네거리까지 나와 격렬한 가두시위를 벌인 것이다. 성격이 다른 1978년 6월

대학생들의 가두시위 상황을 보도한 1980년 5월 14일 자 동아일보.

26일 연합 시위를 제외하면 1964년 6·3시위(6·3사태) 이후 찾아보기 어려운, 규모가 큰 광화문 시위였다. 이들은 세종문화회관에서 시작해 세종로 일대, 시청 앞, 종로 1가, 무교동 등 시내 중심가에서 무려 1시간 반 동안 시위를 했다. 왜 연세대 앞 기동 경찰은 철수했을까. 그러고저러고 간에 계엄 상태인데, 더구나 일본이 준 허위 정보에 근거해 국무회의를 거쳐 군과 경찰에 비상 경계 체제 돌입령이 발동된 상태인데 어떻게 서울 시내 한복판에서 데모를 할 수 있었을까.

이에 대한 하나의 답을 당시 연세대 복학생이었던 김규복으로부터 들을 수 있었다. 당시 연세대는 총학생회가 돼 있지 않았다. 그래서 연세대는 대학 학생회장단 결의에서 자유로웠던 것 같다. 13일 저녁에도 재학생과 복학생이 토론을 벌여 결정을 했다. 복학생은 신중론을 폈으나 재학생이 가두 투쟁을 주장해, 학생들은 경찰이 지키고 있는 교문을 나와 광화문 쪽으로 가서 야간 시위를 했다고 한다. 외부와 관련이 있거나 영향을 받은 학생이 있었는지를 알 수가 없다.

교문 박차고 나온 학생들,
결국 서울역 회군

—— 그러한 13일 시위는 대학가에 어떠한 영향을 끼쳤나.

둑은 무너졌다. 14일 이전에도 적지 않은 학생들이 좀 더 강력한 투쟁을 해야 한다고 생각했다. 계엄 해제, 개헌을 교내에서만 주장하는 것은 효과가 약하다고 생각했을 수 있다. 더구나 5월 12일 여야는 20일에 국회를 열기로 합의했는데 계엄 해제, 개헌이 긴급 의제로 논의되게 돼 있었다. 남침설, 휴전선 무력 충돌설도 이상했다.

5월 13일 밤 전국 27개 대학 학생회장단이 고려대에 모였다. 이들은 "우리의 평화적 교내 시위는 이제 끝났다. 교문을 박차고 나가 싸울 것"이라고 결의했다. 연세대 학생들이 이미 거리로 나갔기 때문에, 교내에서 각종 집회를 열고 농성이나 시위를 하고 있는 학생들에게 더 이상 교외 시위 자제를 요구하기가 쉽지 않은 상황이었다.

이상한 일은 14일에도 예외없이 일어났다. 비가 쏟아지는데도 서울 시내 21개 대학에서 약 7만 명이, 지방 11개 대학에서 약 3만 명이 거리로 나와 빗속에서 시위를 벌였다. 서울대생 2,000여 명은 신림 사거리에서 저지선을 뚫은 후에는 경찰 저지를 거의 받지 않은 채 영등포 쪽으로 나왔다. 중앙대 학생 2,500여 명도 영등포 쪽으로 나왔다. 여기에 숭전대생 등이 합세해 영등포 로터리, 영등포역 앞, 영등포시장, 영등포구청 앞 등지에서 8,000여 명이 시위를 벌였고 나중에는 1만 3,000여 명으로 불어났다. 고려대생들은 학교를 나와 신설동, 종로 5가에서 2가까지 행진했다. 서울대 치대생과 고려대생 등 약 3,000명은 파고다공원 일대로 진출했다. 외국어대, 경희대 학생 등은 청량리나 동대문 일대로 진출했다. 연세대, 이화여대 학생 등 여러 대학 학생들은 공덕동, 만리동을 거쳐 비를 흠뻑 맞으며 서울역에 집결했다. 이날 밤 10시까지 10시간 동안 수많은 학생이 '계엄 철폐'를 외치며 광화문 일대와 시내 곳곳에서 시위를 벌였다. 경찰들은 학생들을 뒤쫓지 않고 대기하다가 광화문 쪽으로 진입하면 해산시키기에 바빴다고 동아일보는 보도했다. 상가는 대낮부터 철시했고, 시민들은 불안한 표정으로 구경만 했으며, 학생들이 동참을 권유하면 시위 반대 의사를 분명히 표시하기도 했다.

왜 계엄사는 포고령을 위반한 13일 밤 총학생회장단 모임을 방치했고, 총학생회장단의 가두시위 결의를 정보망을 통해 속속들이 아주 잘 알고 있었을 텐데도 거의 방임하다시피 했을까. 이러한 큰 위기가 벌어지면 계엄사나 정부가 강력한 경고 발언을 할 터인데도, 그런 것도 별로 보이지 않았다. 5월 9일, 11일, 13일 학생회장단 회의가 열린 것도 도무지 납득이 가지 않는 일이었다. 1979년 10

'계엄 철폐'를 외치며 가두시위를 벌이고 있는 대학생들.

월 27일, 그러니까 10·26 다음 날 계엄사는 계엄 포고 1호로 옥내외 집회 금지, 언론 검열을 단행하지 않았나. 그런데도 정치성이 대단히 강한, '계엄 철폐'를 주장하는 학생회장단 회의를 방임했다. 사실 5월 13일, 14일 시위의 경우 예전처럼 교문을 경찰이 철통같이 방비했더라면 그렇게 많은 학생이 시내 중심가로 쏟아져 나와 휩쓸고 다닐 수 없었을 것이다. 그러나 영등포 일대나 종로 일대 그 먼 거리를 학생들은 행진을 해서 올 수 있었다.

— 그것에 이어서 15일 이른바 서울역 회군이 있지 않았나.

15일에도 13일, 14일과 비슷한 상황이 벌어졌다. 경찰이나 계엄사가 방임하는 사이에 15일에는 더 많은 대학에서 학생들이 몰려

1980년 5월 15일 서울역에 모인 시위 군중들.

나왔다. 서울의 35개 대학과 지방의 24개 대학에서 학생들이 거리
로 나왔다. 서울의 경우 학생들은 거의 모든 사진에 나오는 모습 그
대로 서울역 광장에 집결했다. 학생들은 시청 앞 저지선을 뚫기 위
해 경찰과 격렬한 공방전을 벌였다. 이날 참가 인원이 몇 명이냐에
대해서는 5만, 7만, 10만 등 자료에 따라 다르게 나오는데, 서울역
에 집결한 학생 수가 최고 7만여 명에 달한 것으로 추산한 당시 기
사가 사실에 가까울 것 같다.

　　그런데 서울역 일대에 집결한 학생들이 '회군'했다. 회군이라
는 말을 거의 모든 글에서 쓰고 있는데, 학생회장단은 학교로 안전
하게 귀환하는 걸 보장받은 다음에 학생들을 설득해 각 대학에 돌
아가게 했다. 이게 유명한 서울역 회군이다. 고려대 학생회장 신계
륜은 반대했지만 서울대 학생회장 심재철 등이 찬성했다고 한다.
　　그러고 나서 27개 대학 총학생회장들은 15일 자정부터 16일
아침 7시까지 토론한 끝에 일단 가두시위를 중단하고 수업을 정상

적으로 받으면서 국민들에게 상황을 알리기로 결의했다. 16일 오후 5시 이화여대에 다시 모인 55개 대학 학생 대표들은 격론을 벌인 끝에 전두환·신현확 퇴진, 비상 계엄 해제를 주장하고 5월 22일까지 계엄을 해제하라고 시한을 딱 정했다. 이 요구 사항이 관철되지 않으면 전국에서 시위를 벌이겠다는 것이었다. 이 결의에서 중요한 것은, 동아일보 보도대로 5월 21일까지는 시위를 하지 않고 정상 수업을 받겠다는 것이 핵심이고 사실 그 이후는 상황의 추이에 따르게 돼 있었다는 점이다. 15일 자정, 16일 오후 5시 총학생회장단 결정에 전두환·신군부는 얼마나 당황하고 머쓱했을까. 정작 16, 17일에 큰 시위가 일어나지 않는다니!

그런데 16일 오후 5시부터 토의가 진행되고 있을 때, 그때까지는 손을 대지 않았던 신군부가 움직였고 그에 따라 경찰이 이화여대를 덮쳤다. 그때까지는 총학생회장 회의가 열려도 그냥 놔뒀는데 시위를 중지한다는 회의가 열리자 아주 다르게 대응한 것이다. 이 점이 굉장히 중요하다. 물론 미리 연락을 받았기 때문에 학생들이 피신하긴 했지만, 왜 이전에는 그냥 놔뒀다가 16일에는 덮쳤을까. 이전과는 다르게 대응한 이게 뭘 뜻하는 것이었을까. 그런 속에서 16일 밤 10시 반, 사우디아라비아와 쿠웨이트를 방문하기 위해 10일 출국했던 최규하 대통령이 일정을 앞당겨서 황급히 서둘러 서울에 도착했다. 전두환·신군부가 최규하 대통령이 반드시 5월 17일

● 회군 결정 과정에서 상당한 역할을 한 인물로 심재철과 이수성이 거론된다. 심재철은 당시 서울대 총학생회장이었다. 논의 과정에서 고려대 등에서는 철수 반대 의견을 냈지만, 서울대 총학생회의 회군 주장을 넘어서지 못했다. 서울대 학생처장이던 이수성은 내무부 장관 등과 연락해 안전 귀환 보장 등의 타협안을 만들어내며 회군에 힘을 실었다. 훗날 심재철은 MBC 기자를 거쳐 한나라당, 새누리당 국회의원이 되고 이수성은 서울대 총장을 거쳐 김영삼 정부 때 총리를 지낸다.

서울에 있어야 한다고 생각했기 때문이었다.

회군한 서울과 달리
횃불 시위까지 벌인 광주 학생들

— 이 무렵 광주 상황은 어떠했나.

서울에서 5월 14일, 15일에 수많은 학생이 시내에 나왔는데 그때 광주에서도 학생들의 움직임이 있었다. 14일 오전 10시쯤 전남대 학생 6,000여 명이 교내에서 시국 대회를 열었다. 이때 일부 학생들이 교문 밖으로 뛰쳐나갔다. 본래 다음 날인 15일에 가두시위를 할 예정이었는데, 일부에서 먼저 치고 나간 것이다. 학생들은 광주역 광장으로 몰려가서 스크럼을 짜고 "비상 계엄 해제하라", "유신 잔재 쳐부수자" 등의 구호를 외치며 도청 광장 쪽으로 나아갔다. 그리고 도청 광장에서 민주 성회(민족 민주화 성회)를 진행했다. 이름을 민주 성회라고 한 게 눈에 들어온다.

오후 6시 무렵 민주 성회를 마무리했는데, 대회를 마치기 전 전남대 총학생회장 박관현은 '만일 정부가 특단의 조치와 함께 휴교령을 내리면 그다음 날 아침에 자동적으로 교문에 모여 시위를 하자. 그게 여의치 않으면 정오에 도청 광장에 모이자', 이렇게 참석자들에게 얘기했다. 공개적으로 약속을 한 것이다.

그다음 날인 15일에도 학생들은 민주 성회를 열었다. 전날과 달리 전남대뿐만 아니라 조선대, 광주교대 등 광주 지역 8개 대학 학생들이 동시에 가두시위를 했다. 학생들은 1만 5,000여 명으로 늘

1980년 5월 16일 도청 주변에서 열린 민족 민주화 성회. 학생들은
'정부에서 휴교령을 비롯한 특단의 조치를 취하면 모여서 시위를 하자'고
다시 한 번 약속하고, 사흘에 걸친 시위를 일단 마무리했다.
사진 출처: 나경택 촬영, 5·18기념재단 제공

1980년 5월 16일 도청 분수대에서 열린 횃불 시위. 사진 출처: 전남대학교5·18연구소

어났고, 교수들도 일부 동참했다. 오후 2시 30분쯤 이들은 도청 광장 분수대 주변에 앉아서 두 번째 민주 성회를 진행했다. 오후 6시가 되자 민주 성회를 마치고 학교로 돌아갔다. 14일과 15일에 있었던 시위와 민주 성회는 학생들을 중심으로 진행됐는데, 서울과 대조적으로 광주 시민들은 이러한 학생들에게 박수와 격려를 보냈다.

16일 학생들은 다시 도청 광장에 모였다. 9개 대학, 3만여 명이 도청 광장을 꽉 메우고 시국 성토대회를 거행했다. 오후 8시가 되자 학생들은 어둠이 깔린 속에서 횃불, 피켓, 플래카드를 들고 가두시위를 했다. 횃불 시위를 한 것이다. 학생들은 '정부에서 휴교령을 비롯한 특단의 조치를 취하면 모여서 시위를 하자'고 다시 한 번 약속하고, 사흘에 걸친 시위를 일단 마무리했다.

이날 시위도 질서 정연하게 이뤄졌다. 경찰은 서울처럼 14일에 전남대 학생들이 처음 거리로 진출할 때는 좀 막는 듯했지만, 그 후

1980년 5월 16일 대학생들이 횃불을 들고 가두시위를 하고 있다. 사진 출처: 전남대학교5·18연구소

에는 시위를 강하게 저지하기보다는 사실상 수수방관하는 모습을 보였다.

— 이 시기 광주에서는 다른 도시에 비해 시위 규모가 컸다. 서울에서 학생들이 5월 15일 서울역 회군을 한 후 16일에는 시위를 하지 않았던 것과 달리 광주 학생들은 16일 대규모 횃불 시위를 했다. 광주 시민들도 그런 학생들을 응원했다. 이런 부분들을 어떻게 보나.

왜 광주에서는 도시 규모에 비해 월등 큰 시위가 벌어졌느냐. 그와 관련해서는 우선 1979년 10월 26일에서 그해 말까지 대학가 시위, 그것도 가두시위는 오로지 전남대, 전북대에서만 열렸고 다른 대학에서는 시위가 없었다는 점을 먼저 주목할 필요가 있다. 그리고 1980년 5월 2일, 이때는 학생들이 가두시위를 자제할 때였는데 전북대 학생들은 시내에 나가서 연좌 농성을 했다. 그러니까 10·26 이후 호남 쪽에서 학생들이 더 적극적으로 나섰던 것이다.•

그렇게 된 데에는 10·26 이후 민주화에 대한 기대가 다른 지역보다 호남 쪽에서 월등 컸다는 점을 생각해야 한다. 민주화에 대해 그처럼 더 큰 기대를 갖게 된 건 호남 쪽이 박정희 집권기에, 그중에서도 특히 유신 체제에서 심한 차별 대우를 받은 것과 관련이 있다. 경제적인 측면뿐만 아니라 정부의 여러 주요 직책을 맡는 문제 등을 비롯한 인재 등용 같은 것에서도 차별이 심하지 않았나. 그건 지독히 비민주적인 권력에서 비롯된 문제로 볼 수밖에 없었다. 그렇기 때문에 민주화가 되면 그런 경제적, 인적 차별 같은 게 소멸되고 민주주의와 함께 이제 모두 과거와는 다른 방향으로 나아갈 것이라는 기대가 크게 작용했다고 볼 수 있다. 즉 다른 지역에 비해 차별을 받은 것에 대한 불만이 컸던 것이 하나의 요인이었고 그것 때문에도 더욱더 민주주의에 대한 강한 기대를 가졌던 것이다.

그리고 1980년 5월이 되면 '이러다가 전두환·신군부가 집권하는 것 아니냐'는 우려가 점점 커지고 있었다. 그것 때문에 민주화 열망이 짓밟히는 것 아니냐는 걱정을 안 할 수 없었다. 그렇기 때문

• 서울에서 YWCA 위장 결혼식 사건이 일어난 지 4일 후인 1979년 11월 28일 광주 YWCA 회관에서도 '통대'에 의한 대통령 선출을 반대하는 대회가 열렸다. 대회는 가두 시위로 이어졌는데, 시민들이 속속 합류해 시위대가 3만 명이 넘을 정도였다. 계엄 당국이 서울 YWCA 위장 결혼식 사건 관련자들을 대거 구속하던 때였음을 고려하면 놀라운 일이었다. 그로부터 이틀 후인 11월 30일에는 전남대 학생 2,000여 명이 유신 헌법에 의한 대통령 선거 반대 등을 외치며 거리에서 시위를 했다. 12월 5일에는 전북대 학생 1,500여 명이 유신 잔당 퇴진 등을 요구하며 시위를 벌였다.

에도 광주에서 더 많은 학생이 모였다고 볼 수 있다. 그와 함께 김대중에 대한 기대도 상당히 작용하지 않았을까 하는 점도 생각해볼 수 있다.

학생들의 거리 진출을 막지 않은
신군부의 일대 도박

—— 다시 서울 상황으로 돌아오면, 서울역 회군에 대해 1980년대부터 많은 논의가 이뤄졌다. 평가가 엇갈리는데, 그중에는 서울역 회군은 결정적 잘못이며 그것이 신군부가 광주 학살로 나아가는 길을 열어줬다는 주장도 있다. 이 문제를 어떻게 생각하는지 궁금하다.

지금까지 나온 거의 모든 글에서 '서울역 회군은 문제가 있다. 그렇게 많은 학생이 집결한 만큼 강하게 투쟁을 했어야 할 것 아니냐'고 썼다. 일각에서는 광주항쟁과 같은 투쟁을 했어야 한다는 주장도 나왔다.

그런 주장들과 관련해 몇 가지를 살펴볼 필요가 있다. 어떤 대학에서는 학생들이 '또 가두로 나갈 것인가'를 놓고 격론을 벌이다가 가두시위를 하지 않기로 결정했는데도, 다른 대학들에서 나오자 뒤늦게 번복하고 가세했다. 학생들이 다 철야 시위에 참여하려 했을까도 생각해봐야 하지 않을까 싶다. 학생들은 이날 장시간에 걸쳐 서울역까지 강행군을 했고, 그래서 몹시 지친 학생들이 적지 않았다.

유시민이 당시 상황에 대해 얘기한 것은 학생들의 분위기를 어느 정도 반영하는 면이 있는 것 같다. 심재철과 유시민은 서울대에서 영향력이 큰, 나중에 무림 사건이라는 이상한 이름의 사건으로 '일망타진'을 당한 77학번으로 구성된 '지하 지도부'의 결정에 따라 총학생회장과 대의원회 의장이 됐다. 그런데 15일 서울역 앞에 있는 유시민에게 이 선배들이 '철야 농성을 하자'는 연설을 하라고 했다. 유시민은 연단에 올라가 "오늘밤 이곳을 지켜야 합니다"라고 연설했지만 "두려움과 번민을 감추고 '조직의 명령'을 수행했을 뿐"이었다. 14일 시위에 대해서는 이렇게 썼다. "5월 14일 아침 대학생들은 교문의 경찰 봉쇄망을 무너뜨린 후 걸어서 도심으로 진출했다. 혼돈은 그때 시작되었다. 서울의 경우 어느 대학 총학생회도 가두시위를 이끌지 못했다. 방송 시설도 없었고 전투 조직도 갖추지 못했다. 학과별 대오는 모두 흐트러졌다. 전년부터 경제가 최악의 상태에 빠져들어서인지 시민들의 눈초리는 싸늘했다."

가장 중요한 것은, 계엄 상태였는데 어떻게 해서 그렇게 많은 학생들이 시내 중심가까지 나올 수 있었느냐 하는 점이다. 아무리 생각해봐도 도무지 있을 수 없는 일이 일어난 것이다. 5월 13, 14일에도 그렇고 15일도 마찬가지다. 나는 그때부터 지금까지 이 부분이 제일 이상하다고 생각해서 관련된 학생들을 만날 때마다 토론을 벌였다.

더군다나 1979년 11월 24일 YWCA 위장 결혼식 사건을 보면 계엄사 병력이 민주화 운동 세력에게 얼마나 신속하게 움직이고 무자비한, 잔혹한 짓을 저질렀나. 그리고 학생들이 시내 중심가까지 나오고 나서 며칠 후에 일어나는 광주항쟁에서 전두환·신군부가 보여주는 모습이 있지 않나. 그런데 그렇게 무자비하고 잔혹한 계엄사가 이때는 왜 서울이건 광주건 가두시위를 위해 학생들이 교문을 박차고 나오는 걸 방치했느냐, 이 말이다.

이 부분에 관해 이도성 기자가 쓴 글에 중요한 내용이 나온다. 그걸 보자. 1980년 5월 13일 밤에 학생회장단이 모여서 토론한 끝에 교문을 박차고 나가서 싸우자고 결의했다고 앞에서 말하지 않았나. 이 결정을 내린 게 14일 새벽인데, 이렇게 서울 지역 대학생들이 총궐기 가두시위를 결의하자 신군부는 바로 이날 오전 8시 50분에 소요 진압 본부를 개설하고 진압군 투입 지시를 내렸다. 그야말로 신속하게 움직인 것이다.

이렇게 진압군 투입 준비를 완료한 신군부는 그동안 철통같이 지켰던 대학 교문을 열었다. 신문 보도에 의하면 대학생 데모에 신축성 있게 대처하는 차원에서 진압과 해산은 경찰에 맡기고 군은 당분간 관여하지 않기로 방침을 세웠다는 것이었다. 계엄 상태에서 '군이 관여하지 않는다'는 것이 있을 수 있나? 날짜까지 찍어서 곧 남침이 있을 것이라며 군과 경찰에 비상 경계 체제 돌입령이 발동됐는데, 어떻게 군이 나 몰라라 할 수 있다는 것인가. 시내 중심가에 학생들이 쏟아져 나왔고 계엄군 투입 준비를 완료했다는데 '신축성 있게 대처'한다는 것이 무엇을 어떻게 하겠다는 말인지, 그 의도가 뻔히 들여다보이지 않는가.

그전에는 학생들이 거리에 나오는 걸 강하게 막았다. 그래서 학생들이 거리로 나올 수 없었는데, 이때는 그렇게까지 강하게 봉쇄하지 않은 것이다. 이도성 기자에 의하면 경찰에 최루탄 공급이 중단됐다. 경찰로서는 최루탄이 유일한 무기였는데도 그렇게 한 것이다. 그러면서 각 대학 교문 앞에서는 맨손에 방패만 든 경찰이 학생들이 던지는 돌에 맞아 다치는 상황이 벌어졌다. 관할 경찰서장들이 핸드 마이크로 "우리는 이제 모두 물러간다. 부디 평화적인 시위를 해달라"고 호소하는 참으로 기이한 '사태'가 일어났다. 그렇다고 모든 학생이 서울역까지 쉽게 간 것은 아니었다. 교문 앞 몇 군데에서는 학생들이 저지선을 뚫기 위해 공방전을 벌여야 했고, 힘들게 서울역 쪽으로 갈 수 있었다. 그런 경우가 있기는 있었다.

그러면 왜 학생들은 광화문 쪽으로는 진출하지 못하고 서울역에 모두 모였나. 중앙청과 청와대로 연결되는 세종로, 광화문 쪽은 뚫지 못했기 때문이다. 방어벽이 예전처럼 철통같았기 때문이다. 오후 5시경부터 광화문 쪽으로 진입하기 위해 5개 방면 도로에서 시청 앞 저지선을 돌파하려 했지만, 끝내 돌파하지 못하고 6시 반경 서울역 앞에 다시 모였다. 이것은 무엇을 말하느냐. 경찰이 저지할 마음만 먹으면 저지할 수 있었다, 이 말이다.

거듭 강조하지만 유신 시기에도 그랬고 10·26 이후에도 학생 시위는 대부분 교내에서 했다. 경찰이 교문 방어선을 지키면서 막았기 때문에도 그렇다. 그런데 이제 거리로 나오라고 한 것이다. 세종로, 중앙청, 청와대 같은 핵심 지역만 지키고 있었다.

신군부로서는 아주 큰 모험을 했다고 볼 수 있다. 왜냐하면 만약 서울에서도 광주처럼 시민들이 대거 호응하면 신군부가 예측하지 못한 상황이 벌어질 수 있었다, 이 말이다. 그런데도 신군부가 놀라운 모험을 자행한 것이다.

혼란 조장·빙자해 쿠데타 일으키려
미리 병력 움직인 신군부

── 신군부는 왜 그런 선택을 한 것인가.

어째서 이런 일이 일어났느냐. 그걸 말하기 전에, 진압군 투입 준비가 완료됐다고 앞에서 얘기했는데 그 상황을 간단히 언급하고 가자. 미국 쪽 동향을 보면, 주한 미국 대사 글라이스틴은 미국 국무부로 긴급 타전한 1980년 5월 8일 자 비밀 전문에서 "법과 질서 유지를 위해 절대적으로 필요할 경우", 즉 사태 진압을 위해 "경찰에 군을 가세시킨다는 한국 정부의 비상 계획들에 미국 정부가 반대한다는 어떠한 시사도 이 두 사람을 만나는 자리에서 하지 않을 것"이라고 밝혔다. 여기서 두 사람은 전두환과 최광수 대통령 비서실장을 가리킨다. 글라이스틴은 5월 9일 전두환과 최광수를 만나서 그러한 입장을 전달했다. 이처럼 미국 측은 계엄군이 나온다는 것을 알고 있었다. 그것에 대해 어떠한 반대도 하지 않겠다는 걸 주한 미국 대사가 이미 5월 8일 자로 미국 국무부에 보고한 것이다.

그런데 병력은 그 이전부터 움직이고 있었다. 전두환·신군부는 5월 3일 특전사령부 예하 9공수여단을 수도군단에 배속시키고, 6일에는 해병 1사단 1개 연대를 소요 진압 부대로 사용할 수 있도록 조치를 취했다.° 6일부터 9일 사이에는 2군 및 수도권 지역 전 부대를 대상으로 소요 진압 준비 태세를 점검했다. 또한 포천에 주

° 1996년 검찰 조사 결과에 따르면, 이러한 조치는 군 통수권자인 대통령에게 사전 보고도 없이 이뤄졌다.

둔하던 13공수여단을 서울 거여동 3공수여단 주둔지로, 화천에 주둔하던 11공수여단을 김포 1공수여단 주둔지로 이동 배치했다. 9일에는 해병 1사단 1개 연대를 추가로 소요 진압에 투입할 수 있도록 조치했다.

14일에는 앞에서 얘기한 대로 육본 작전참모부장을 본부장으로 하는 소요 진압 본부를 설치하고 전군에 소요 진압 부대 투입 지시를 내렸다. 수경사는 특전사 예하 1, 5, 11, 13의 4개 여단을 작전 통제해 수도권 강북 지역을, 수도군단은 9공수여단을 작전 통제해 수도권 강남 지역을, 2군사령부는 7공수여단과 해병 1사단 2개 연대를 작전 통제해 부산, 대구, 광주 지역의 소요 사태 진압을 맡게 했다. 이날 오후 5시 30분에는 3공수여단을 국립묘지에 배치했다. 15일에는 양평에 주둔하던 소요 진압 부대인 20사단의 2개 연대를 잠실체육관과 효창운동장으로 이동시켰다. 20사단 60연대, 또 하나의 연대인데 국방부 과거사위원회 보고서에 따르면 육군 참모총장(계엄사령관)이 한미 연합사령관에게 이 부대의 작전 통제권 '이양'을 요청했고 이 요청은 즉각 '승인'돼 이 부대는 17일 0시 1분에 태릉으로 이동했다. 나중에 다시 얘기하겠지만 20사단에 대해서는 '이양' 요청, '승인' 절차가 필요치 않았다. 통고만 하면 됐다.

이러한 조치는 서울에서 학생 시위가 크게 확대되는 것에 대비한다는 측면도 있었지만, 그 학생 시위가 커지면서 상황이 혼란으로 들어갔다는 걸 빙자해 5월 17일에 쿠데타를 일으킨 이후의 사태에 대비한다는 측면이 있었다. '민주화를 완전히 짓밟는 쿠데타를 일으키면 굉장히 많은 학생, 시민이 봉기할 수 있다. 그런 봉기가 있을 것이다'라고 보고 그것에 대비한 것이었다.

학생들 응원한 광주와 달리
무표정했던 서울 시민들

── 앞에서 서울역 회군과 관련해 생각해볼 문제로 학생들이 거리
에 나오는 걸 신군부가 방치한 점을 지적했다. 더 살펴볼 사안
으로 어떤 것이 있나.

시민들의 반응 부분이다. 5월 14일과 15일에 서울에서 시위가
있었을 때 광주와 다르게 시민들이 무표정했다. 이 점을 중시해야
한다. 예컨대 서울대에서 시청까지는 상당히 멀지 않나. 그런데 학
생들을 더 힘들게 한 건 시민들을 설득하려고 도처에서 대화를 시도
했는데 시민들이 호응하지 않았다는 점이다. 그렇기 때문에도 학생
들이 서울역에 모였을 때 더 피로하지 않았을까 하는 생각이 든다.

시민들이 그런 반응을 보인 이유에 대해 잘 분석해놓은 글을
지금까지 본 적이 없다. 나도 딱 잘라 말하기는 어려운데, 다만 짐
작컨대 경제가 아주 어려웠기 때문에 시장 사람들이 시위에 대해
우려하는 점이 있었던 것 아닌가 하는 생각이 든다. 유신 말기에 경
제가 매우 좋지 않았고 그게 1980년에도 이어진다고 전에 얘기하
지 않았나. 그러니까 한편으로는 모두들 당연히 민주화는 돼야 한
다는 생각을 하면서도 학생들의 시위에 대해서는 시민들이 지지하
지 않고 오히려 우려를 했던 것 아닌가, 그렇게 보인다.

당시 나도 학생들한테 많이 물어봤다. 서울역까지 올 때 어떤
길로 왔느냐, 오면서 어떠어떠한 활동을 했느냐, 경찰이 어느 정도
막았느냐, 이런 걸 물었다. 경찰이 막는 경우도 있었지만 그렇게 세
게 막지는 않았다고들 말하더라. 시민들 반응에 대해서도 '무반응

이었다. 아주 냉담했다', 이렇게 답하더라. 1980년 5월 학생 운동권은 '시민들의 무반응에 어떻게 대처해야 하나', '어떻게 하면 호의적인 반응을 보이게 할 수 있을까'를 무척 고민했다고 한다. 이번에 인터뷰를 준비하면서 다시 살펴본 몇 권의 책에서도 다들 같은 이야기를 써놨더라. 거듭 말하지만, 당시 시민들이 어떤 반응을 보였나 하는 부분을 무시해서는 안 된다. 아울러 서울역 회군과 관련해 검토할 문제가 하나 더 있다.

5·17쿠데타 후
왜 광주는 외롭게 싸워야 했나

── 그게 무엇인가.

5월 17일 전두환·신군부가 1979년 12·12쿠데타에서 한 걸음 더 나아가서 권력을 탈취하는 쿠데타를 일으키지 않나. 그리고 5월 18일 이후에는 광주에서 유혈 사태가 일어났다. 전두환·신군부가 저지른 만행이 당시 보도는 제대로 안 됐다고 하더라도, 운동권은 그런 일이 일어났다는 걸 여러 경로로 상당히 알 수 있었다. 그런데 5·17쿠데타에 반대하고 광주항쟁에 호응하는 투쟁이 목포를 비롯한 광주 인근 지역을 제외하면 서울에서건 다른 지방에서건 거의 안 일어났다. 그리고 목포 등 광주 주변 지역에서 일어난 시위는 광주항쟁의 일부라고 볼 수 있다.

심지어 전두환·신군부는 5·17쿠데타를 자행하면 굉장한 반발이 일어날 거라고 보고 서울에 그 많은 병력을 미리 요소요소에 배치했는데, 5·17쿠데타 후 아무 일도 안 일어나자 그 병력의 상당 부분을 광주로 이동시키기까지 했다. 광주를 아주 단단히 때리려고 그랬던 것이다.

이런 사태까지 일어나게 되는데, 그 점도 생각해볼 필요가 있다. 특히 광주에서 일어난 유혈 사태는 정말 많은 사람을 분노하게 만들 수밖에 없는 일 아닌가. 그런데도 왜 이 시기에 다른 지역에서는 학생들 움직임이 약했느냐 하는 것을 회군 문제와 관련해 생각해봐야 한다는 말이다.

물론 회군은 그 자체로 봐서는 누가 봐도 '저거 뭐 저래?', 이런 면이 있었다. 그 많은 사람이 거기까지 나왔으면 뭔가를 보여줬어야 하는 건데, 그런 것 없이 '안전하게 귀환하는 걸 보장해달라'고 하고는 학생들을 빼버린 것이다. 그건 문제가 있었다. 그건 문제이긴 했지만, '회군하지 말고, 더 큰 시위를 벌이고 더 나아가서 계엄군이나 전두환·신군부 쪽과 정면으로 적극 투쟁했어야 한다. 학생들이 얼마나 많이 모였나. 좋은 기회 아니었나', 이런 주장과 관련해서는 거듭 말하지만 몇 가지를 검토할 필요가 있다.*

• 서울역 회군과 관련해 많이 제기된 비판 중 하나는 당시 학생회장단을 비롯한 이른바 현장 지도부가 뚜렷한 계획을 갖고 임한 게 아니라는 점이다. 이와 관련, 대다수가 민주화를 바란 건 분명하지만 그걸 실현할 역량을 민주화 운동 세력이 갖고 있었는가 하는 문제는 냉정히 평가할 필요가 있다는 얘기도 나왔다. 아울러 객관적인 역량 문제와 별개로, 만약 서울역에서 회군하지 않고 5·17쿠데타 후 다른 지역에서도 저항이 있었다면 전두환·신군부가 광주에 병력을 더 투입하기는 어렵지 않았을까 하는 부분은 광주항쟁 이후 형언하기 어려운 미안함과 죄책감을 느낀 많은 사람의 마음을 더 무겁게 한 요소 중 하나였다고 볼 수 있다.

"남침 임박", 일본은 왜
10·26 후 6번이나 거짓말했나

광주항쟁, 여덟 번째 마당

국회 소집 합의…국회가 열리면
계엄 해제 결의는 시간문제였다

김 덕 련 서울의 봄 시기에 학생들은 군부에 빌미를 줘서는 안 된다며 가두시위를 자제했다. 1980년 5월 11일부터 12일 새벽까지 열린 학생회장단 회의에서 그 방침을 다시 확인했다. 그런데 그다음 날부터 대거 거리에 나왔다. 왜 그런 변화가 생긴 것인지를 더 짚어봤으면 한다.

서 중 석 그렇게 은인자중하고 조심하던 학생들이 어째서 5월 14일, 15일에 거리에 나갔느냐. 그걸 이해하려면, 앞에서 언급했지만 5월 12일경 여러 가지 중요한 움직임이 있었다는 걸 들여다볼 필요가 있다.

전부터 계엄 해제 요구가 쭉 있어 왔지만 특히 이때쯤 오면 계엄 해제를 요구하는 목소리가 아주 높아진다. 이때는 학생들뿐만 아니라 야당에서도 계엄 해제 문제를 초미의 과제로 제기했다. 사실은 12·12쿠데타 전 정승화 계엄사령관도 글라이스틴 주한 미국 대사와 대화할 때 1980년 4월이나 5월쯤 가면 계엄을 해제해야 하지 않겠느냐는 얘기를 한 적이 있다.

5월에 들어서면서 계엄 해제 요구가 강하게 나오고 있었다. 5월 7일 신민당은 비상 계엄을 즉각 해제하라고 요구했다. 이틀 후인 9일에는 김영삼 신민당 총재가 계엄 해제, 임시 국회 즉각 소집, 정부의 개헌 작업 중지를 요구했다.

그러자 신현확 총리는 10일 "사회 안정이 가능하다는 판단이 설 때는 즉각 비상 계엄을 해제할 것"이라고 말했다. 그런 속에서 5

1980년 5월 9일 자 경향신문. 이날 김영삼 신민당 총재는 계엄 해제, 임시 국회 즉각 소집, 정부의 개헌 작업 중지를 요구했다.

월 12일 여야는 17일에 임시 국회 소집 공고를 하고 20일부터 20일간 임시 국회를 열기로 합의했다. 국회 소집에 합의했다는 것, 이건 굉장히 중요하다.

— 어떤 의미에서 그러했나.

국회의 첫 번째 과제가 계엄 해제, 그다음이 개헌 문제였다. 무슨 얘기냐 하면, 국회가 소집되면 계엄 해제를 국회에서 결의할 가능성이 있었고 그렇게 되면 정부에서는 계엄 해제를 계속 미루기가 어려운 상황이었다. 여야가 국회 소집에 합의한 다음 날인 5월 13일 동아일보는 사설에 이렇게 썼다. "안보 정세에 중대한 변화가 없는 한 비상 계엄이 하루빨리 해제되어야 할 것은 말할 것도 없지만 여야는 기탄없는 의견 교환을 통하여 이를 해제하도록 노력해주기 바란다." 5월 14일 신민당은 소속 의원 66명 전원의 이름으로 비상계엄 해제 촉구 결의안을 국회에 제출했다.

그런데 계엄이 해제되면 정국 주도권이 국회 쪽으로, 다시 말해 3김 쪽으로 넘어갈 가능성이 있었다. 더욱이 국회는 계엄 해제 결의와 함께 개헌 쪽으로 나아갈 것이 분명했다. 국회가 열리면 계엄 해제와 함께 직선제 헌법이 통과될 가능성이 있었다.

물론 국회에서 헌법 개정안이 재적 의원 3분의 2 이상 찬성으로 통과됐다고 해서 그대로 확정되는 건 아니었다. 박정희는 대통령이 제안한 헌법 개정안은 국민 투표로 확정하게 했지만, 국회에서 통과된 개정안은 통일주체국민회의 의결로, 그것도 '통대'에 회부된 날로부터 20일 이내에 의결해 확정하도록 만들어놓았다. 따라서 국회가 헌법 개정안을 확정하게 하려면 최규하 정권의 지지를 받는 것이 중요했다.

국회가 열려서 계엄이 해제될 경우 전두환·신군부로서는 그토록 노렸던 권력 탈취, 이게 지연되거나 불가능하게 되는 상황을 맞이할 수 있었다. 전두환·신군부로서는 집권 시나리오를 이미 다 짜놓았지만, 여기에 맞춰서 대응해야 했다.

이처럼 5월 12일쯤 되면 계엄 해제가 초미의 중대사로 등장하게 된다. 그래서 운동권이 더 강하게 주장했지만 학생들도 이제 더 강하게 계엄 해제를 요구할 필요성을 느끼고 있었다. 또한 전두환·신군부 세력의 집권을 저지하기 위한 활동의 필요성을 이전보다 더 강하게 느끼고 있었다. 그런데 이러한 계엄 해제, 전두환·신군부 집권 저지 문제 같은 것과 함께 정국에 영향을 주고 일부 학생들에게도 영향을 줬을 수 있는 또 다른 문제가 나타나게 된다.

10·26 후 6번이나 남침설 흘린 일본
…육본도, 미국도 "근거 없다" 판단

── 그게 무엇인가.

뭐냐 하면, 앞에서 언급한 대로 북한이 5월 15일에서 20일 사이에 남침을 감행하기로 결정했다는 '정보'였다. 그런데 그러한 남침 첩보를 누가 준 것인가, 그런 소문을 어느 쪽에서 퍼뜨리고 이용한 것인가, 이게 아주 중요하다.

지난번에 10·26 이후 전두환 쪽이 미국에는 절대적으로 보안을 취하면서도 일본에는 12·12쿠데타 계획을 알려주는 등 일본과 어떤 식으로 교감하고 있었는지를 얘기할 때 박선원 교수 논문 내용을 소개하지 않았나. 박선원 교수가 쓴 글에 의하면, 1979년 12월 이후 일본 측에서 소련의 북한 남침 사주설을 포함해 북한의 남침과 관련된 사항에 대해 6번이나 '자료'를 준 것으로 나와 있다. 1979년 12월에는 일본 외무성 동북아과장 쪽에서 첩보가 들어왔고, 1980년에 들어서는 일본 공안조사처나 내각조사실, 외무성 같은 비중 있는 기관에서 4차례에 걸쳐 첩보가 들어왔다.

5·17쿠데타와 가장 관련 있는 중요한 첩보는 1980년 5월 10일 일본 내각조사실에서 들어왔다. 이건 뭐였느냐 하면, 앞에서 말한

것처럼 5월 15일에서 20일 사이에 북한이 남침하기로 결정했다는 얘기였다. 날짜까지 콕 집어서 바로 그 시기에 남침할 것이라는 정보였는데, 북경(베이징)에 있는 관계자한테서 나온 정보라고 하면서 일본 내각조사실에서 한국 쪽, 그러니까 신군부 쪽에 첩보를 건넨 것이다. 일본 측이 이렇게까지 하면서 신군부 집권을 대단히 열성적으로 도와줬는데, 이 남침설이 아주 중요하고 심각한 문제를 야기하게 된다.

— 근거가 충분한 정보였나.

전두환은 2017년에 출간된 《전두환 회고록》에서 무려 11면에 걸쳐 일본 내각조사실은 거대한 조직을 가진, 정평이 난 일본의 CIA인데 그곳에서 준 정보가 틀렸을 리 없다고 중언부언 억지소리를 늘어놓았다. 삼척동자도 알 수 있는 허위 정보, 가짜 뉴스라는 게 확실한데도 그렇게 중언부언하면 독자를 기만할 수 있을 것이라고 믿은 것 같다. 하기야 이 책에서 300여 면에 걸쳐 12·12쿠데타, 5·17쿠데타가 쿠데타가 아니라고 억지소리를 하면서 우기는 사람이니 무슨 소리를 못 할까마는 해도 너무한다는 생각을 금할 수 없다. 그리고 전두환이 말한 대로 일본 최고의 정보 기관이라는 데에서 7년 만에 찾아온 '서울의 봄'을 압살하고 전두환 파시스트 정권을 탄생시키기 위해 잇달아 허위 정보를 만들어 제공한 것에 정말 소름이 끼치지 않을 수 없다.

국방부 과거사위 보고서에는 5월 10일 일본 쪽에서 들어온 남침설을 당시 육본 정보참모부에서 분석한 내용이 그대로 실려 있다. 분석 결과는 어떠했느냐. "현재로서 특이 징후 없으며 남침 일

자 근거 없음", "북한 군사 동향은 정상적인 활동 수준으로서 특이 전쟁 징후는 없음", "입수 첩보(5월 남침설 및 전방 병력 배치 완료설)는 신빙도가 희박하며, 이는 우리의 국내 정세 추이에 따른 북괴 남침 방책의 일반적 가능성을 추측한 것으로 평가됨", 이렇게 돼 있다. 즉 육본 정보참모부에서 그 첩보는 북한의 일반적 남침 가능성을 제기한 것에 불과하며 따라서 가치가 없다고 결론을 내린 것이다.

이러한 판단은 육본 수뇌부에 여러 차례 보고됐다. 그래서 전 두환·신군부의 핵심 수뇌부 중 한 명인 황영시 육군 참모차장 겸 계엄사 부사령관이 5월 12일 "북괴가 남침 준비를 위해 병력 전개 를 완료하였다는 일본의 첩보는 벌써 6회나 거짓말을 하고도 체면 이 선다는 것인가?", 이렇게 얘기한 걸로 계엄사 자료에 나온다. 일 본 측에서 북한의 남침 가능성에 대해 6번이나 자료를 준 것으로 박선원 교수 글에 나온다고 앞에서 말했는데, 황영시도 "벌써 6회 나 거짓말"을 했다고 하면서 믿을 수 없다고 한 것이다.

1995년 말 전두환, 노태우가 구속되고 그러면서 12·12쿠데타, 광주항쟁과 관련해 전두환·신군부 쪽 인사들이 1995~1996년에 검 찰 수사를 받지 않나. 그때 검사가 권정달한테 "(1980년) 육본에서 첩보를 분석한 결과 북괴 남침설은 근거가 없다고 결론 내린 사실 은 알고 있나요?", 이렇게 묻는 대목도 나온다.

어쨌건 일본 쪽에서 건너온 남침설에 대해 미국도 신뢰하지 않았다. 글라이스틴 회고록을 보면, 미국 측에서도 남측에 대한 공 격이 임박했다고 믿을 만한 움직임은 없다고 파악한 것으로 나와 있다. 공격이 임박했다는 증거를 찾을 수 없었다는 얘기도 회고록 에 나온다.

전두환 쪽 정보에 깜빡 속았던 신현확 총리가 그 문제로 5월

12일 비상국무회의를 열기 전 김영삼 총재 쪽에 이 남침 정보를 알려주자, 김영삼이 5월 13일 자신을 찾아온 글라이스틴 미국 대사를 만나 첩보 내용의 진위를 확인한 다음 북한의 남침 위협은 낭설이라고 발표했다고 신현확은 1995년 6월 27일 검찰 조사에서 말했다. 김영삼의 이 발표는 계엄사의 언론 검열에 의해 차단된 것으로 보인다.

위컴 주한 미군 사령관도 5월 13일 전두환을 만났을 때 북한의 침공이 임박했다는 징조는 없다고 말했다. 그러고 나서 위컴은 전두환이 북한의 위협을 강조하는 건 청와대의 주인이 되기 위한 구실인 것 같다고 보고한 것으로 나와 있다.••

• 권정달은 12·12쿠데타 당시 보안사 정보처장이었으며 나중에 민정당 사무총장도 맡게 된다. 전두환·신군부의 권력 탈취 과정에서도, 전두환 정권 출범 후에도 중요한 역할을 한 사람이다. 그런데 검찰 수사 당시 전두환·신군부 쪽 인사들이 중요한 대목에서 대부분 '모른다', '잘 기억나지 않는다'며 오리발을 내민 것과 달리 권정달은 수사에 적극 협조했다. 검찰이 재판 과정에서 전두환·신군부 쪽 인사들을 추궁할 때 "권정달 전 보안사 정보처장에 따르면"을 애용할 정도였다. 그러자 "권정달에게 물어보라"며 전두환이 짜증을 내는 일도 있었다. 이처럼 전두환·신군부의 다른 인사들과는 행보를 달리한 이유와 관련해 당시 언론은 권정달이 하나회 회원이 아니었다는 점을 주목했다. 권정달은 12·12 쿠데타 후 여러 가지 일을 하는 동안에도 하나회 회원이 아니라는 이유로 감시와 통제를 받았다고 검찰에서 주장했다.

•• 5월 10일 일본 내각조사실 쪽에서 들어온 남침설을 분석한 육본 정보참모부 문건에도 당시 미국이 이 문제를 어떻게 봤는가 하는 내용이 담겨 있다. 문건에는 "미 측 견해 (5·11 현재) : 일본 측 제보 신빙성 무無, 김일성 '루마니아' 계속 체류 중, 북괴 동향 특이 징후 무", 이렇게 기록돼 있다.

남침설 퍼뜨린 전두환·신군부,
군경은 비상 경계 체제 돌입

── 전두환 쪽은 남침설을 어떻게 써먹었나.

전두환·신군부는 북한의 남침설과 학생 시위 같은 것을 구실로 '지금 국가가 위기 상황에 처해 있다'면서 계엄을 전국으로 확대하게 된다. 그게 5·17쿠데타인데, 그 부분은 다음에 살펴보기로 하고 여기서는 5월 12일 상황을 먼저 보자.

5월 12일 임시 국무회의가 긴급 소집됐다. 여야가 국회를 열기로 합의한 바로 그날인데, 이 회의에 전두환 보안사령관 겸 중앙정보부장 서리가 중앙정보부 담당 국장을 대동하고 참석했다. 여기서 중앙정보부 담당 국장이 북한의 남침설 분석 결과를 보고했다.

일본 내각조사실에서 들어온 그 남침설은 근거가 없다고 육본 정보참모부에서 이미 분석해 보고했는데도, 전두환 쪽에서는 임시 국무회의에서 남침설을 유포한 것이다. 그런 주장을 강하게 펴면서 국무위원들을 몰아세운다고 할까, 긴장하게 했다. 그렇게 되면서 "최근 국내 소요 사태 발생에 편승해 북괴의 대남 도발 침투가 예상된다"며 군과 경찰에 비상 경계 체제 돌입령이 시달됐다.

그런데 일본 내각조사실에서 그 첩보가 들어온 날인 10일 최규하 대통령은 7박 8일 일정으로 사우디아라비아와 쿠웨이트 순방을 위해 출국하지 않았나. 만약 북한의 남침과 같은 비상사태가 일어날 징후가 나타났다면 어떻게 대통령이 그때 떠날 수 있었겠느냐는 얘기가 그 당시 일각에서 지적되고 그랬다. 이와 관련해 1995~1996년 검찰 수사 과정에서 검사가 이렇게 묻는 대목도 있다. "북괴가 남침할 우려가 있다는 첩보도 있는데 대통령의 해외 순방을 강행해도 되는 건가요?"

그와 함께 5월 12일 밤 휴전선에서 정체불명의 총격전이 있었다고 미국 국방부가 발표한 것도 상기할 필요가 있다. 그리고 이날 밤 여러 대학에서 돌연히 농성을 풀고 해산했고, 그다음 날(13일) 연세대 학생들의 가두시위가 있었다. 남침설은 3김에게도 영향을 줬다. 5월 13일 김대중은 기자 회견을 열고 사회 혼란 조성을 피할 것을 당부했다. 이처럼 5월 12일을 전후해 국회 소집 문제, 허위 첩보·발표 등으로 사태가 급박하게 돌아가면서 숨 막힐 듯한 상황이 조성되고 있었다.

─── 이 시기에 전두환이 중앙정보부장 서리를 겸했다는 점도 눈에 들어온다.

앞에서 언급한 대로 전두환은 1980년 4월 14일 중앙정보부장 서리를 겸하게 된다.• 박정희 정권의 경험을 토대로 볼 때 한국 같은 나라에서 양대 정보 기관을 장악한다는 게 얼마나 위험한 일인

중앙정보부법에 따르면 현역 군인은 중앙정보부장이 될 수 없었다. 전두환이 서리라는 꼬리표를 붙이는 꼼수를 써서 중앙정보부를 움켜쥔 것도 그 때문이었다. 그것을 통해 전두환은 정치 공작에 이골이 난 거대 조직은 물론 약 800억 원에 달하는 어마어마한 중앙정보부 예산도 손에 넣게 된다. 이 예산 중 일부는 전두환의 집권 공작에 쓰인 것으로 알려져 있다.
전두환의 중앙정보부장 서리 겸직에 대한 양김의 반응은 엇갈렸다. 4월 15일 김영삼은 전두환의 중앙정보부장 서리 겸임이 민주화 일정과 관계가 있을 것이라고 보느냐는 질문에 "상관없다"고 잘라 말하고 "민주화 일정은 예정대로 진행될 것"이라고 밝혔다. 그와 달리 김대중은 4월 16일, 전두환 중앙정보부장 서리 임명 등과 관련해 "국민 간에 상당한 우려가 대두되고 있다"고 말했다.

가를 당시 정치권이나 민주화 운동 세력 쪽에서는 많이 생각했어야 한다. 이 문제를 생각하지 않은 건 아니지만, '미국의 지미 카터 대통령도 그것에 대해 불만을 표시한 것 아니냐'고 하면서 넘어가는 분위기가 있었던 것도 사실이다. 당시 '전두환이 중앙정보부장 서리가 된 것에 대해 카터가 불만을 표했다. 미국은 전두환 쪽을 상당히 견제하려 하고 있다'는, 믿을 수 없는 소문이 민주화 운동 쪽에서 꽤 돌고 그랬다.

그런데 그런 소문은 설령 사실이었다고 하더라도 별로 중시할 필요가 없었다. 그때 카터는 이란 주재 미국 대사관 인질 문제에 꽉 묶여서 옴짝달싹하지 못하는 상황이었다. 더욱이 미국 대선이 있는 해 아니었나. 그 대선에서 로널드 레이건한테 패배하면서 물러나게 되는데, 그런저런 문제들로 인해 카터는 한국 문제를 돌아볼 경황이 없었다.

전두환 일당은 왜
제2쿠데타 날짜를 5월 17일로 정했나

광주항쟁, 아홉 번째 마당

보안사가 작성한 쿠데타 계획,
'시국 수습 방안'

김 덕 련 1980년 5월 정치권은 국회 소집에 합의했고, 대학생들은 거리에 나와 계엄 해제를 요구하며 전두환·신군부를 규탄했다. 10·26 직후 선포돼 반년 넘게 계속된 비상 계엄을 지속할 명분을 찾기도 어려운 상황이었다. 이러한 상황에서 전두환 쪽이 남침설을 퍼뜨린 것을 지난번에 살펴봤는데, 그것에 더해 어떤 방식으로 대응했나.

서 중 석 전두환·신군부로서는 국회 소집이라는 위기를 맞고 있었다. 그런데 사실 신군부는 이미 집권 시나리오를 구체적으로 다 짜 놓고 있었다. 그러면서 전에 얘기한 것처럼 미리 병력을 움직여 각지에 군을 배치한 것이었다. 이제 그런 계획안이 어떤 식으로 짜였는가를 살펴보도록 하자.

이때 등장하는 게 바로 시국 수습 방안이다. 이 시기에 보안사 간부였던 권정달은 김영삼 정권 들어 검찰 수사를 받을 때 전두환을 중심으로 한 시국 수습 방안에 대해 구체적으로 진술했는데, 1996년 1월 4일에 작성된 검찰 조서에 그 내용이 잘 나와 있다.

이 시국 수습 방안의 핵심은 세 가지였다. 하나는 비상 계엄 전국 확대였고 둘째는 국회 해산, 셋째는 국가 보위 비상 기구 설치였다. 비상 계엄 전국 확대는 군인들의 전횡을 가져올 수 있었다. 그 것을 통해 국정을 좌지우지할 수 있다, 이 말이다. 세 번째 것도 그렇지만 두 번째 것은 유신 헌법조차 짓밟으면서 강권, 무력으로 헌정을 중단시키겠다는 음모였다. 그와 함께 시국 수습 방안에는 정

政治활동中止 全大學休校令

非常戒嚴 全國에 확대

北傀동태·소요事態 감안 慶尚市告 10호宣布

罷業·屋內外 집회·示威不許 令狀없이 逮捕·言論은 검열

政治發展 계속 推進

騷擾 사태로 重大危機

1980년 5월 19일자 경향신문. 신군부는 이미 집권 시나리오를 구체적으로 다 짜놓고 있었다. 하나는 비상 계엄 전국 확대였고 둘째는 국회 해산, 셋째는 국가 보위 비상 기구 설치였다.

치인들의 정치 활동 규제 방안 등도 들어 있었다.

— 1979년 12·12쿠데타에 이은 또 하나의 쿠데타 계획안인 시국 수습 방안은 어떤 과정을 거쳐 탄생했나.

시국 수습 방안 작성을 지시한 건 전두환 보안사령관이었다. 권정달 진술에 의하면 전두환 퇴진, 계엄 해제 목소리가 점점 높아지자 1980년 4월 말경 보안사 핵심 참모인 허화평, 허삼수, 정도영, 이학봉, 그리고 권정달은 군부가 정국을 강력히 장악할 방안을 논의하게 된다. 그런 속에서 5월 초순경 전두환은 시국 수습 방안을 정리해서 보고하라는 지시를 내렸다. 그래서 권정달은 보안사 정보처 산하에 4~5명으로 구성된 정세 분석반을 활용해 문안을 작성하기 시작했다.

그렇게 해서 초안을 만든 다음에 보안사 핵심 참모 5명과 신군부 핵심 세력들이 시국 수습 방안이라는 이름의 쿠데타 계획을 논의하기 위해 모이는데, 그때가 5월 4일경이었다고 권정달은 진술했다. 이날 모인 신군부 핵심, 이건 상층부를 가리키는데 유학성 3군 사령관, 황영시 육군 참모차장, 차규헌 육사 교장, 노태우 수경사령관, 정호용 특전사령관 등을 말한다. 이 모임이 열릴 때 허화평 보안사령관 비서실장이 연락을 했다.

바로 허화평 등 보안사 핵심 참모 5명과 유학성, 황영시, 차규헌, 노태우, 정호용, 그리고 수괴는 물론 전두환일 터인데, 이자들을 이너 서클inner circle이라고 부를 수 있다. 광주에서 일어나는 유혈 사태를 비롯해 모든 것에서 이자들이 최고 권력을 쥐고 흔들면서 결정을 내리게 된다. 쿠데타에서도 이자들이 주요 역할을 했다. 앞으로 내가 이너 서클이라는 말을 이따금 쓰게 될 텐데, 이자들을 가리킨다고 보면 된다.

이렇게 신군부 핵심들과 논의하는 과정을 거쳐 시국 수습 방안이 나오게 된다. 5월 10일경 비상 계엄을 전국으로 확대하는 동시에 '비상 기구'를 설치하고 정치 활동을 규제할 필요가 있다는 시국 수습 방안이 전두환에게 보고됐다.

● 1996년 4월 22일에 열린 12·12쿠데타 및 광주항쟁 관련 5차 공판에서 전두환은 시국 수습 방안 작성을 자신이 지시했다고 인정했다. 그러나 그것은 집권 시나리오가 아니었으며 정당한 업무 수행이었다고 강변했다.

전두환 일당이 쿠데타 날짜를 바꾼 이유

—— 쿠데타 날짜를 1980년 5월 17일로 잡은 이유는 무엇인가.

시국 수습 방안을 언제 실행에 옮기려고 했느냐. 권정달 진술에 의하면 전두환은 김재규에 대한 대법원의 재판 진행 상황에 대단한 관심을 기울이고 있었다고 한다. 그래서 5월 20일로 잡혀 있던 김재규에 대한 대법원 재판, 그게 끝나면 바로 실행에 옮기려고 했다고 나와 있다. 왜 전두환·신군부는 감옥에 있는 김재규를 그토록 두려워했을까. 군부에서 김재규 세력을 철저히 거세했지만 그래도 군부건 다른 곳에 김재규 지지 세력이 있을 수 있다고 봤기 때문일까. 그들의 불의不義 무도한 권력 탈취 시나리오가 김재규가 살아 있는 한 안심할 수 없다고 생각했기 때문일까.

나중에 국보위 탄생을 다룰 때 다시 얘기하게 될 텐데, 실제로는 5월 20일 이전에 이미 실행에 옮기고 있었다. 그런 점도 있지만, 국회 동향이나 당시 상황의 진전을 볼 때 권정달 진술을 그대로 신뢰하기는 어렵다. 전두환은 김재규 재판을 굉장히 중시했던 것으로 보인다. 김재규를 사형에 처해야 자신과 신군부가 권력을 장악하는 일을 마음 편하게 실행할 수 있다고 봤던 것 같다.

5월 15일 저녁 무렵 전두환, 그리고 권정달을 비롯한 보안사 핵심 참모 5명, 거기에다가 황영시, 차규헌, 유학성, 노태우, 정호용 이런 사람들이 모인 자리에서 '시국 수습 방안 실행 시기'가 17일로 확정됐다. 최규하 대통령이 중동 순방을 마치고 귀국하는 다음 날인 5월 17일 국회를 해산시키거나 무력으로 봉쇄함과 동시에 24시를 기해 계엄을 전국으로 확대한다는 것으로 확정한 것이다.

이렇게 한 데에는 5월 22일까지 계엄을 해제하지 않을 경우 대학생들이 다시 대규모 데모를 벌일 계획이라는 정보를 입수한 것도 영향을 끼쳤다고 한다. 그러나 이것보다는 국회의 움직임이 큰 영향을 줬을 것이다. 또 5월 17일 이전에 있었던 시위와 학생회장단 결의 등 대학가 움직임도 영향을 줬을 것이다. 이것에 대해 권정달은 "여야 합의로 국회를 소집해 계엄 해제를 결의할 움직임이 있었는데 그런 움직임이 있기 전에 시국 수습 방안을 실행해야 했기 때문"이라고 얘기했다. 5월 12일에 여야가 임시 국회 소집 공고를 하기로 합의한 날짜인 5월 17일을 쿠데타 디데이로 잡는 데 중요한 영향을 끼쳤다는 말이다. 일단 5월 20일 임시 국회가 소집되면 쿠데타를 일으키기가 아주 어려워질 수 있다고 판단했지만, 어쨌든 최규하가 중동에서 돌아와야 했기 때문에 5월 16일에 일으키는 건 불가능했다. 또 그날은 5·16쿠데타가 일어난 날이어서 불길한 느낌을 줬을 것이다. 그러다 보니까 임시 국회 소집이 공고되는 17일을 디데이로 잡은 것이다.

쿠데타 날짜를 정하는 데 전두환이 가장 중요한 역할을 했겠지만 신군부의 다른 주요 인사들과 논의를 거쳤다고 봐야 할 것이다. 황영시, 노태우, 정호용 등이 일주일에 서너 번씩 보안사에 와서 시국 수습 방안의 시행 방법 등을 전두환과 상의했는데 여기서 합의를 본 것으로 알고 있다고 권정달은 얘기했다.

— 사전에 곳곳에서 정보가 샌 1961년 5·16쿠데타와 달리 전두환·신군부는 12·12쿠데타 때 나름대로 일사불란하게 움직였다. 1980년 5·17쿠데타 과정에서도 그와 비슷한 모습을 보인 것 아닌가 싶다.

나름대로 용의주도하게 계획을 짰다. 전두환·신군부가 꾸민 시나리오를 다시 한 번 정리하면 이렇다. '거리에 나오는 걸 방치하는 등의 방식으로 학생들이 가두시위를 하게끔 한다. 그런 것 등을 빌미로 쿠데타를 일으켜 계엄을 전국에 확대하고 국회를 해산하며 국보위 같은 걸 만들어 권력을 장악한다', 이런 계획을 짜놓은 것이다. 또한 그렇게 할 경우 학생과 시민들이 큰 시위를 벌일 가능성이 있다고 보고, 그것에 대비해 군을 미리 움직여 서울과 전국 주요 지역에 배치해놓았다.

그리고 5월 10일 일본에서 들어온 첩보, 그러니까 5월 15일에서 20일 사이에 북한이 남침하기로 결정했다는 그 허무맹랑한 첩보를 활용해 5월 12일 임시 국무회의를 거쳐 군과 경찰에 비상 경계 체제 돌입령이 시달되게 만들었다. 그러면서 5월 17일에 쿠데타를 일으키려 한 것이다.

이 과정에서 일본이 기만적인 정보를 주면서 적극 협력한 것은 물론이고 미국도 협조하고 있었다. 미국의 협조는 적극적이라고까지 보기에는 뭐할지도 모른다. 그러나 대체로 볼 때 미국이 이런 변화하는 사태의 의미를 몰랐겠나. 미국은 계엄군이 나온다는 걸 알고 있었으면서도 어떠한 반대도 하지 않았는데, 군을 그런 식으로 배치한 게 뭘 의미하는지를 몰랐겠나. 몰랐을 리 없다고 본다.

분열한 양김의 뒤늦은 대처

── 전두환 쪽에서 5·17쿠데타 계획을 착착 세우고 있을 때 정치권 상황은 어떠했나.

상황이 이렇게 진행되는 속에서 3김이 마지막으로 대처하는 게 나온다. 1980년 4월에서 5월에 걸쳐 양김은 분열을 뚜렷하게 보여주고 있었다. 5월 6일 신민당 비당권파, 이건 동교동계를 가리키는데, 의원 24명이 동교동 김대중 집에서 모임을 열고 독자 기구 구성을 결정한 것도 그러한 사례 중 하나다.

5월 9일 김영삼은 계엄 해제, 임시 국회 즉각 소집, 정부의 개헌 작업 중지를 요구했다. 10일 신현확 총리는 사회가 안정됐다고 판단되면 즉시 계엄을 해제하겠다고 밝혔다. 사실 이건 전두환·신군부와 갈등을 빚을 수 있는 부분인데 그렇게 공표했다. 13일에는 정부 쪽에서 개헌안이 국회와 이견을 보이고 있는 것에 대해 사전 조정을 하겠다고 나왔다.

이처럼 큰 테두리에서 계엄 해제 및 국회와 정부의 개헌안 조정, 이런 틀로 정국이 잡혀가고 있었다. 이건 굉장히 중요한 수순이라고 볼 수 있다. 12·12쿠데타를 일으킨 전두환·신군부가 집권하기 어렵게 만들어가는 수순이었다는 점에서 그렇다.

이 시기에 글라이스틴 주한 미국 대사가 움직였다. 글라이스틴 회고록을 보면 12일에는 김대중을, 13일에는 김영삼을 만나서 학생들에게 시위 자제를 요청해달라고 말한 것으로 나와 있다. 아직 학생들이 가두시위에 나서기 전이었는데 '사태가 심각하니까 사태 수습에 적극 나서라', 이런 얘기를 한 것이다. 그런데 글라이스틴과 김대중이 만난 날짜가 두 사람이 남긴 기록에서 차이가 난다. 김대중 자서전을 보면 글라이스틴이 14일에 찾아온 것으로 나와 있다. 이때는 하루하루 어떤 판단을 했느냐가 아주 중요한데, 두 사람 기록에는 만난 날짜가 다르게 나온다. 거기에는 이유가 있을 것이다.

5월 13일 김대중은 기자 회견을 열었다. 학원 및 근로자들이 북한 공산주의자들에게 오판의 자료를 주지 않아야 한다고 강조하고, 학생회장단이 사회 혼란 조성을 피하겠다고 결의한 것을 충심으로 환영하고 지지한다고 밝혔다. 그리고 여기서 최규하, 김영삼, 김종필, 전두환, 김대중의 5인 회담을 제의했다. 굉장히 중요한 제의였지만 너무나 늦은 제의였다. 그나마 언론에는 일절 보도되지 않았다. 계엄사 검열 때문이었다. 이처럼 마지막에 와서 이제 사태가 심각하다는 걸 김대중, 김영삼은 알게 되고 거기에 대처를 하게 된다.

그런 속에서 5월 15일 지식인 134인 시국 선언이 발표됐다. 이들은 선언문에서 비상 계엄을 즉각 해제하고 평화적 정권 이양의 시기를 단축하라고 주장했다. 이 시국 선언에는 당대를 대표한다고 할까, 학생들로부터 존경을 받던 많은 지식인이 함께했다.

5월 16일 김대중과 김영삼은 김대중 집에서 만났다. 그러면서 비상 계엄 즉각 해제, 정부 주도의 개헌 포기 등을 주장했다. 그러나 이때는 너무 늦은 시점이었다. 17일에는 국회의원 186명의 요구에 따라 민관식 국회의장 대리가 5월 20일에 제104회 임시 국회를 소집한다고 공고했다. 이러한 상황에서 전두환·신군부가 5·17쿠데타를 일으켰다.

12·12 후속으로 일어난 5·17쿠데타, 핵심은 국회 죽이기와 국보위 설치

광주항쟁, 열 번째 마당

12·12쿠데타에 이어 5·17쿠데타…
세계 역사상 희귀한 2단계 쿠데타

김 덕 련 이제 5·17쿠데타를 살펴봤으면 한다. 5·17쿠데타와 관련해 일반적으로 많이 얘기되는 건 비상 계엄 전국 확대, 즉 1979년 10·26 직후 제주도를 제외한 모든 지역에 이미 선포한 비상 계엄을 전국으로 확대한 것이다. 표면적으로는 비상 계엄을 제주도로 확대한 조치였는데, 이게 왜 그렇게 큰 문제가 되고 어찌하여 쿠데타로까지 불리게 된 것인가.

이와 관련해 개인적으로 몇 가지 반응을 접한 적이 있다. 5·17쿠데타라는 이야기가 나오자 "5·17쿠데타? 쿠데타는 5·16 아닌가?", "계엄 확대도 쿠데타라고 하는 건가?"라고 묻거나 "12·12쿠데타는 들어봤지만 5·17쿠데타라는 말은 처음 들어본다"고 말하는 경우를 볼 수 있었다. 그만큼 5·17쿠데타라는 용어도, 그 의미도 잘 알려지지 않았다는 생각이 든다.

그건 전두환·신군부가 쿠데타를 일으킨 방식과도 관련 있는 것 아닌가 싶다. 전두환 일당은 1979년에 먼저 12·12쿠데타를 일으킨 다음 1980년에 다시 5·17쿠데타를 일으켜 권력을 탈취했다. 이렇게 몇 달에 걸쳐, 2단계로 기나긴 쿠데타를 진행한 건 1961년 박정희가 5·16쿠데타로 권력을 잡은 방식과도 다르고, 다른 나라에서 일어난 쿠데타들의 일반적인 형태와도 차이가 난다. 전두환 일당이 그런 식으로 쿠데타를 진행했기 때문에 적잖은 사람들이 광주항쟁 직전까지는 위기감을 덜 느꼈던 것 아닌가 하는 생각도 든다. 이 문제, 어떻게 보나.

서 중 석 5·17쿠데타가 쿠데타냐, 쿠데타라는 생각이 안 든다는 이 야기를 들었다고 얘기했는데, 전두환·신군부의 쿠데타는 5·16쿠데 타하고도 물론 다를 뿐만 아니라 전 세계 쿠데타 역사상 아주 드문 사례를 제공해주고 있다. 어떤 사람 글에는 세계적으로 희귀한 예 라고까지 적혀 있다.

전두환·신군부는 12·12쿠데타가 일어난 지 무려 5개월이 지 나서 국가 권력을 실질적으로 장악하는 5·17쿠데타를 일으켰다. 또 '통대'에 의해 전두환이 대통령으로 선출되는 건 그보다 3개월 후인 1980년 8월이다. 새 헌법에 따라 다시 전두환이 대통령이 되면서 새롭게 출발하는 건 1981년 2월이다. 12·12쿠데타부터 이때까지 따 지면 1년이 넘는다. 사실 10·26 이후 상황을 살펴보면 쿠데타를 단 숨에 일으켜 권력을 바로 장악하기가 굉장히 어려웠다. 하여튼 아 주 특이한 쿠데타를 일으킨 건데, 그래서 다른 쿠데타에 비해 사람 들한테 잘 안 들어오는 면이 있다. 또 5·17쿠데타 때에는 무력 충 돌이 없었다. 무혈 쿠데타였다. 이 점도 사람들 머리에 작용했을 것 이다.

그다음에 대개가 '1980년 5월 17일 밤 국무회의에서 계엄을 전 국으로 확대했다', 이것만이 5·17쿠데타의 중요한 내용이라고 알고 있다. 그러나 5·17쿠데타의 중요한 내용은 세 가지였다. 계엄 확대 뿐만 아니라 국회 해산, 그리고 실질적으로 권력을 넘겨받게 된다 고 볼 수 있는 국보위 설치, 이 세 가지를 5·17쿠데타를 통해 동시 에 한 것이다. 12·12쿠데타는 군 반란으로 군권만 장악해, 내용면 에서는 오히려 5·17쿠데타보다 훨씬 약하다. 그런데 대개 사람들이 계엄 확대, 이것만 기억할 뿐만 아니라 '계엄 확대가 뭐 그렇게 대 단한가', 이런 생각까지 한다.

계엄 확대를 교과서적인 의미로만 이해하는 것이다. 그러니까 '부분 계엄이면 국방부 장관의 지시를 계엄사령관이 받는 형태가 되지만 전국 계엄일 경우에는 계엄사령관이 대통령한테 직보하면 된다. 그런 의미에서 계엄사령관의 권한이 커진 것이다', 이런 정도로 대개 알고 있다.

그렇지만 실제로는 5·17 비상 계엄 전국 확대를 통해 계엄사는 국가 권력을 장악할 수 있었다. 대통령이 허수아비거나 군부의 포로가 되면 군부는 무슨 일이든지 할 수 있다. 국회가 없으면 더더욱 그렇다. 그렇게 장악하려고 전국 계엄으로 몰고 간 것이다. 그런데 이런 사실을 충분히 이해하지 못하는 경우가 있다. 5·17쿠데타가 굉장히 중요한 것임에도 대개 사람들이 그 중요성을 제대로 인식하지 못하고 있다.

전두환은 대통령 압박, 노태우는 군 지휘관 회의에서 바람잡이

─ 5·17쿠데타, 어떻게 전개됐나.

5월 17일 그날 중요한 회의가 여러 가지 열린다. 먼저 이날 민관식 국회의장 대리가 20일에 국회를 소집한다고 공고했다. 그에 앞서 이미 5월 14일에 신민당이 소속 의원 66명 전원의 이름으로 비상 계엄 해제 촉구 결의안을 국회에 제출한 상태였다. 15일에는 국회 개헌 특위에서 대통령 직선제, 대통령 임기는 4년, 그리고 1차에 한해 중임할 수 있다는 핵심 내용에 여야가 합의하고 헌법 개정안 작성을 사실상 완료했다.

그러니까 5월 20일 국회가 열리면 어떤 사안을 다룰 것이라는 건 분명했다. 이미 5월 13일에 정부 쪽에서 개헌안을 국회와 사전 조정하겠다는 얘기를 한 바가 있기 때문에 국회 주도 아래 개헌 문제를 다룰 가능성이 높았고, 무엇보다도 개헌 확정 이전에 계엄을 해제할 가능성이 높았다.

그런 상황에서 중동 순방을 위해 10일 출국했던 최규하 대통령이 일정을 앞당겨서 16일 밤 10시 반 서울에 돌아왔다. 전두환과 최규하는 16일 밤 최규하가 귀국한 이래 그다음 날 자정에 이르기까지 아주 긴 날을 보내게 된다. 5월 17일 오전 10시부터 45분간, 이학봉을 대동하고 청와대에 들어간 전두환은 최규하 대통령을 독대했다. 45분은 짧은 시간이 아니다.

── 전두환은 최규하에게 무엇을 요구했나.

전두환·신군부의 당초 구상은 비상 계엄 전국 확대를 통한 내각 기능 정지뿐만 아니라 국회를 해산하고 비상 기구로 혁명 평의회 같은 것을 만드는 것이었다. 전두환은 최규하에게 시국 수습 방안으로 비상 계엄 전국 확대, 국가보위비상대책위원회(국보위) 설치, 국회 해산, 일부 정치인의 정치 활동 금지, 국기 문란자 수사, 권력형 부정 축재자에 대한 수사 등 6개 항을 제시했다. 국기 문란자 수사는 김대중과 재야인사 등을 학원 시위 배후 조종자로 체포하는 것이었는데, 이학봉이 5월 15일 대상자 명단을 전두환에게 보고한 상태였다. 그러자 전두환은 이학봉에게 소요 배후 조종 혐의자와 권력형 부정 축재 혐의자들을 검거할 준비를 하라고 지시했다.

전두환이 내놓은 6개 항은 거의 다 쿠데타에서나 있을 수 있는 행위였다. 무력한 존재였던 최규하는 다른 것은 다 '재가'했으나, 국보위를 전두환이 제시한 대로 긴급 조치에 의한 특별 기구로 설치하는 것 대신 현행 법령 테두리 안에서 만들라고 얘기하고 국회 해산을 거부했다. 헌정 중단 사태는 5·16 하나로 족하고 군의 명예를 위해서도 다시는 헌정 중단 사태가 되풀이돼서는 안 된다고 말했다고 한다.

그런데 전두환은 회고록 1권 357~358쪽에서, 권정달 시국 수습 방안에는 국회 해산이 들어 있었지만 전두환 자신은 국회 해산안과 함께 계엄 포고령에 의한 정치 활동 금지안을 최규하에게 건의했다고 주장했다. 유신 헌법에 의하면 대통령은 국회를 해산할 수 있고 그 경우 6개월 이내에 선거를 실시해 새 국회를 구성하게 돼 있었는데, 전두환이 생각하기에도 국회 해산은 사실상 헌정 파괴 행위여서 최규하가 들어주지 않을 수도 있다고 생각한 것일까. 최규하는 6개월 내 재선거 실시가 어려운 만큼 보류하라고 하고 정치 금지만 재가했다고 전두환은 썼다.

전두환의 주장은 그날 전두환이 전군 주요 지휘관 회의에서 관철시키려고 한 것과 차이가 있다. 설령 그의 주장이 사실이라고 하더라도 전두환은 속임수를 쓰고 있었다. 최규하에게 말한 '정치 활동 금지' 앞에 '모든'이라는 말을 넣어 '모든 정치 활동'을 금지하겠다는 것이 전두환의 복안이었다. 그것은 실질적으로 국회 해산이었고 결과적으로도 그랬다. 최규하가 전두환이 파놓은 '함정'을 몰랐는지, 눈치를 챘으면서도 눈 감고 아웅 식으로 계엄 포고령에 의한 정치 활동 금지 방안을 재가했는지, 그것은 알 수 없다.

—— 대통령을 압박하는 것 이외에 전두환 쪽에서는 어떻게 움직였나.

전두환은 권정달한테 또 하나의 지시를 했다. 권정달 증언에 의하면, 권정달은 이날 오전 9시 30분경 전두환 지시에 따라 주영복 국방부 장관을 찾아갔다. 이 자리에서 권정달은 '시국 수습 방안 3가지를 오전 10시에 개최할 예정인 전군 주요 지휘관 회의 안건으로 상정해서 결의해달라. 그리고 그걸 가지고 대통령한테 가서 재가를 받아달라'고 주영복 장관한테 얘기했다. 전두환 보안사령관 지시 사항이라고 하면서 그렇게 말했다.

그런데 이 과정에서 전두환·신군부 쪽에서 볼 때 또 문제가 생겼다. 5·17쿠데타 당시 합참의장이었던 유병현이 1988년에 증언한 것에 의하면 전두환·신군부가 전군 지휘관의 동의를 얻어 쿠데타를 일으키기 위해 긴급 소집한 전군 주요 지휘관 회의가 열리기 전에 국방부 장관, 3군 참모총장, 합참의장 간담회가 있었다. 여기서 주영복이 계엄 강화·확대, 국가 보위를 위한 비상 기구 설치 문제, 국회 해산 방안 등 3가지를 제안했다. 그러자 유병현이 계엄 확대 문제는 군에서 논의할 수 있지만 국가 보위를 위한 비상 기구 설치 문제, 국회 해산 방안을 어떻게 군 지휘관 회의에서 논의할 수 있느냐고 문제를 제기했다고 한다. 헌정을 파괴하고 중단시키는 '정치적' 행위를 어떻게 군 지휘관 회의에서 논의할 수 있느냐, 이런 얘기였다. 너무나도 당연한 이야기 아닌가. 그러면서 유병현이 "국회 해산은 위헌인 만큼 그 문제를 논의하지 않았으면 좋겠다"고 얘기하면서 제동을 걸었다는 것이다.

이렇게 아귀가 잘 안 맞으면서 다음 단계로 가는 데 상당한 시간이 걸렸던 것 같다. 오전 10시로 예정했던 전군 주요 지휘관 회의가 오전 11시 40분이 돼서야 열린 것에서도 그 점을 알 수 있다.

—— 전군 주요 지휘관 회의에서는 어떤 이야기가 오갔나.

여기서도 또 문제가 생겼다. 그러니까 전두환·신군부 뜻대로 모든 일이 착착 진행된 건 아니었다.

전군 주요 지휘관 회의는 이날 오전 11시 40분부터 국방부에서 열렸는데, 오후 2시 20분까지 상당히 긴 시간 동안 계속됐다. 일사천리로 된 것이 아니었다. 이 회의에는 주영복 장관을 비롯해 44명의 육해공군 지휘관이 참석했다. 이 자리에서 최성택 합참 정보국장이 '북한의 침공 가능성이 높고 시위가 확산되고 있어 위기 상황이다', 이렇게 보고했다. 5월 10일 일본 쪽에서 북한의 남침설 정보가 들어왔는데 육본 정보참모부에서 분석한 결과 그건 근거 없는 정보라는 결론을 내렸다고 지난번에 얘기하지 않았나. 육본 정보참모부에서 그렇게 결론을 내렸는데도 최성택이 전군 주요 지휘관 회의에 참석한 군인들 앞에서 그 얘기를 꺼내 바람을 잡은 것이다.

그것에 이어서 주영복 장관이 '조치를 취하지 않으면 안 되겠다', '여기에 그 안을 제시해서 국무회의에 올려 대통령 재가를 받아 시행하고자 한다'고 말했다. 그다음에는 장관의 지명을 받은 몇몇 장성이 군의 정치 개입을 주장하는 부화뇌동 발언을 했다.

그런데 이때 장관이 지명도 안 했는데 안종훈 군수기지사령관이 나섰다. "군이 개입하는 것은 마지막이다. 전체 여론이 그렇게 하기를 원할 때, 국민 합의에 의해서 할 때 해야 한다", "회의는 …… 미리 결정해놓고 하면 의의가 없다"고 하면서 반대 발언을 했다. 뜻밖에도 강골 군인이 계급장에 연연하지 않고 발언한 것이다. 그러자 주영복 장관, 정호용 특전사령관 등이 '국가가 위기 상황이다', '불순분자를 색출해야 한다'며 분위기를 다잡았고, 뒤이어 특히 노태우 수경사령관이 '군이 나서야 한다'며 강하게 바람을 잡았다.

국방부 과거사위 보고서에 실린 이날 회의록을 읽어보면, 전두환·신군부 쪽에서 그런 식으로 바람을 잡아서 전체적인 분위기를 비상 계엄 전국 확대 및 군의 정치 개입 쪽으로 몰고 가려 했다. 그런데 그걸 보면, 비상 계엄 전국 확대에 대한 얘기는 이날 회의에서 나왔지만 국회 해산 같은 내용은 찾아볼 수 없다.

이 대목에서 유병현 증언을 다시 들어볼 필요가 있다. 유병현 증언에 의하면 이 회의가 끝날 무렵 합의 내용을 대통령에게 건의하자고 하면서 연連서명 건의서 용지가 돌았다. 참석자들이 쭉 서명한 걸 연서명이라고 하는데, 내용이 전혀 적혀 있지 않은 백지에 참석자 명단만 쓰게 했다. 거기에 주영복이 내용을 써넣었을 터이고 그걸 가지고 최규하 대통령한테 갔을 것이다. 가서 '국무회의를 열어서 이렇게 해야 합니다', 이렇게 한 건데 거기에 세 가지(비상 계엄 전국 확대, 국회 해산, 국가 보위 비상 기구 설치)가 다 들어 있었는지 아니면 계엄 확대만 들어 있었는지는 불분명하다.

위압적 분위기에서 강제된
비상 계엄 전국 확대 결의

── 그 후 국무회의가 열리게 된다. 분위기는 어떠했나.

그날 밤 9시 42분 국무회의가 열렸다. 9시 30분에 시작됐다는 설도 있지만 9시 42분이 더 유력하다. 국무위원들을 비상 소집했는데, 국무위원들이 들어갈 때 중앙청 현관에서 회의장까지 군인들이 양쪽에 약 1미터 간격으로 집총하고 도열해 잔뜩 겁을 줬다. 또 외부와 연결된 통신선까지 절단해버렸다. 국무위원들은 외부와 연락할 수도 없고 집총한 군인들이 쫙 늘어서 있는 절해고도에 갇힌 셈이었다. 그렇게 군인들이 집총한 상태로 도열하게 한 건 노태우 수경사령관이 한 짓이다. 분위기를 아주 무섭게 해서 얼어붙게 만든 것이다.

계엄을 전국으로 확대한다는 것을 국무회의에서 결의하는 데 8분밖에 안 걸렸다. 찬반 토론도 없었고, 이 회의에서 얘기를 한 사람은 김옥길 문교부 장관 한 사람으로 나와 있다. 김옥길만 "설명을 해달라", 이렇게 얘기했는데 설명도 없어서 그냥 서명했다고 김옥길 본인 글에 나와 있다.

── 전두환·신군부에서 생각한 비상 계엄 전국 확대, 국회 해산, 국가 보위 비상 기구 설치 중에서 이날 국무위원들이 동의해 준 건 계엄 확대뿐이었나.

그거 하나만 해준 거다. 다른 건 동의해줄 수 없었고 안건으로 제출되지도 않았다.

여기서 잠시 유신 쿠데타와 비교하면, 그때는 박정희 자신이 모든 걸 결정했다. 1972년 10월 17일 오후 7시를 기해 국회를 해산하고, 정당 및 정치 활동을 중지시키며, 현행 헌법의 일부 조항 효력을 정지시키되 그 기능은 이제 비상국무회의에 의해 수행된다고 일방적으로 '선언'해버리지 않았나. 비상국무회의라는 것도 새롭게 구성된 게 아니라 기존에 있던 국무회의에 '비상' 자를 붙인 것일 뿐이었는데, 거기에다가 헌법 개정안 의결을 비롯한 모든 중요한 입법 기능을 부여해버렸다.

다시 돌아오면, 1980년 5월 17일 국무회의에서 비상 계엄 전국 확대를 결의한 것 자체는 형식적으로는 합법성을 띠고 있다. 전두환·신군부는 박정희와 다르게 권력을 탈취하는 과정에서 형식적으로라도 최대한 합법성을 띠려고 했다. 12·12쿠데타 그날 정승화 계엄사령관을 잡으러 갈 때에도 대통령한테 연행 지시를 받으려 했고, 나중에 국보위를 설치할 때에도 형식상으로는 대통령령에 의거하지 않았나. 5월 17일 비상 계엄 전국 확대 과정에서도 그랬는데, 그렇지만 본격적인 쿠데타의 문은 바로 여기서 열렸다.

전국 계엄이 갖는 의미는 권정달 진술에 잘 나와 있다. "당시 국민 대다수가 계엄 해제를 요구하고 군부 실세였던 전두환 장군의 퇴진을 요구하는 등 시위가 끊이지 않았습니다. 지역 계엄은 '물 계엄' 또는 '종이호랑이'로 비하되는 분위기였기 때문에 저와 보안사 참모들은 지역 계엄만으로는 군이 전면에 나서 정국을 장악하는 데 한계가 있다고 생각했습니다. 이에 따라 계엄 해제, 전두환 퇴진 등을 요구하는 시위와 저항을 강력히 제압하고 군부가 정국을 장악하기 위해서는 그 선행 조치로서 지역 계엄보다 한층 강화된 비상 계엄의 전국 확대가 필수 불가결하다고 생각했습니다."

그러면서 이렇게 진술했다. "비상 계엄을 전국으로 확대해 신군부가 국무총리와 국방부 장관을 배제한 채 계엄사령관을 통해 대통령에게 직보할 수 있는 상황에서 내각을 조종, 통제하고 강력히 독려할 수 있는 국가 보위 비상 기구 설치 방안이 허화평 비서실장,

허삼수 인사처장 등으로부터 자연스럽게 제기됐습니다."

그러니까 계엄 확대 자체가 국무위원들한테는 쿠데타가 아닌 것으로 보였을 수 있지만 이자들한테는 진짜 쿠데타였던 것이다. 계엄 확대를 발판으로 국가를 말아먹으려고 한 것이니까. 여기서 아주 중요한 것인데도 사람들이 주목을 안 하는 게 있다. 그 부분을 특별히 주목해야 한다.

제멋대로 헌정 중단하고
국회 봉쇄한 전두환 일당

── 그게 무엇인가.

국무회의에서 비상 계엄 전국 확대 방안이 통과된 직후에 나왔을 것으로 보이는 계엄 포고령 제10호다. 날짜는 1980년 5월 17일로 돼 있고 계엄사령관 육군 대장 이희성 이름으로 발동한 건데, 거기에 이렇게 쓰여 있다. "1. 1979년 10월 27일에 선포한 비상 계엄이 계엄법 제8조 규정에 의하여 1980년 5월 17일 24시를 기하여 그 시행 지역을 대한민국 전 지역으로 변경함에 따라 현재 발효 중인 포고를 다음과 같이 변경한다."

그런데 바로 그다음에 있을 수가 없는 문구가 들어가 있다. 이걸 그동안 왜 아무도 주목하지 않았는지 이해가 안 가는데, 뭐냐 하면 "2. 국가의 안전 보장과 공공의 안녕질서를 유지하기 위하여" 아래에 "가. 모든 정치 활동을 중지하며 정치 목적의 옥내·외 집회 및 시위를 일체 금한다", 이렇게 돼 있다.

비상 계엄이건 다른 계엄이건 계엄이 선포되면 집회, 시위의 자유가 제한을 받는 건 확실하다. 어떤 계엄에서건 다 그렇다고 볼 수 있다. 예컨대 1964년 6월 3일 선포된 비상 계엄에서도 그랬다. 그런데 "모든 정치 활동을 중지하며 정치 목적의 옥내·외 집회 및 시위를 일체 금한다", 이건 헌정을 중단한다는 헌정 파괴 행위다. 다시 말해 모든 정치 활동을 중지한다는 건 '국회 너희들, 이제 움직이지 마라', 이런 얘기였다.

비상 계엄이 여러 차례 선포되긴 했지만, 이런 건 그 이전에는 한국에서 두 번만 있었다. 언제냐 하면 1961년 5·16쿠데타가 났을 때 계엄 포고가 그렇게 돼 있다. 그리고 1972년 10·17쿠데타, 즉 유신 쿠데타 때도 그랬다. 이 두 가지는 헌정을 파괴하고 권력을 탈취한 것이기 때문에 그러한 포고가 나와 있다. 그런데 1980년 이때는 대통령이 허가하지도 않은, 국무회의에서 의결하지도 않은 사항을 여기서 감히 이희성 계엄사령관 이름으로 포고한 것이다. 이건 있을 수 없는 행위였다.

이건 전두환·신군부 쪽에서 그렇게 하도록 하지 않았겠나. 대통령이 그다음 날 발표한 특별 성명에서도 이걸 알 수 있다. "대통령 최규하, 1980년 5월 18일", 이렇게 돼 있는데 여기서는 무슨 얘기만 했느냐 하면, 중요한 내용으로는 5월 17일 24시를 기해 전국 비상 계엄으로 전환을 선포했다는 그것 하나만 들어가 있다. 이건 당연한 것이다. 최규하가 국회 해산 문제와 관련해 주장한 게 헌정 중단은 안 된다는 것, 그것으로 알려져 있지 않나.

그런데 대통령 특별 성명 이전에 나온 계엄 포고령 제10호로 헌정 중단 조치를 내린 것이다. 나중에 자세히 얘기하겠지만, 전두환·신군부는 이미 5월 17일경 국가 보위 비상 기구 설치 작업을 시작했다. 그다음에 국회를 무력화하는 작업에 바로 들어갔는데, 이건 폭력으로 무력화했다. 다른 방법이 없으니까. 대통령이 허가를 안 해주지 않았나. 이 중요한 사항들이 자료에 나와 있는데도 그동안 사람들이 주목하지 않았다.

5·17쿠데타에서 가장 중요한 핵심은 국회 문제였다. 다른 사안들보다도 국회 해산이 실제로는 쿠데타 내용에 제일 부합하는 것이었다. 다른 건 다 법의 형식을 빌리지 않았나. 계엄 확대도 어쨌든 국무회의 의결을 거쳤다. 그런데 국회 해산만은 그게 안 된 것이다. 그리고 최규하가 그것에 전혀 응하지 않았다. 국회 해산은 있을 수 없는 일 아닌가.

—— 5·17쿠데타로 국회는 어떤 처지에 놓이게 되나.

계엄사령관으로서 자신이 계엄 포고령 제10호를 발동한 이희성 육군 참모총장은 나중에 국회 청문회에서 "국회 봉쇄를 지시한 적도, 보고받은 적도 없다"고 딱 잡아뗐다. 그렇지만 육본은 1980년 5월 17일 오후 8시경 수도군단 예하 33사단에 국회 의사당 및 한국방송공사 병력 투입을 준비토록 지시했다. 그런데 이때는 비상 계엄 전국 확대를 결의하는 국무회의가 열리기 전이었다. 국무회의가 열리기도 전에 헌정 중단 행위를 준비토록 지시한 것이다. 또한 계엄 포고령이 나기도 전에 그렇게 한 것이다. 18일 오전 0시 20분 출동 지시가 떨어지자 33사단 101연대 병력이 경장갑차 8대, 전차 4대를 지원받아 국회 의사당에 진주했다. 그러고는 오전 3시 15분 계엄사에서 계엄 포고령 제10호를 접수하고, 그것에 근거해 국회의원들의 국회 출입을 무력으로 막아버렸다.

국회가 열리기로 돼 있던 5월 20일 상황은 어떠했느냐. 오전 10시 15분경 국회의원 등 300여 명이 5·17 조치를 비난하면서 의사당에 들어가려 했다. 이 사람들은 일제히 모여서 왔다. 그러나 이런 건 보도될 수 없었다. 검열에서 다 잘렸기 때문이다. 국회의원들은 국회에 들어가려 했지만, 이상신 1대대장이 출입을 저지했다. 그래서 임시 국회는 개회되지 못하고 6월 18일 자동 폐회되는 형식을 밟았다. 33사단 병력은 전두환이 '통대'에 의해 대통령으로 선출(8월 27일)된 직후인 8월 30일 국회에서 철수했다. 군대를 동원해 국회를 봉쇄하는 방식으로 국회를 폐쇄하고 국회를 해산시킨 것이다.

계엄사는 전국에 2만 3,000여 명의 계엄군을 배치했다. 그중 93퍼센트에 해당하는 2만 2,000여 명을 92개 대학에 배치했다. 특히 서울에는 경장갑차 59대를 포함해 1만 3,000명에 가까운 병력을 배치했다. 5·17쿠데타에 대한 학생들의 저항을 분쇄하기 위해서였다.

국회 봉쇄와 더불어 국무회의에서 계엄 확대를 결의하기 전 전두환·신군부가 취한 대표적인 조치가 예비 검속이다. 1995년 검찰이 발표한 12·12쿠데타와 광주항쟁 관련 수사 결과에 따르면, 1980년 5월 초 전두환은 이학봉 보안사 대공처장에게 예비 검속에 관한 지시를 내렸다. 5월 15일 이학봉은 전두환에게 대상자 명단, 혐의 내용 등을 보고했다. 17일 오전 10시 전두환은 최규하 대통령에게 정치인 등을 체포, 조사할 계획을 보고했다. 형식은 보고였지만 실제로는 통보였다고 볼 수 있다. 국방부 과거사위 보고서에 따르면, 이학봉은 17일 오후 1시에 열린 전국 보안 부대 수사과장 회의에서 비상 계엄 전국 확대에 따라 지역의 모든 정보 기관을 장악하고 예비 검속을 실시하라고 지시했다. 이때는 국무회의가 열리기 한참 전일 뿐만 아니라 전군 주요 지휘관 회의가 끝나기도 전이었다. 그때 이미 예비 검속 지시를 내린 것이다. 예비 검속에 걸려 체포된 사람은 2,699명에 이른다.

국민들에게 두 가지 감정 느끼게 한
김종필 등 권력형 부정 축재자 체포

— 박정희는 거듭 폭력으로 국회를 짓밟고 헌법을 휴지 조각으로 만들었다. 또한 정치 군인 전두환을 유달리 총애해 세간에서 전두환이 '박정희 양아들'이라고까지 불리게 만들었다. 전두환은 '박정희 양아들'답게 1980년 5월 국회를 짓뭉갰다. 유신 체제에서 퍼스트레이디 대행을 하던 박근혜는 집권 후 청와대에서 국회 심판을 부르짖는 한편 국민들에게 훈계했다. 박정희식 정치가 어떤 것인지 다시 한 번 생각하게 만드는 대목이다. 다시 돌아오면, 전두환·신군부는 국회를 폭력으로 짓밟은 것과 함께 어떠한 조치들을 취했나.

국무회의가 끝난 직후로 보이는데 전두환·신군부는 1980년 5월 17일 밤 10시를 전후해 김종필, 이후락, 박종규, 그리고 전 육군 참모총장 이세호, 국회의원 김진만, 중앙정보부 차장과 내무·법무부 장관을 지낸 김치열, 김종필의 형으로 코리아타코마 사장이었던 김종락, 박정희 대통령 시절 청와대 경제 제2수석비서관이었던 오원철 등을 권력형 부정 축재 혐의로 체포했다. 김종필, 이후락, 박종규, 이 세 명은 박정희 정권에서 아주 중요한 역할을 한 권력자들이었고 김진만은 한때 4인방 중 한 명으로 불리며 공화당의 실세였던 사람이다. 이와 함께 전두환·신군부는 김대중, 예춘호, 문익환, 김동길, 인명진, 고은, 리영희 등을 사회 혼란 조성 및 소요 관련 배후 조종 혐의로 연행했다.

권력형 부정 축재자들은 '빙고 호텔'이라고도 불리던 보안사

서빙고 분실로, 김대중 등은 중앙정보부 지하실로 끌려갔다. 계엄사는 이 사실을 5월 18일 오후 2시 45분에 발표했다. 최규하는 광주에서 유혈 사태가 막 벌어진 오후 4시 30분 대통령 특별 성명을 발표해, 학원 소요로 야기된 사회 혼란 상태가 더 이상 계속되지 않게 하기 위해 필요한 조치를 취했다며 "정치 발전에는 아무런 변함이 없으며 이를 계속해서 착실히 추진해 나갈 것"이라고 언명했다. 전두환·신군부의 공범자가 돼 '서울의 봄'을 압살해놓고는 그런 내용을 발표했다.

　김종필, 김대중 등을 그런 식으로 체포하고 끌고 간 것도 불법적인 행위라고 볼 수 있다. 예컨대 김종필은 공화당 총재 아니었나. 현직 여당 총재이자 국회의원이었는데 어떻게 감히 계엄사에서 하루아침에 그런 식으로 끌고 갈 수 있다는 건가. 있을 수 없었다. 이것도 일종의 쿠데타적 방식 아니면 있을 수 없는 일이었다.

　그런데 사람들은 김대중 체포에 대해서도 놀랍다는 생각을 가졌겠지만, 바로 엊그제까지만 하더라도 최고 권력을 과시했던, 그리고 박정희 집권 18년 동안 막강한 위력을 발휘한 김종필, 이후락, 박종규 등을 잡아넣었다는 점도 많은 사람을 놀라게 했다. 이들을 잡아넣을 만큼 대단한 권력을 가진 자들이라면 그 권력에 대해 누가 감히 반대하고 비판할 수 있겠는가 하는 생각을 갖게 한 것이다. 그러니까 전두환·신군부가 얼마나 막강한 힘을 가진 자들인가를 단숨에 입증해 정치권이건 관료건 군부건 재벌이건 다른 누구건 '그자들한테 대항할 수 없다'는 생각을 갖게 해버렸다.

　일반 국민들한테도 한편으로는 '대단한 권력을 가진 자들이다. 두려운 존재다', 이런 생각을 갖게 했다. 그래서 이자들한테 맞서서 시위를 한다거나 하는 것을 생각하기 어렵게 했다. 그렇지만 다

1980년 5월 18일 자 경향신문 호외. 전두환 세력은 김대중을 체포했을 뿐만 아니라 엊그제까지만 하더라도 최고 권력을 과시했던 김종필, 이후락, 박종규 등도 체포했다.

른 한편으로는 '야, 굉장한 일을 했는데', 이런 생각도 갖게 했다. 김대중을 싫어하는 특정 지역 사람들도 그런 생각을 일부 했을 수도 있지만 특히 김종필, 이후락, 박종규 같은 사람들을 잡아 가둔 것에 대해 '야, 굉장한 일을 했네', 이런 생각을 갖게 한 측면이 있었다. 김종필, 이후락, 박종규 등은 박정희 정권에서 부패 권력을 대표하는 자들 아니었나.

── 3김 중 김영삼은 이때 연행되지 않았다. 그 후 어떻게 되나.

김영삼 회고록을 간단히 보자. 계엄 확대 그리고 김종필, 김대중 연행 사실이 퍼지면서 5월 18일 상오에 신민당 정무 회의가 열렸다. 거기서 계엄군은 시내에서 철수할 것, 국회 의사당에 배치된 계엄군은 월권행위를 중단할 것 등을 결의했다. 국회 의사당에 진

김영삼은 20일 오전 9시에 기자 회견을 하겠다고
하자 실탄을 장전하고 착검한 무장 헌병 중대 병력이
상도동 김영삼 집 주변을 에워쌌다.
사진 출처: 국가기록원

주한 계엄군이 한 짓은 사실 월권행위 정도가 아니라 헌정 파괴 행위인 셈인데, 이때는 월권행위라고 표현하고 그걸 중단할 것을 요구했다. 그런데 그날 늦게 계엄사 쪽에서 김영삼을 찾아왔다. 기자 회견 같은 것을 하지 말라는 얘기였다.

그다음 날인 19일 신민당사는 군인들에 의해 봉쇄됐다. 김영삼은 20일 오전 9시에 기자 회견을 하겠다고 했다. 그러자 20일 오전 8시경 실탄을 장전하고 착검한 무장 헌병 중대 병력이 상도동 김영삼 집 주변을 에워쌌다. 그런 속에서 김영삼은 회견문을 읽으려고 했지만, 무장 군인들이 주변에 있는 사람들을 모두 몰아내고 안팎을 완전히 봉쇄했다. 이때부터 다음 해인 1981년 4월 30일까지 김영삼은 가택 연금 상태에 놓이게 된다.

인간 사냥 자행한 공수 부대에 맞서
광주 시민, 죽음의 공포 딛고 일어서다

광주항쟁, 열한 번째 마당

공수 부대의 무차별 폭행,
'피의 일요일' 문을 열다

김 덕 련 1980년 5월 18일, 그날은 일요일이었다. 평온한 휴일이었어야 할 그날 광주는 피로 물들기 시작했다. 전두환·신군부의 만행에서 비롯된 크나큰 상처는 30년 넘게 지난 오늘날까지도 온전히 치유되지 않고 있다. 다른 한편으로 열흘에 걸친 광주항쟁은 한국 사회를 뿌리째 뒤흔들었다. 오월 광주를 빼놓고는 그 이후 역사를 설명할 수 없다는 말이 지나치지 않을 정도로 커다란 영향을 끼쳤다.

그러한 오월 광주를 오늘날 한국 사회에서 제대로 이해하고 이어가고 있는 것인지 의문이 든다. 오월 광주를 틈만 나면 헐뜯으려는 무도한 움직임이 일각에서 계속되고 있는 것과 달리, 오월 광주의 참뜻을 이어가려는 노력은 사회 전반적으로 예전보다 줄어든 것 아닌가 하는 걱정이 드는 게 사실이다. 그런 의미에서도 오월 광주의 실상이 어떠했는지, 그것의 역사적 의의는 무엇인지를 하나씩 되새겨보는 게 필요한 때다. 광주항쟁, 어떻게 시작됐나.

서 중 석 5월 18일 아침 전남대 교문 앞에 학생들이 모여들었다. 5월 14~16일 민주 성회 때 '비상사태가 벌어지면 그다음 날 아침에 자동적으로 교문에 모여 시위를 하자. 그게 여의치 않으면 정오에 도청 광장에 모이자'고 약속하지 않았나. 교문 앞에 모인 사람 중에는 5·17쿠데타 소식을 접하고 민주 성회에서 약속한 대로 교문으로 온 학생들이 많았다.

학생들은 전남대 교문 양쪽에 공수 부대원들이 늘어서서 출입

1980년 5월 18일 전남대 정문 앞에서 경찰과 학생들이 대치하고 있다. 사진 출처: 나경택 촬영, 5·18기념재단 제공

을 통제하는 걸 목격했다. 비상 계엄 전국 확대 직후인 18일 오전 2시에서 2시 30분 사이에 제7공수여단의 2개 대대가 전남대, 조선대, 광주교대, 전남대 의대에 이미 진주한 상태였다.

학생들의 가두시위가 있기 3~4일 전인 5월 10일 전남대, 전북대, 충남대 등에 특전사 병력 배치 지침이 떨어졌다. 전남대와 조선대 등에는 7공수여단 2개 대대가 배치되도록 계획됐다. 이들은 학생 시위를 '기다리면서' 매일 '충정 훈련'을 실시했다. 5월 14일에는 광주 KBS 등 주요 시설물에 31사단 병력이 배치됐다. 2군사령관은 아직 국무회의가 열리기도 전인 5월 17일 오후 5시에 5월 18일 0시를 기해 불순분자를 체포하고 그날 4시 이전에 주요 대학에 진주하도록 지시했다.

18일 오전 10시경 수백 명의 학생들이 교문 앞에서 '계엄 해제'

등을 외치며 시위를 했다. 그러자 공수 부대원들이 학생들을 쫓아 나와 진압봉 등으로 마구 구타했다. 그것에 맞서 학생들이 돌을 던지자 공수 부대원들은 인근 집이나 상가까지 쫓아가서 폭행을 가했다. 근처를 지나던 시내버스에서 공수 부대원들의 과잉 진압에 항의하던 학생들도, 신분을 밝힌 전남대 교수도 폭행을 당했다.

그렇게 해서 정문 앞에서 해산을 당하자 학생들은 역시 민주 성회에서 약속한 대로 전남도청으로 향했다. 시내로 나간 학생들은 수백 명 단위로 비상 계엄 해제를 요구하는 시위를 벌였다. 이때 학생들 숫자는 그리 많지 않았다. 전두환·신군부가 무지막지한 짓을 계속 자행하지 않았다면 광주에서도 시위가 오래가지 않았을 수도 있었다.

당시 동아일보 광주 주재 기자로 광주항쟁을 취재한 김영택은 학생들 시위가 시내에서 경찰의 강력한 진압에 밀려 40~50명 단위로 분산됐고, 이합집산을 거듭하면서 시위가 점차 수그러들고 있었다고 썼다. 적어도 이날 학생들 숫자가 그렇게 많지 않았고 시민들의 가세도 미약했다는 것만은 여러 자료를 통해 알 수 있다.

그런데 그 후 놀라운 일이 벌어지게 된다. 그러면서 광주항쟁이 본격적으로 일어나게 된다. 이때까지는 아직 본격적으로 일어나지 않았다고 볼 수 있다.

'7공수 고전 중', 거짓말 늘어놓으며
서울에서 11공수 추가 파견

── 항쟁의 불길이 치솟게 만든 계기는 무엇인가.

1894년 동학농민전쟁을 보면 처음부터 고부에서 크게 일어난 게 아니고 대규모 농민 전쟁으로 번지는 건 고부 봉기 이후 아닌가. 1980년 5월 광주에서도 마찬가지였다. 공수 부대가 18일 오후 4시경 시내 한복판에 떠버렸다. 학생 시위 규모가 그렇게 큰 것도 아니었고 따라서 경찰력으로 진압할 수 있는 상황이었는데, 공수 부대가 시내 한복판에 출현한 것이다.

그런데 더 놀라운 일이 벌어졌다. 서울 동국대에 머물고 있던 11공수여단이 오후 4시경 광주로 이동하기 시작한 것이다. 광주로 이동해 소요를 진압하라는 명령이 오후 3시경 11공수여단에 떨어지면서 그렇게 한 것이다. 거듭 얘기하지만 경찰력으로도 진압할 수 있는 시위였다. 그런 상황에서 7공수여단이 시내 한복판에 출현했다는 것도 상상하기 어려운 일이지만, 추가 병력인 11공수여단까지 서울에서 뜬 것이다.

더욱 경악하게 하는 것은 7공수여단이 금남로, 충장로로 이동한 때가 오후 3시 40분인데 11공수여단이 동국대에서 이동한 것은 오후 3시 43분이라는 점이다. 거의 같은 시간에 이동한 것이다. 그뿐 아니라 광주 현지 지휘관인 정웅 31사단장이나 윤흥정 전남북계엄분소장이 요청도 하지 않았는데, 뜬 것이다. 이것에 더해, 제3공수여단에 대해 다음 날 아침 광주로 출동하라는 명령이 떨어졌다.

1894년 음력 1월 전봉준이 이끈 농민들은 탐학을 일삼은 고부 군수 조병갑을 몰아내고 관아를 점령했다. 여기까지는 그 이전에 전국 각지에서 있었던 민란과 큰 차이가 없었다. 고부 봉기를 농민 전쟁으로 키운 건 정부의 잘못된 대처였다. 고부 봉기 후 사태 수습을 위해 중앙에서 보낸 관리는 오히려 농민을 탄압했다. 그것은 켜켜이 쌓인 농민들의 분노에 기름을 부었다. 고부 봉기 두 달 후 전봉준을 중심으로 다시 일어선 농민군은 전주성 점령, 폐정 개혁 활동, 가을 재봉기를 거쳐 우금치 전투에 이르는 농민 전쟁을 전개하게 된다.

이와 관련해 18일 오후 3시 30분경 정호용 공수특전단 사령관(특전사령관)은 최웅 11공수여단장에게 이렇게 당부했다. "광주에 7(공수)여단 2개 대대가 계엄군으로 나가 있는데 소요 진압 작전을 못하고 매우 고전을 면치 못하고 있다. 7여단을 도와 최선을 다하라." 그러니 가서 '임무 수행'을 잘하라는 얘기였다.

그런데 이때까지는 공수 부대가 전남대 교문 앞에서 그저 학생 수백 명을 상대로 한 짓을 빼놓고는 이렇다 할 사태가 일어나지 않았다. 아직 시내 한복판에 출현하기도 전인데 "소요 진압 작전을 (제대로) 못하고 매우 고전을 면치 못하고 있다", 이런 터무니없는 거짓말을 한 것이다. 거기에다가 "광주에서 우리 애들이 밀리고 있고 유언비어까지 나돌고 있으니 조심하라", 이런 얘기까지 해줬다. 이때는 유언비어가 돌래야 돌 수가 없는 때였다. 아직 유혈 사태가 본격적으로 일어나기 전이었으니까. 그런데도 어째서 이런 일이 일어났는지 알 수가 없다.

정호용은 신군부 이너 서클의 핵심 구성원 중 한 명이다. 그리고 또 한 명의 신군부 이너 서클의 핵심 구성원이자 육군 참모차장, 계엄사 부사령관이라는 요직에 있던 황영시가 18일 이날 '전교사' 사령관한테 '지휘 조언'을 했는데, 뭐라고 했느냐. 현지 군이 단호한 계엄사의 조치를 보여줄 것을 요망했다. '전교사'는 광주 상무대에 있는 전투병과교육사령부를 가리킨다. 황영시 얘기, 이것도 뭘 의미하겠나.

일반 시민까지 표적 삼아
유혈 사태 일으킨 '피의 일요일'

— 공수 부대가 시내에 출현한 후 상황은 어떻게 전개됐나.

오후 4시경 시내 한복판에 출현한 공수 부대는 상상을 초월한 진압 작전으로 나왔다. 우리가 기억하는 광주사태가 시작된 것이다. 앞으로 내가 광주사태라고 말하면 전두환·신군부가 일으킨 유혈 폭압 사태를 가리키고, 광주항쟁이라고 하면 이 운동 전체를 지칭한다고 보면 된다.

공수 부대원들은 대검을 꽂은 M16 소총을 둘러멘 채 양손에 진압봉과 방패를 들고 있었다. 전원 체포하라는 명령이 떨어지자 공수 부대원들은 일제히 시민들한테 달려들었다. 이때 일부 병력은 대검을 꽂은 소총을 앞으로 겨누고 시민들에게 돌진했다.

시위하던 학생들은 그전에 이미 상당수가 빠져나간 상황이었다. 그러자 공수 부대원들은 남아 있는 학생뿐만 아니라 일반 시민들한테까지 달려들어 진압봉과 소총 개머리판을 마구 휘둘렀다. 눈에 띄는 사람은 학생이건 아니건, 할아버지·할머니까지 남녀노소 가리지 않았다. 두들겨 맞아 피투성이가 되거나 의식을 잃으면 공수 부대원들은 바로 끌어다가 눈앞에 있는 군용 차량 위로 짐짝처럼 던지다시피 해서 실었다.

지나가던 택시도 공수 부대원들한테 붙잡혔는데, 거기엔 한눈에 봐도 신혼부부가 분명한 젊은 남녀가 타고 있었다. 그런데 공수 부대원들은 이 젊은 남녀도 끌고 나와서 진압봉으로 두들겨 패고 군홧발로 짓밟았다. 그뿐 아니라 주변 건물이나 학교 교실, 운동장

5월 18일 오후, 7공수
부대원들이 금남로에서
진압봉을 들고 무력시위를
하고 있다. 사진 출처:
전남대학교5·18연구소

5월 18일 오후, 금남로에서
시위 진압을 하기 위해 대기
중인 7공수 병력. 사진 출처:
전남대학교5·18연구소

공수 부대원들이 시민들을
집단 구타하고 있다.

같은 데에도 난입해 사람들을 마구 폭행한 다음 질질 끌고 갔다.

한 회사 2층에도 M16 소총에 착검하고 2명의 공수 부대원이 들어갔다. 이들은 청년 3명이 허겁지겁 뛰어올라와 숨어 있던 옆방에 들어가 청년들을 짓밟고 개머리판으로 짓이겨 실신하게 만들었다. 청년들은 그 상태에서 끌려나왔는데 머리와 윗옷이 피투성이였다. 3명을 끌고 나간 두 군인은 다시 들어와 이번에는 그곳에서 일하던 회사원을 짓밟고 개머리판으로 내리쳤다. 쓰러져 소리도 내지 못하는 그 회사원을 마치 죽은 짐승 끌고 가듯 끌고 갔다. 회사원은 머리가 땅바닥에 질질 끌리는 상태로 끌려갔다.

군인들은 광주제일고등학교에서 방송통신고 과정 일요일 수업을 받던 학생들도 마구 두들겨 패고 짓밟은 다음 끌고 갔다. 난데 없이 공수 부대원들이 들이닥쳐 이유도 제시하지 않고 몽둥이질을 한 것이다. 광주제일고 부근에서 길 가던 여학생도 심하게 당했다. 두 명의 공수 부대원이 이 여학생의 머리카락을 움켜쥐고 "이 XXX이 데모를 해? 어디 죽어봐라"라고 욕설을 하며, 피투성이가 돼 실신할 때까지 짓밟고 개머리판으로 두들겨 팼다. 윗옷과 브래지어가 갈기갈기 찢길 정도였다. 남녀 불문하고 곳곳에서 이렇게 참혹한 봉변을 당했지만 공포에 질린 시민들은 살기등등한 공수 부대원들의 만행을 어떻게 제지할 수가 없었다.

—— 목숨을 잃는 사람까지 곧 나오지 않았나.

김경철, 이 사람은 말을 하지도 듣지도 못하는 20대 청년이었는데 금남로의 한 공사장 근처에서 공수 부대원들한테 붙잡혀 심하게 두들겨 맞았다. 장애인이라고 호소해도 소용이 없었다. 그렇게 맞은 끝에 실신해 길바닥에 쓰러졌다. 공수 부대원들은 이 사람을 버리고 가버렸다. 시민들이 병원으로 옮겼지만 이 사람은 결국 그 다음 날 새벽 3시쯤 숨을 거두고 말았다.

그야말로 무지막지한 사태가 벌어진 것이다. 중요한 건 공수 부대원들이 시위를 진압하려고 나서서 그렇게 한 게 아니었다는 것이다. 시위를 진압하거나 해산하려 한다면 학생들만 쫓으면 되는 것 아닌가. 그러나 그게 아니었다. 진압을 넘어선 체포였을 뿐만 아니라 무차별적으로 시민, 학생들에게 타격을 가한 것이었다. 그러면서 유혈 사태를 일으킨 것이다.

7공수여단 33대대는 오후 4시 30분에 진압 작전을 종결해 103명을 체포했고 35대대는 오후 7시에 종결해 173명을 체포했다. '피의 일요일'은 그렇게 끝났다. 밤 8시 시내는 조용했다. 상가들은 일찍 문을 닫았다.

전두환·신군부가 광주에서
유혈 사태 일으킨 속내

— 광주항쟁의 전 과정을 보면 전두환·신군부가 폭력 사태를 일으키고 그걸 계속 키워갔음을 분명하게 알 수 있다. 항쟁 초기에 보인 모습은 말할 것도 없고, 후기에도 시민들과 대화해 문제를 풀기는커녕 오히려 그것을 거부하는 태도를 취했다. 공수부대를 축으로 한 계엄군이 그토록 야만적으로 시민들에게 선제공격을 퍼부은 것도 그러한 전두환·신군부의 기본 방침에서 비롯됐다고 볼 수 있다. 전두환·신군부는 어떤 목적으로 그렇

게 폭력 사태를 키운 것인가.

18일 오후에 왜 그런 일이 일어났는가, 그러면서 광주사태가 어떻게 그날 오후 4시경에 시작되는가를 살펴보려면 공수 부대원들이 과거에 어떤 활동을 했고 1980년에 들어서 어떤 식으로 훈련받았는가를 간단히 짚어볼 필요가 있다.

공수 부대가 현대사에 나타난 것은 1961년 5·16쿠데타 때였다. 5·16쿠데타 때 공수 부대는 해병대와 함께 선봉에 섰다. 그 후 계엄이나 위수령이 선포됐을 때에도 공수 부대 얘기는 나오지 않았다. 그러다가 1979년 10월 부마항쟁이 일어나고 계엄이 선포되자 부산에 출동했다. 부대 출동 지시를 맨 먼저 한 자는 차지철 경호실장이었다. 부산에서 큰 시위가 끝날 무렵이었는데, 공수 부대는 잔인함을 유감없이 보여줬다. 공수 부대가 현대사의 전면에 본격적으로 등장한 것은 1979년 12·12쿠데타 때부터다. 박희도가 이끈 제1공수여단, 최세창이 이끈 제3공수여단은 주요 지점을 점거하는 데 앞장섰다.

두 차례에 걸쳐 쿠데타의 주역으로 군부 독재 정권을 세우는 데 큰 공을 세우고 학생, 시민의 민주화 운동을 진압한 바 있는 특전사는 1980년 2월부터 충정 훈련이라는 강력한 '폭동' 진압 훈련에 돌입했다. 전 장병에게 가혹한 지옥 훈련이라는 걸 시키면서 적개심, 분노를 키우는 훈련을 한 것이다. 정신 교육을 병행했는데 '시위 군중 배후에는 빨갱이가 도사리고 있다. 단호하고 무자비하게 제압하고 짓밟아야 한다'는 내용이었다.

이런 식의 훈련을 전에도 했지만 1980년 2월에 들어와서 강력하게 실시한 것은 특별한 목적이 있었기 때문이다. 시국 수습 방안이라는 걸 만들고 5·17쿠데타 전에 군을 전국 곳곳에 이동 배치한 것하고 같은 맥락이라고 할 수 있다.

또한 1980년 3월 6일부터 노태우가 사령관인 수도경비사령부에서 노태우, 특전사령관 정호용이 참석한 가운데 충정 작전 회의가 열렸다. 여기에는 각 여단 공수 부대장과 치안 부대장, 그리고 서울시경국장까지 참석했다. 이 자리에서 노태우는 군 투입이 요구되는 사태가 발생할 때에는 강경한 응징 조치가 요망된다고 얘기했다. 그러니까 사태가 일어나면 강경 진압에 나서겠다고, 5·17쿠데타를 일으키기 전에 이미 신군부에서 정해놓고 준비하고 있었던 것이다.

지금 이야기한 것들의 연장선상에서 이해할 수도 있지만, 그렇다면 왜 광주에서, 어떤 의도로 그렇게 무차별 타격을 가한 건가 하는 문제를 생각해보자. 그건 전두환·신군부가 시국 수습 방안을 구체화하고 5·17쿠데타를 일으키면 국민들의 저항과 시위가 아주 클 것이라고 본 것과 관련이 있다.

여기서 권정달 얘기를 들어볼 필요가 있다. 비상 계엄을 전국에 확대한 후 대규모 시위가 예상되는 서울, 광주 지역 등에는 주로 공수 여단으로 편성된 진압 부대 투입을 준비하고 있었으며 이는 곧 시위 진압 과정에서 '과감히 타격하라. 끝까지 추적해 검거하라. 분할 점령하라'는 공수 여단의 시위 진압 지침이 즉각 실행될 것을 전제로 한 것이었다고 권정달은 증언했다. 그렇게 하기 위해 만반의 준비를 갖추고 군을 배치해놓은 것이라는 말이다.

권정달 얘기를 더 들어보자. 전두환 보안사령관 주도 아래 황영시 육군 참모차장, 정호용 특전사령관, 노태우 수경사령관 등 이너 서클의 핵심들이 시위 초동 단계부터 강경 진압 등 '위력 과시'

를 해 시위 군중을 위축시킴으로써 '시위 확산'과 '격렬화'를 미연에 방지한다는 방침을 이미 정해두고 있었다고 권정달은 말했다. 위력 과시라는 독특한 말을 썼다. 쿠데타로 권력을 탈취해 공고히 하기 위해서는 '위력 과시'라는 극단의 폭력이 필수적이라고 본 것이다. 그렇게 해야만 자신들의 불의不義의 불법적 권력을 오래 존속시킬 수 있다고 확신했다.

그런데 5·17쿠데타를 일으켰는데도 서울에서는 시위가 안 일어났다. 그런 가운데 광주에서 뭔가 전개되고 있다는 보고가 들어가지 않았겠나. 그러자 '그쪽을 철저히, 과감히 타격하자. 상대방이 다시는 시위를 일으킬 수 없도록 끝까지 추격해 궤멸적 타격을 입히자', '우리에게 저항하는 자(세력)들은 이렇게 당한다는 걸 확실하게 보여주자', 이렇게 자신들의 권력 탈취에 저항하는 자(세력)들에게 본때를 보이겠다고 결의를 다졌고 그러면서 상대방 또는 적을 제압하고 위력을 과시하는 초강경 '작전'을 광주에서 구체화한 것이다.

그래서 경찰로도 시위를 막을 수 있는데도 7공수여단을 시내 한복판에 띄운 것이고, 그에 더해 서울에 있던 11공수여단 병력까지 광주로 급히 보내고 곧이어 3공수여단 병력을 또 보낸 것이다. 11공수여단 병력 일부는 열차에 실어 보냈지만, 상당수 병력은 수송기에 태웠다. 위력 과시를 하겠다는 마음이 얼마나 급했으면 수송기에 태웠겠나. 그건 초동에 상대방을 완전히 제압하는, 철저한 타격을 가해 상대방이 일어날 수 없게 하는, 그래서 기와 힘을 다 꺾어버리는 작전을 펴겠다는 방침을 실현한 것이다.

더군다나 광주에 대해서는 적의에 가득 차 한층 더 심하게 타격을 가해야 한다고 '판단'하지 않았겠나. 자신들의 권력을 구축하기 위해 완전히 제거하려고 한 김대중의 정치적 근거지였으니 말이다. 그 때문에도 광주를 더 무자비하게, 위력적으로 제압해야 한다고 생각한 게 작용했다고 볼 수 있다. 그렇기 때문에 그렇게 무차별로, 학생들뿐만 아니라 일반 시민들에게까지 '타격'을 가한 것이다. 유혈 사태에 아랑곳하지 않고 정말 잔혹하게 타격하는 유혈 작전을 시위와 아무런 관계가 없는 일반 시민들을 상대로 펼친 것 아닌가. 이와 관련해 한 가지를 추가로 살펴보면 이자들의 의도가 뭐였는지를 더 잘 알 수 있다.

— 어떤 것인가.

안병하 전남도경국장은 5월 18일 시위가 발생하자 오전 11시경 '너무 추격하지 말라', '부상자가 발생하지 않도록 하라'고 지시했다. 오전 11시 55분에는 '연행 과정에서 학생 피해가 없도록 유의하라'고 지시했다. 그런 지시를 내리는 게 당연한 것 아닌가. 낮 12시 55분에는 '시위하는 학생들을 철저히 검거하라'는, 이전보다 강한 지시를 내렸다. 안병하는 신군부로부터 경찰만으로는 치안 유지가 어려우니 군 병력 투입을 요청하라는 강요를 받았으나, 상황 악화를 우려해 따르지 않았다.

그렇지만 안병하도 공수 부대의 살인적인 과잉 진압을 막을 수는 없었다. 안병하는 군의 집단 발포 이후 '경찰도 광주 시민을 향해 발포하라'는 명령을 끝내 거부하고, "생명과 재산을 보호해야 할 시민에게 어떻게 총을 들 수 있느냐"며 경찰의 무기를 회수했다. 그랬는데, 5월 27일 항쟁이 진압된 후 안병하는 직무 유기 및 지휘 포기 혐의로 수사를 받게 된다. 전두환의 합수부로 끌려가 14일간 수사를 받았다. 피의 사실을 발견할 수 없어 자진 사표를 조건으로 석방됐는데, 조사 과정에서 받은 혹독한 고문 후유증으로 8년 동안 투병하다가 1988년에 사망했다.

안병하는 1992년 5·18 민주화 운동 유공자로, 2006년에는 인권을 지키다 순직한 국가 유공자로 인정받았다. 2017년 경찰청은 시민을 보호하고 경찰 정신을 지킨 공로를 인정해 안병하를 '올해의 경찰 영웅'으로 선정했다. 2017년 11월 22일 전남지방경찰청에서 추모 흉상 제막식이 거행됐다.

공수 부대가 만든 생지옥,
차마 눈으로 볼 수 없었다

—— 항쟁 이틀째인 5월 19일로 가보자. 19일 상황은 어떠했나.

5월 19일 시위를 이해하기 위해서는 이날 시위에 영향을 준 것으로 보이는 김대중 체포가 언제 광주에 알려졌는가를 알아볼 필요가 있다. 김영택 기자에 의하면 5월 18일 오전 10시 30분 학생 400여 명이 광주역 앞에서 금남로 쪽으로 갈 때 "비상 계엄령 해제하라"는 구호와 함께 "김대중 석방하라", "전두환 물러가라"고 외쳤다고 한다. 서울 쪽으로부터 일부 지도급 학생들의 피신을 재촉하는 연락과 함께 김대중 체포 소식을 들은 것이다.

그 무렵부터 광주 시내에 소식이 돌았겠지만, 확실하게는 18일 오후 2시 45분 계엄사가 발표한 이후였을 것이다. 그 후 신문 호외 같은 걸 통해 김대중 등이 사회 혼란 조성 및 소요 관련 배후 조종 혐의로 체포됐다는 게 많이 알려졌다. 18일은 일요일이었기 때문에 호외밖에 안 나왔다. 그렇잖아도 광주에서는 유신 잔당이 정권을 탈취하는 걸 반대하는 민주 성회를 14, 15, 16일에 열지 않았나. 그런데 유신 잔당의 정권 탈취가 이제 더 노골적인 형태로 나타난 것이다.

항쟁으로 변하는 날이 이 19일이다. 이날 새벽 11공수여단이 투입됐다. 19일에는 아침 일찍부터 유혈 사태가 벌어졌다. 다음은 아일랜드 출신 신 고르넬리오 신부가 숙소 담 너머로 본 목격담이다. "19일 이른 아침이었습니다. 총을 등에 멘 군인들이 곤봉으로 젊은이들을 마구 때리고 있었습니다. 머리가 터지고 피가 흐르고 있었습니다. 내가 마당에 나와 처음 들었던 그 이상한 소리는 이 불쌍한 젊은이들이 극한의 고통에서 쏟아내는 비명소리였습니다."

오전 9시를 지나면서 금남로 일대가 술렁거리기 시작했다. 오전 10시경 군중이 순식간에 3,000~4,000명으로 늘어났다. 그러면서 조금 있다가 경찰과 투석전을 벌였다. 시민과 학생들은 도로 철책과 길가에 있는 대형 화분 같은 걸로 바리케이드를 치고 시위를 전개했다. 공수 부대원들이 몽둥이를 휘두르며 쫓아가면 시민들이 일제히 "와! 와!" 함성을 지르며 돌이나 콜라병을 던졌다. 얼마 지나지 않아 군중은 5,000명 정도로 불어났다. 그런 가운데 오전 10시 50분경 공수 부대가 트럭을 타고 금남로 네거리에 진출했다. 그러면서 전날보다 훨씬 심한, 차마 눈으로 볼 수 없는 유혈 사태가 벌어지게 된다. 이 부분을 당시 광주에 있던 동아일보 기자들이 써서 보낸 기사를 통해 살펴보자.

── 광주 현지 기사가 실릴 수 없는 때 아니었나.

계엄군들은 팬티만 남기고 청년들의 옷을 모두 벗겨 마구 때렸다. 여자들까지 아랫배를 걷어차고 가슴팍을 치거나 대검으로 상의를 마구 찢기도 했다.

팬티만 입은 채 연행되고 있는 시민들. 사진 출처: 전남대학교5·18연구소

그때 광주에 있던 기자들이 5월 19일, 20일 상황을 기사로 써서 보냈는데, 그걸 '게라지' 상태로 읽고 그랬다. '게라지'라는 건 게라라는 일본말에 한자 지誌가 붙은 말인데, 검열 이전 기사를 말한다. 게라지가 계엄사 검열을 통과하면 신문으로 나오는 것이었는데, 당시 동아일보 사람들이 여기저기 모여서 흥분한 상태로 그걸 읽었다. 나도 같이 읽었는데 정말 무서운 기사였다. 물론 당시 신문에 한 자도 실릴 수는 없었다.

"금남로에 투입된 1,000여 특전단 병력은 곤봉을 마구 휘두르며 착검한 소총으로 시위 군중의 어깨, 다리 등을 마구 찔러 금남로 일대는 삽시에 피를 흘리며 쓰러지는 군중과 이를 지켜보고 비명을 지르는 시민 등으로 아비규환의 유혈 사태를 빚었다. 군인들은 시위 군중을 건물 안과 골목길까지 추적, 숨은 시민들을 끄집어내 길가에서 무릎을 꿇리고 턱을 걸어차거나 엎어진 사람의 머리와 등을 마구 짓이겨 길가 곳곳에 5열 중대로 머리를 처박은 자세로 꿇어앉히기 시작했다. 군인들은 특히 젊은 청년들의 팬티만 남기고 옷을 모두 벗겨 마구 때린 뒤 거꾸로 들었고", 사람을 거꾸로 세웠다는 말인데, "여학생 차림의 겁에 질린 여자들까지 아랫배를 걸어차고 가슴팍을 치거나 대검으로 상의를 마구 찢기도 해 건물 옥상 등에서 내다보는 시민들은 매를 맞고 피를 튀기는 시위 학생들의 모습을 보고 비명을 지르며 울음을 터트렸다." 그다음에도 아주 길게, 처참한 장면이 쓰여 있다.

김영택 기자는 공수 부대가 진압봉뿐만 아니라 대검까지 공공연하게 휘둘러대고 있는데도 시민들이 흩어지지 않고 자꾸 모여들어 항거하고 대들었다고 썼다. 젊은이들 중에는 대학생보다 소상인이나 자유업 종사자들이 많았다. 분노한 시민들은 전날과 달리 "내

새끼 내놔라", "공수 부대 물러가라"고 외치며 항거했고, 공사장에서 각목과 철근, 쇠파이프 등을 가지고 나왔다. 김 기자에 의하면 광주 시민들은 선량한 시민에서 불의에 항거하는 '적극적 민중', '순수한' 민중으로 변하고 있었다.

특전사 '전투 상보'에는 이렇게 쓰여 있다. 11시경 "경상도 출신 군대가 광주 시민을 죽이러 왔다'는 구호를 외치고 40~50대들도 가세, 부녀자들까지 합세하여 수가 증가, 경찰과 치열한 투석전으로 더 이상 제지할 능력 상실."

반격 시작한 시민들,
본격적으로 불붙은 광주항쟁

—— 광주 현지는 차라리 꿈이었으면 좋겠다는 생각을 하지 않을 수 없었을 끔찍한 모습이었다. 항쟁 양상은 언제부터 본격적으로 나타나게 되나.

오후 들어 사태가 무섭게 변하기 시작했다. 오후 1시 30분이 되자 공수 부대가 점심 식사를 하러 조선대로 철수했다. 그 무렵 수만 명의 민중이 금남로 일대를 가득 채웠다. 거기에는 젊은 사람들뿐만 아니라 중년의 부녀자들과 작업복 차림의 노동자들도 있었다. 성난 민중, 분노한 민중으로 금남로 일대는 그야말로 인산인해를 이뤘다.

경찰이 최루탄, 페퍼포그를 썼지만 민중은 돌멩이, 화염병을 던지면서 물러나지 않았다. 공수 부대가 오후 2시 40분쯤 다시 투

잠시 조선대로 철수했던 공수 부대가 다시 금남로로 집결하고 있다.
그 무렵 수만 명의 민중이 금남로 일대를 가득 채웠다. 거기에는 젊은
사람들뿐만 아니라 중년의 부녀자들과 작업복 차림의 노동자들도 있었다.
사진 출처: 나경택 촬영, 5·18기념재단 제공

5월 19일 오후 3시 30분경 금남로 가톨릭센터
앞. 공수 부대원들이 시민들을 뒤쫓고 있다.
그러나 민중들은 일시 흩어졌다가 곧 다시 모여
바리케이드를 치고, 보도블록을 깨뜨려 던지면서
싸웠다. 사진 출처: 경향신문

입되면서 200여 명의 시민을 붙잡아 두들겨 패고 찌르는 등 무자비한 작전을 또 펼쳤다. 그러자 일단 진압되는 듯했다.

이처럼 공수 부대가 잔혹한 짓을 하면 전날과 19일 아침에는 시위대가 그냥 달아났지만, 이때는 달랐다. 공수 부대원들이 진압봉과 총검을 휘두르자 민중은 일시 흩어졌다. 그러나 분노한 민중은 곧 대형 화분과 함께 공중전화 부스, 가드레일, 버스 정류장 입간판 같은 걸 뜯어서 바리케이드를 치고, 보도블록을 깨뜨려 던지면서 싸웠다. 공사장에서 굴려 온 기름 드럼통에 불을 붙여 경찰 쪽으로 굴렸다. 드럼통은 굉음을 내며 폭발했다.

오후 4시 30분 공수 부대 장갑차가 한 대 나타났는데, 보도 난간에 부딪혀 멈췄다. 거기에 사람들이 몰려들었다. 분노한 시민들은 장갑차 뚜껑을 열고 불붙은 짚더미를 넣으려고 하는 등 장갑차를 위협했다. 그러자 장갑차에서 발포를 했다. 그래서 고등학생이 쓰러졌다. 이게 최초의 발포로 알려졌다. 군인 쪽에서 첫 번째로 총을 쏜 게 이것이라고 한다.

그런 가운데 공사장에서 막노동꾼으로 일하며 생계를 유지하던 한 30대 남성이 광주공원 근처에서 공수 부대원들의 진압봉에 두들겨 맞고 군홧발에 짓밟힌 끝에 결국 밤새 비를 맞은 시체로 발견됐다. 김경철에 이어 두 번째 희생자가 나온 것이다.

오후 5시 30분쯤 금남로를 장악하며 진압봉을 휘둘렀던 7공수여단이 빠져나가고 11공수여단이 들어왔다. 그 사이에 진압이 약화되는 듯하자 금세 수만 명의 시민이 몰려들었다. 시민들은 모여들고 흩어지는 것을 반복하면서 공수 부대원의 대검과 진압봉에 맞서 싸웠다.

오후 6시 광주 공용버스터미널 주차장에는 7~8구의 시체가 쌓여 있었다. 공수 부대원들이 살해한 사람들이었다. 이날 경찰국 안수택 총경은 공수 부대 장교한테 구타당했다. 공수 부대원들이 붙잡아 인계한 시민 6~7명을 방면한 것이 공수 부대 눈에 띄어 그렇게 당한 것이다. 이 사람은 7월 19일 직위 해제를 당한다.

이날 시위대는 돌멩이, 화염병을 던졌을 뿐만 아니라 각목, 쇠파이프, 철근 토막, 쇠갈퀴, 심지어 낫과 쇠스랑까지 들고나와서 공수 부대원들과 싸웠다. 공용터미널, 광주역전 쪽, 남광주역전 일대에서 격전이 벌어졌다. 광주항쟁이 본격적으로 이날 시작된 것이다.

'계엄군이 여대생 젖가슴을 도려냈다'는 소문이 오랫동안 돌았는데, 그 소문과 관련된 사건도 이날 일어났다. 오후 7시 30분경 최미자(19세)는 "장갑차다"라고 외치는 소리에 골목길로 달아났다. 장갑차를 타고 온 공수 부대원 6~7명이 피신하는 시민들에게 발길질을 하고 대검으로 찔렀다. 최미자는 대검에 가슴을 찔려 피를 흘리며 의식을 잃고 전남대 병원 중환자실로 이송됐다. 오른쪽 겨드랑이와 젖가슴 사이를 대검으로 찔려 한 달 동안 치료를 받았는데, 다행히 목숨은 건졌다.

오후 7시가 넘으면서 가랑비가 내렸고, 그러면서 상황은 일단락됐다. 5월 19일 시위는 분노한 민중의 적극적 투쟁이었고 그런 점에서 항쟁의 성격을 분명히 드러냈다. 국방부 과거사위 보고서를 보면, 이날 시위에 가담한 3,000여 명의 시위대 중 500명 정도가 학생, 2,500명 정도가 시민이라고 보안사 쪽에서 보고한 게 나와 있다. 무슨 이야기냐 하면 압도적으로 시민들 중심의 시위로 전환되고 있었다는 것이다. 광주항쟁이 이제는 시민 항쟁적인 성격을 분명히 하고 있었다는 걸 5월 19일 오후는 보여줬다.

시민들은 어떻게 죽음의 공포를 딛고
무시무시한 공수 부대와 맞서게 됐나

— 당시 광주에서 부당한 공권력에 의해 살해될 수 있다는 건 먼 나라 얘기가 아니라 눈앞의 현실이었다. 그런데 그러한 죽음의 공포 속에서 오히려 시민들은 단결해 공수 부대와 맞서 싸웠다. 어떻게 해서 그런 일이 일어나게 된 것인가.

왜 시민들이 분노한 민중, 성난 민중으로 변해 공수 부대, 그 무섭고 무자비한 공수 부대와 적극적으로 맞붙는 격렬한 투쟁, 시위를 벌이게 되는가. 보안사 쪽 기록에도 그런 것들이 있지만 광주 시민들 쪽에서 나온 기록들은 거의 다 18일 오후부터 벌어진 공수 부대의 만행, 도무지 이해할 수도 없고 있을 수도 없는 만행에 분노해 그야말로 피가 끓는 시민들이 궐기한 것이라고 설명하고 있다. 그건 나중에 수습위원회 쪽에서도 계속해서 강조하는 사항이다. '최규하 정부는 공수 부대의 만행에 대해 광주 시민들한테 사과해야 한다'는 이야기를 거듭해서 하지 않나. 가장 큰 이유는 그것임이 분명하다.

그와 함께 시위대가 외친 구호를 살펴볼 필요가 있다. 시민들은 "전두환, 유신 잔당 물러가라", "전두환을 XX 죽이자", "계엄령을 해제하라", "김대중을 석방하라", 이렇게 외쳤다. 이처럼 10·26으로 소생하던 민주주의가 유신 잔당인 전두환·신군부의 5·17쿠데타에 의해 짓밟힌 것에 분노한 것이 기본적인 큰 흐름을 이뤘다.

김대중 연행, 지역 차별 등도 학생 시위를 적극적, 능동적인 민중 항쟁으로 변하게 하는 데 큰 역할을 했다. 김대중은 다 알다시

피 박정희 유신 체제의 최대 피해자였다. 그리고 박정희는 경제 정책이나 인사 정책에서 호남을 아주 심하게 차별하지 않았나. 10·26 이후 김대중은 민주화와 광주 지방의 염원을 상징하는 정치인이었다. 유신 잔당이 그런 김대중을 희생 제물로 삼으면서 민주주의와 헌정을 파괴하고 권력을 탈취하는 것을 보았을 때 광주 시민들은 엄청난 분노를 느끼지 않을 수 없었다.

한 가지 더 얘기해야 할 것은 부끄러움이라고 할까, 자괴감이다. 이것도 18일에 소극적 자세를 취했던 시민들과 학생들이 19일에 분노한 민중, 성난 민중으로 변화하게 만든 요소였다. 무슨 이야기냐 하면, 18일 공수 부대의 만행에 제대로 맞서 싸우지 못한 것에서 비롯된 부끄러움 또는 자괴감, 그러니까 너무나도 잘못된 것에 맞서 온몸으로 싸웠어야 하는 건데 그렇게 하지 못한 것으로 인해 부끄러움, 비겁함 같은 걸 느낀 것이 어떠한 계기를 만나면 적극적으로 싸우는 추동력이 될 수 있다는 말이다. 존재해서는 안 되는 권력인데도, 있어서는 안 되는 사태나 사건이 일어났는데도 항거하지 못했을 때 이러한 자괴감이 생기는데 1973년 10·2 서울대 문리대 시위, 1979년 부마항쟁, 1987년 6월항쟁을 설명할 때에도 나는 이 점을 많이 강조한다.

광주도 마찬가지였다. 18일에는 갑작스럽게 맞닥뜨린 공수 부대의 무자비한 폭력으로 일시 피신했지만, 그 폭력을 목격하고 두려움에 온몸이 떨려 피신한 이후부터, 더구나 그 폭력이 전두환·신군부의 권력 탈취를 위한 야수 같은 만행이었는데도 피신한, 그래서 그 이후부터 양심의 가책을 아주 심하게 느끼며 괴로워해야 했다. 그러면서 다시 거리에 나갔는데, 그 거리에는 자신만 있는 게 아니고 노도와 같은 민중, 시민들이 같이 투쟁의 대열에 서 있었다.

그걸 알게 되면서 시민들의 그러한 부끄러움, 자괴감은 강력한 투쟁의 힘으로 바뀌어 엄청난 위력을 발휘하게 됐다고 볼 수 있다.

애국가와 함께 울린 수백 발의 총성…
공수 부대 정조준 발포, 헬기 사격까지

광주항쟁, 열두 번째 마당

"총이 있었다면 쏴버리고 싶은 심정이었다"
성직자도 분노케 한 공수 부대의 만행

김 덕 련 광주항쟁 이틀째인 1980년 5월 19일 오후 시민들이 공수 부대와 맞서 싸우면서 상황이 변하기 시작한다. 사흘째인 20일 상황은 어떠했나.

서 중 석 5월 19일이 광주사태가 본격적인 광주항쟁으로 전환된 역사적인 날이라면, 5월 20일 오후는 시민들에게 계엄군과 정면으로 맞서 싸울 수 있다는 용기를 더 확실하게 불어넣었다. 거기서 큰 역할을 한 것이 택시 기사들의 투쟁이었다.

20일 아침 7시 3공수여단 5개 대대가 광주역에 도착했다. 이로써 3개 여단 10개 대대가 광주에 투입됐다. 20일 오전 금남로 한복판에서 시민들을 분노케 한 잔혹한 광경이 또 나타났다. 30명이 넘는 남녀가 4열로 줄지어 서서 남자는 팬티, 여자는 팬티와 브래지어만 걸친 채 거의 알몸 상태로 기합을 받고 있었다. 대개 20대였고 그 밖에 30대가 몇 명 있었는데, 여성도 10여 명 포함돼 있었다. 공수 부대원들은 몽둥이를 들고 이들을 뺑 둘러싼 다음 "엎드려뻗쳐", "쪼그려 앉아" 등을 외치면서 갖가지 동작을 강요했다. 구령에 조금이라도 따라 하지 않거나 느리게 하면 여지없이 몽둥이가 날아들었다. 이 모습을 본 조철현(조비오) 신부는 "내가 비록 성직자지만 옆에 총이 있었다면 쏴버리고 싶은 심정이었다"고 말했다.

오후 3시 계엄사령부는 그때까지 사용된 진압봉보다 더 길고 두툼한 진압봉 2,300여 개를 광주로 공수해서 7공수, 3공수, 11공수 부대에 나눠줬다. 이때는 11공수여단뿐만 아니라 3공수여단까지 광

계엄군에게 붙잡힌
시민들. 공수 부대원들은
몽둥이를 들고
"엎드려뻗쳐", "쪼그려
앉아" 등을 외치면서
갖가지 동작을 강요했다.
구령에 조금이라도 따라
하지 않거나 느리게
하면 여지없이 몽둥이가
날아들었다.

주에 추가 투입된 상태였는데 더 위력적으로, 더 무자비하게, 더 철
저히 타격하라는 의도로 보였다.

그런 가운데 오후가 되면서 도청 광장 부근에 2~3만 명의 시
민이 몰려들었다. 그러면서 전날과 같은 방식으로 민중들이 싸우
기 시작했다. 마이크로 거리 방송을 하면서 시위를 벌이기도 했다.
누구나 나와서 구호를 외쳤고 선동하기도 했다. 중구난방으로 외쳐
대는 경우도 많았다. 공수 부대에 맞서 흩어졌다가 다시 모여 싸우

고 또 싸웠지만 그들 사이에 어떤 지도자가 있지는 않았다. 바리케이드를 쌓을 때도 그랬고 각목, 철근 토막, 쇠파이프 등도 각자 가지고 왔다. 페퍼 포그 가스에 대항하는 방법도 각자 알아서 찾았다. 오로지 공수 부대의 만행과 유혈 사태에 엄청난 분노와 격앙된 울분을 품었다는 것이 공통점이라면 공통점이었다. 구호도 거의 똑같았다. "전두환 일당은 물러가라", "유신 잔당 때려 XXX", "공수 부대 물러가라", "계엄령 해제하라"가 많았고 "우리를 죽여라, 죽여"라는 구호도 나왔다. 그야말로 자발적이었고 자연 발생적이었으나 항쟁 이유는 분명했다.

나중에 70대 노병老兵으로 광주항쟁을 주제로 박사 학위를 받은 김영택 기자는 5월 18일부터 공수 부대가 외곽으로 빠져나간 21일까지 항쟁의 가장 두드러진 특징은 무조직, 무지도자 상태로 민주주의 구호 이외에 어떠한 외침도 없었던 점이라고 지적했다. 광주항쟁과 같은 시위 투쟁이 처음부터 조직적이기는 쉽지 않다. 그렇지만 몇 가지 요인도 작용했다.

—— 무엇인가.

7공수여단은 5월 18일 새벽 학교에 들어가자마자 전남대와 광주교대, 조선대와 전남대 의대에서 56명을 연행했다. 이들 중에는 학생 운동 지도자가 상당수 있었다. 또 일부 학생회 간부 등은 바로 피신했다. 그래서 운 좋게 연행되지 않았다 하더라도 전면에 나서기가 어려웠다. 체포될 우려가 있어 주변에서 말린 것이다. 김영택은 겨우 은신처에서 녹두서점의 재야 청년 측과 조선대, 전남대 학생회의 일부 지도부가 각각 배후 세력으로 움직여 화염병과 유인물

5월 20일 무등경기장으로 모여든 택시 기사들. 오후 5시 30분경
기사들은 일제히 헤드라이트를 켜고 도청 광장 쪽으로 나아갔다.
사진 출처: 나경택 촬영, 5·18기념재단 제공

5월 20일 오후 7시경 금남로 차량 시위 행렬.
사진 출처: 나경택 촬영, 5·18기념재단 제공

열두 번째 마당

을 제작, 살포하는 선에 머물렀을 뿐 조직으로서 기능하지는 않았다고 평가했다.

그런데 이날 오후 항쟁의 새로운 전기가 마련됐다. 오후 4시경부터 택시, 버스, 트럭 등 차량 200여 대가 무등경기장으로 모여들었다. 오후 5시 30분경 기사들은 일제히 헤드라이트를 켜고 도청 광장 쪽으로 나아갔다.

항쟁 수위 끌어올린
기사들의 차량 시위

— 기사들이 그렇게 함께 모여 행동한 계기는 무엇인가.

전날 버스, 택시 운전사들은 학생들을 실어 나르고 공수 부대의 만행으로 크게 다친 시민들을 병원으로 옮기고 있었다. 그런데 공수 부대원들이 그런 차들을 세우고 운전사까지 마구 폭행하는 사태가 벌어졌다. 영업용 택시 기사들이 공수 부대원들한테 발길질을 비롯한 구타를 당했다. 운전수 몇 사람이 맞아 죽었다는 얘기도 돌았다. 그러자 택시 기사들이 '이걸 어떻게 참을 수 있느냐. 모이자', 이렇게 의견을 모으고 거리에 나온 건데 거기에 버스, 트럭도 합세한 것이다.

— 200여 대의 차량이 합세한 후 항쟁은 어떻게 전개됐나.

오후 7시 무렵 헤드라이트를 켠 200여 대의 차량 행렬이 금남로로 진출했다. 시위대는 대형 버스 4대를 비롯한 8대를 앞세우고 계속 전진했고, 화물차와 택시들이 그 뒤를 이었으며, 시민 수만 명이 그 뒤를 따르며 금남로를 가득 메운 채 구호를 함께 외쳤다. 사진 같은 걸 보면 알 수 있듯이 아주 장관이었다. 무서운 위력이었고, 엄청난 무기가 생겨난 것이다. 이제는 공수 부대의 저지선을 무너뜨릴 수 있다는 기대감에 시민들은 용기가 솟구쳤다.

공수 부대와 경찰은 차량 저지 특공대를 급조해서 선두 차량의 유리창을 부순 다음 최루탄을 던져 넣었다. 그러면서 시위대와 육박전이 벌어졌다. 버스 한 대가 저지선 쪽으로 돌진하다가 가로수와 바리케이드를 들이받고 멈춘 순간 공수 부대원들이 차 안에 최루탄을 던져 넣고 운전수와 청년들을 두들겨 패고 찌르며 끌어냈다. 여기저기서 많은 부상자가 발생했다. 차량 시위대는 공수 부대의 차량 공격에 밀리다가 장갑차로 바리케이드를 치고 완강히 버티는 공수 부대와 맞닥뜨렸다. 공수 부대 뒤에 있던 경찰이 엄청나게 많은 최루탄을 터트렸고 공수 부대는 진압봉과 대검을 휘두르며 돌진해왔다. 비명과 함성이 끊이지 않고 피투성이가 된 부상자들이 곳곳에 널려 있었다.

그렇다고 민중이 물러서지는 않았다. 금남로뿐만 아니라 노동청 쪽과 학동 쪽, 충장로 입구도 도청 광장으로 진출하려는 인파가 길을 가득 메웠다. 이제 공수 부대와 경찰이 포위된 형국이었다. 민중은 공수 부대의 만행을 더 이상 용납하지 않고 싸우겠다는 각오와 결의에 가득 차 있었다. 군과 경찰은 최루탄과 페퍼 포그로, "우리 도청 광장으로 갑시다"라고 함성을 지르며 몰려오는 시위 군중을 간신히 막고 있었다. 시위대는 필사적으로 막는 공수 부대의 금남로 저지선을 뚫지 못하자 노동청 쪽을 공략했다. 시위대는 탈취한 10여 대의 고속버스를 앞세우고 전진했다.

밤 9시가 지났을 때 시위 차량들이 총공세를 펼쳤다. 그때 경찰 저지선으로 버스 한 대가 돌진했다. 경찰의 최루탄이 버스 안에서 터지자 놀란 기사가 운전대를 놓치고 뛰어내리면서 벌어진 사태였는데, 경찰관 4명이 버스에 깔려 숨지고 5명이 중경상을 입는 참사가 발생했다.

뜻밖의 불행한 사고가 발생한 후에도 광주는 온통 사람 물결이었고 시위대로 들끓었다. 이날 밤 한 여성이 용달차에 매단 스피커로 "광주를 지키자"고 외쳤다. 젊은 여성은 지칠 줄 모르고 "살인마 전두환은 물러가라" 등을 계속 외쳤다. 밤하늘 아래에서 시위대뿐만 아니라 경찰 등 진압 부대의 심금도 울리고 온몸에 짜릿짜릿한 전율이 일게 하는 선동적인 외침이었다. 대단한 선동가로 두고두고 화제의 인물이 된 이 여성은 32세의 전옥주(본명 전춘심)였다.

밤 9시 50분쯤 광주 MBC 방송국에서 갑자기 불기둥이 치솟아 방송국을 태워버렸다. 말도 안 되는 거짓 방송을 내보내 시민들의 분노를 산 것이다.● 광주 KBS 방송국 건물도 "전두환 꼭두각시 방송국"이라는 비난을 받으면서 다음 날 새벽 불길에 휩싸였다.

20일 밤 9시 이후 항쟁은 더 격렬해졌다. 19, 20일 시위 상황은 김영택 책에 많이 의존했는데 20일 밤 9시부터 21일에 걸친 시위 부분은 다른 자료를 참고하면서 많은 부분 김 기자 책을 요약하는

● 시민들이 광주 MBC에 불을 지른 것으로 알려져 있지만, 그날 불을 지른 건 시위 군중이 아니라는 주장도 있다. 몇몇 광주항쟁 참가자는 1989년 2월 국회 청문회에서 '시민들은 광주 MBC에 몰려가 광주의 실상을 사실 그대로 보도할 것을 요구했다. 그렇지만 MBC 측은 이를 거부하고 오히려 1층 셔터를 내렸다. 그 때문에 옥신각신하고 있을 때 방송국 안에서 펑 하는 소리와 함께 불이 났고, 시민들이 셔터를 부수고 들어갔을 때에는 이미 불에 타고 있었다'고 주장했다.

불에 탄 광주 MBC 방송국. 사진 출처: 전남대학교5·18연구소

방식으로 얘기하고자 한다.

밤 9시로 통행금지 시간이 앞당겨졌지만 시위는 더 격화됐다. 광주역 부근에선 시위대가 드럼통에 휘발유를 넣어 불을 붙인 다음 굴려 보냈다. 화물차와 버스로 돌진하는 경우도 많았다. 공수 부대 차량이 시위대의 공격을 당하기도 했다. 밤하늘에 울리는 전옥주의 애잔한 목소리는 시위대를 사로잡는 것 같았다.

─── 격화되는 항쟁에 공수 부대는 어떻게 대응했나.

밤 10시경 공수 부대가 시위대에 포위돼 위급하다는 급보를 받은 최세창 3공수여단장은 광주역에 집결한 다음 전남대로 철수하게 했다. 얼마 후 최세창은 불가피하게 사용할 때에는 사전에 보

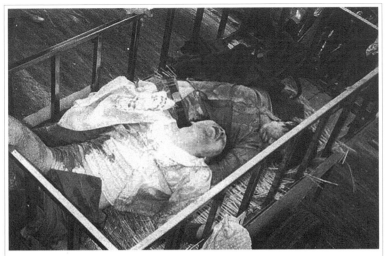

5월 20일 밤, 광주역 부근에서 사망한 시신들. 사진 출처: 전남대학교5·18연구소

고하라는 지시와 함께 실탄을 나눠줬다. 밤 11시경 전남대 인근 광주역 앞에서 공수 부대원들이 총격을 가해 4명이 숨졌다. 공수 부대는 계속 몰려 나중에는 전남도청, 광주역, 전남대, 조선대, 광주교도소만 지켰다.

20일 자정이 지난 후에도 민중의 열기는 식을 줄 몰랐다. 세무서 부근에 왔을 때 전옥주는 "세무서도 나쁜 놈들이니 불질러버리자"고 외쳤다. 세무서도 불타기 시작했다. 밤이 깊어지면서 곳곳에서 다친 경찰, 군인들이 밀어닥치면서 도청 건물은 아수라장이 됐다.

21일 새벽 3시쯤 돼서야 함성이 약해졌다. 오전 2시 18분 시외로 통하는 전화가 모두 두절됐다. 광주 상황이 알려지는 것이 두려워 차단한 것이었다. 계엄사, 신군부는 20일 밤 9시 25분경, 서울로 이동해 주둔하고 있던 20사단을 광주에 투입하기로 했다. 다른 사

김재규 사형 확정 소식을 전한 1980년 5월 20일 자 동아일보. 대법원 전원 합의체의 판사 14명 중 6명이 소수 의견을 내고 이의를 제기했는데, 이들은 이 판결 후 강요된 사표를 내거나 재임용에서 탈락했다.

단과 달리 20사단은 소요 진압 훈련을 받은 부대였다.

20일 오후 택시, 버스, 트럭 등을 앞세운 시위대와 공수 부대의 싸움은 그야말로 시가전이나 백병전이 벌어진 것처럼 강렬했고 그런 속에서 방송국이 불타고 그랬다. 이제 시위대가 월등 기세가 오르게 된다. 그뿐 아니라 광주 전역에서 시위가 벌어지면서 공수 부대원들이 곳곳에서 위기에 처하게 됐다. 골목 같은 곳에 잘못 들어갔다가는 분노한 시민들한테 당하게 됐다. 공수 부대는 시민들을 제압하기는커녕 시민들한테 몰리고 에워싸여 주요 거점만 지키게 된다. 공수 부대로서는 최악의 밤이었다.

그런 속에서 20일 이날 전 국무위원이 일괄 사표를 냈다. 이른바 '소요 사태'에 책임을 지고 신현확 내각이 총사퇴한다는 결정을 내린 것이다. 또한 전두환이 몹시도 기다리고 기다렸던 김재규에 대한 대법원의 사형 확정 판결도 이날 나왔다. 대법원 전원 합의체의 판사 14명 중 6명이 소수 의견을 내고 이의를 제기했는데, 이들은 이 판결 후 강요된 사표를 내거나 재임용에서 탈락하며 옷을 벗게 됐고 몇몇 판사는 전두환·신군부한테 심하게 당했다.

애국가 나올 때 일제히 울린 수백 발의 총성
공수 부대, 그 직후부터 시민 정조준해 발포

─── 5월 21일은 광주항쟁에서 분수령으로 꼽히는 날 중 하나다. 21일 상황은 어떠했나.

21일 오전 6시 30분쯤, 밤새워 시위를 벌인 시민들은 커다란 태극기에 덮인 시체 두 구를 손수레에 싣고 가톨릭회관 앞에서 공수 부대와 맞섰다. 날이 밝을 무렵부터 시민들은 금남로에 모여들었다. 오전 10시 8분쯤 도청 광장에 헬기가 착륙했고, 그곳 상무관 앞 공수 부대원들에게 실탄이 지급됐다.

오전 8시경 광주에 온 20사단 지휘부 차량들은 광주공단 입구에서 시위대원 50여 명으로부터 화염병 공격을 받고 사단장 전용 지프 등 지휘부 지프 4대를 모두 뺏겼다.

오전 10시쯤 시위대는 5만 명으로 불어나 금남로 6차선을 가득 메웠다. 전날 밤에 이미 애잔한 목소리로 광주 시민의 가슴을 파고들었던 전옥주가 청바지에 빨간 점퍼 차림으로 구호를 외치면서

5월 21일, 밤새워 시위를 벌인 시민들은 커다란 태극기에 덮인 시체 두 구를 손수레에 싣고 가톨릭 회관 앞에서 공수 부대와 맞섰다. 사진 출처: 이창성 촬영, 5·18기념재단 제공

5월 21일 오전 금남로 가톨릭회관 앞. 공수 부대와 시민들이 대치하고 있다.
사진 출처: 전남대학교5·18연구소

열두 번째 마당

5월 21일 12시경 공수 부대와 시민들이 도청 앞에서 대치하고 있는 모습. 오후 1시경 도청 옥상 스피커에서 애국가가 울려 퍼지면서 수백 발의 총성이 울렸다. 금남로 일대에서 이뤄진 발포로 최소한 54명이 숨지고 500여 명이 다친 것으로 추정된다. 사진 출처: 전남대학교5·18연구소

시위대를 이끌었다. 그때 누군가가 '계엄군과 협상하자'고 외쳤다. 더 이상 희생자가 나와서는 안 된다는 뜻에서 나온 제안이었다. 시민들은 즉석에서 전옥주 등 4명을 협상 대표로 뽑았다.

4명의 협상 대표는 유혈 사태에 대한 도지사의 사과, 공수 부대 철수 등 4개 항을 가지고 도청에 가서 장형태 전남 도지사를 만났다. 장형태는 자기가 할 수 있는 건 다 받아들이고 다른 건 건의하겠다고 했다. 그렇게 해서 합의를 봤는데, 그러면 도지사가 시민들 앞에 나와서 그걸 발표해야 하는 것 아닌가. 그런데 그렇게 하지 않았다. 그렇게 되자 시민들은 다시 계속해서 공수 부대를 밀어붙

였다.

10시 45분경에는 100여 명이 화순과 나주군 남평면에 버스를 타고 가서 시위를 했고, 그 후 그중 일부는 목포 쪽으로 갔다. 시내 곳곳에는 "전남인은 궐기하라"는 대자보가 붙어 있었다.

11시 50분경 탈취한 군용 트럭에 탄 시위대원들이 군경의 저지로 물러났다. 낮 12시 58분 관광버스 2대가 도청 광장 쪽으로 질주했는데, 공수 부대 사격에 운전사가 숨졌다. 12시 59분에는 탈취한 장갑차 1대가 공수 부대 쪽으로 질주해 사병 한 명이 즉사했다. 그런 속에서 21일 오후 1시가 조금 지나서 엄청난 사건이 벌어졌다.

── 어떤 사건이었나.

광주를 그야말로 피로 물들인 대학살이었다. 오후 1시 정각으로 많은 사람이 알고 있는데 도청 옥상 스피커에서 애국가가 울려 퍼졌다. 그와 동시에 수백 발의 총성이 일제히 울렸다. 애국가에 맞춰 발포 명령을 내린 것인지를 두고 오랫동안 논쟁이 있었는데, 지금까지 명확한 자료는 나오지 않았다. 애국가가 울려 퍼지는 시간에 그렇게 많은 총성이 울렸다는 것만은 분명하다.

19일과 20일에도 공수 부대가 발포하는 일이 있긴 했지만, 그리고 공중에 쏘기도 했지만, 이렇게 수백 발을 일제히 쏜 건 21일 오후 1시 이때가 처음이었다. 집단 발포에 동요하는 듯했던 시민들은 한 10분쯤 지나자 금남로에 다시 모여들었다. 시민들과 공수 부대가 대치하는 속에서 일부 젊은 사람들이 애국가를 부르기 시작했다. 이어서 대여섯 명의 젊은이가 큰길로 뛰어나가 대형 태극기를 흔들고 "전두환 물러가라", "계엄령 해제하라" 등의 구호를 외쳤다.

5월 21일, 아세아자동차 공장에 있던 군용 지프차를 타고 시내를 돌아다니며 공수 부대의 만행을 알리고 있는 시위대. 사진 출처: 전남대학교5·18연구소

그때 다시 총성이 울리고, 구호를 외치던 젊은이 몇 명이 쓰러졌다. 사격 자세를 취하고 있던 공수 부대원들이 정조준해 집중 발포한 건데, 오후 1시에 수백 발을 공중에 쏜 것과 달리 이때는 시위대를 정조준해 발사했다.

그러자 또 다른 대여섯 사람이 이번에도 태극기를 들고 나가 흔들면서 구호를 외쳤다. 공수 부대는 또 사격을 했다. 태극기를 들고 구호를 외치던 사람들이 또 쓰러졌다. 또 다른 사람들이 다시 태극기를 들고 나가 구호를 외쳤다. 이들도 공수 부대의 총격에 쓰러졌다. 이런 일이 대여섯 번이나 거듭됐다. 순식간에 30여 명의 젊은이가 숨졌다. 믿기지 않는, 믿을 수 없는 일이 일어났다.

시위대를 향한 사격은 그 후에도 계속됐다. 오후 1시 30분경 시위 군중의 장갑차 1대가 돌진했는데, 공수 부대의 사격으로 한 청

트럭에 탄 시위대에게 박수를 보내고 있는 시민들. 사진 출처: 전남대학교5·18연구소

년이 푹 거꾸러졌다. 이 일제 사격으로 시민 1명도 숨졌다. 동구청 앞에서는 15세의 이성자 등 학생 4명, 처녀 1명, 노인 2명이 총탄을 맞고 숨졌다. 오후 3시를 전후해 도청과 금남로 일대의 빌딩 위에 많은 공수 부대 저격수들이 자리 잡은 게 눈에 띄었다.

21일 금남로 일대에서 이뤄진 발포로 최소한 54명이 숨지고 500여 명이 다친 것으로 추정됐다. 경향신문(2017년 8월 29일 자)에 의하면 21일 3공수여단과 7공수여단이 보급을 받은 실탄은 M16 소총탄 123만 발, 살상력이 큰 40mm 고폭 유탄 316발, 한꺼번에 여러 명을 해칠 수 있는 세열 수류탄 4,880발이었다. 이 중 48만 4,484발이 실제로 사용됐는데, 공수 부대원 1인당 142발을 쏜 셈이다.

── 시민들은 어떻게 대응했나.

오후 1시가 조금 지나서 광주 한복판에서 시민들을 대량 학살하는 경악할 만한 사태가 벌어지자 학생을 비롯한 젊은 사람들은 '이제 우리도 무기를 가져야 한다'고 외치면서 여러 지역으로 갔다. 일부 시위대는 10여 대의 차량에 나누어 타고 화순 탄광에 가서 다이너마이트를, 화순경찰서 무기고에서 카빈 소총 같은 걸 입수했고 나주경찰서 무기고와 여러 파출소에서 M1 소총이라든가 카빈 소총, 실탄 같은 걸 가져왔다. 또 다른 사람들은 장성, 담양, 영광, 보성, 무안, 영암, 함평, 강진, 해남, 완도, 곡성, 구례 등 전남 각 지역으로 가서 무기와 탄약을 가져왔다.

그러면서 전남 전체가 들끓게 된다. 광주 시위대가 목포에 도착하자 목포역 광장에 시민 2만여 명이 순식간에 모여들었다. 시위대가 광주로 돌아간 후 목포 시민들은 "계엄 철폐" 등을 외치면서 행진했고, 밤 9시경에는 경찰서에 가서 유리창과 기물을 부수고 경찰 트럭 1대와 호송차 1대를 불태웠다. 이곳 경찰서는 경찰들이 거의 다 광주로 징발돼 텅 비다시피 한 상태였다.

38년 만에 사실로 확인된
헬기 기총 소사

—— 시민을 겨냥한 총탄은 이날 하늘에서도 날아들지 않았나.

대량 학살을 초래한 발포가 있었던 5월 21일 오후 1시 30분경부터 2시 사이에 헬기 기(관)총 소사까지 있었다. 헬기 기총 소사는 계엄군의 발포 가운데 가장 논란이 많았다. 여기에 전두환이 '끼어

들면서' 화제가 만발하기도 했다.

전두환은 2017년 4월에 나온 회고록에서 기총 소사 장면을 봤다는 천주교의 조비오 신부나 피터슨 목사의 주장은 "헬리콥터의 기체 성능이나 특성을 잘 몰라서 하는 얘기이거나 아니면 계엄군의 진압 활동을 고의적으로 왜곡하려는 사람들의 악의적인 주장일 뿐"이라고 일축했다. 그리고 "그(피터슨)는 목사가 아니라 가면을 쓴 사탄이었다는 생각이 든다"(480쪽), "그러나 조비오 신부는 그 후에도 자신의 허위 주장을 번복하지 않았다. 미국인 목사라는 피터슨이나 조비오 신부나 '성직자'(작은 따옴표는 원문 그대로임)라는 말이 무색한 파렴치한 거짓말쟁이일 뿐이다"(484쪽)라고 썼다. 그러자 조비오(본명 조철현) 신부의 조카 조영대 신부와 5·18 단체는 '전 씨가 공연히 허위 사실을 적시했다'며 회고록이 나온 바로 그달 광주지검에 고소·고발장을 제출했다. 구체적으로 실명을 대지 않았다면 고소, 고발이 쉽지 않았을 텐데, '다행히도' 실명을 얘기해 헬기 기총 소사 재조사에 힘을 실어주고 사회적으로 그 문제를 부각할 수 있는 좋은 기회를 제때에 비가 오듯이 그야말로 적시에 전두환 스스로 제공해줬다.

조비오 신부는 1989년 2월 국회 광주특위 청문회나 같은 해 MBC에서 방영한 〈어머니의 노래〉에 나와서 "옛 전남도청 쪽에서 사직공원 쪽으로 헬기가 날아가면서 번쩍이는 불빛과 함께 연속 세 차례에 걸쳐 지축을 울리는 기관총 소리가 들렸다"고 증언했다. 그 후에도 조 신부는 언론 등에 헬기 기총 소사가 틀림없는 사실이라고 강조했다. 헬기 기총 소사는 1980년 5월 21일 가톨릭 신부들이 남동성당에 모여 계엄군 총칼에 시민이 죽어나가는 상황에 대한 가톨릭 차원의 대응책을 논의한 후 성당을 나왔을 때 조 신부뿐만 아니라 다른 신부들과 신도들도 보고 경악을 금치 못한 사항이었다.

고소·고발 후 검찰이 여러 차례 소환장을 보냈으나 전두환은 응하지 않고 혐의를 부인하는 취지의 진술서를 검찰에 제출했다. 전두환은 회고록에서 여섯 쪽에 걸쳐 헬기 기총 소사는 없었고 있을 수도 없는 일이라고 중언부언 늘어놓았으나, 그 자신이 '파렴치한 거짓말쟁이일 뿐'이라는 증거가 점점 더 나옴으로써 '가면을 쓴 사탄'임이 분명해지고 있다. 검찰은 38년 동안이나 헬기 기총 소사 문제로 씨름하고 있었는데, 1995년에 '무장 헬기 및 전차를 동원해 시위대를 진압하라는 지시는 있었으나 헬기 사격은 없었다'고 잠정 결론을 내린 바 있었다. 그러나 전두환 회고록이 나올 무렵부터 다시 조사에 속도를 내게 됐고, 해당 재판부도 전두환에게 유죄를 선고했다.

── 헬기 기총 소사 의혹, 어떤 과정을 거쳐 사실로 확인됐나.

2017년 1월 도청 부근 전일빌딩에서 185곳의 탄흔이 발견되면서 1~2명이 헬기에서 M16 소총 사격을 했을 가능성이 있는 것으로 추정됐다. 그것에 이어 5·18기념재단은 계엄군이 공격용 헬기에서 발사했을 것으로 보이는 탄피를 국립과학수사연구원에 보낸 결과 그 탄피가 M61 20mm 기관총 탄피일 가능성이 크다는 구두 답변을 2017년 2월 들었다. 그해 4월 국립과학수사연구원 김동환 총기안전실장이 전일빌딩 10층에서 발견된 탄흔을 분석한 결과를 밝혔다. 김 실장은 그 탄흔이 헬기 소총 사격으로 생겼다고 볼 수 없으며 "헬기 창문에 거치된 기관총을 사용하지 않았을까 추정된다"고 설명했다. 커다란 진전이었다.

사실 헬기 기총 소사 가능성은 그 이전의 증언을 통해서도 제기됐다. 조비오 신부가 광주 MBC에서 만든 〈어머니의 증언〉에서 헬기 기총 소사를 얘기하자 헬기 조종사 등 17명은 조 신부 등을 검찰에 고소했다. 그런데 한겨레신문이 확보한 자료에 의하면 이들이 낸 고소장에 기총 소사가 있을 수도 있다는 정황이 담겨 있었다. 이들이 모두 사격은 하지 않았다고 주장했으나 1980년 5월 21일부터 28일까지 공중 엄호 비행 임무를 맡으며 20mm 벌컨 고폭탄을 적재했다거나 7.62mm 기관총 2,000발로 무장했다고 진술한 것이다.

진실은 2018년 2월에 밝혀졌다. 국방부 5·18 민주화 운동 특별 조사위원회는 그해 2월 7일 "(19)80년 5월 21일부터 계엄사가 여러 차례 헬기 사격을 지시한 사실을 확인했다"며 "5월 21일과 27일 광주에 출동한 40여 대의 헬기 중 일부 공격 헬기 500MD와 기동 헬기 UH-1H를 이용해 시민들을 상대로 여러 차례 사격을 가하였다"고 밝혔다. 그리고 "5월 21일 옛 전남도청 인근과 광주천을 중심으로 헬기 사격을 해 시위 군중을 강제로 해산시켰다"고 밝혀 조비오 신부 증언이 정확했음을 입증했다.

이 위원회는 비무장 광주 시민들에게 헬기 사격을 가한 것은 "무장 시위대에 대한 자위권 차원의 발포였다는 계엄군 주장을 뒤집는 증거로, 비인도적이고 적극적인 살상 행위"였으며 "계획적·공세적 공격"이라고 지적했다. 또 5월 27일 옛 전남도청 진압 작전 때 헬기 사격은 집단 살해 내지 양민 학살이었다고 설명하고 "대량 살상 능력을 갖춘 공격용 코브라 헬기에서도 벌컨포를 사격했을 가능성 역시 매우 높다"고 밝혔다. 베트남전쟁에서 있었던 일이 광주에서 일어난 것이다.

미국도 헬기 사격을 알고 있었다. 경향신문(2018년 2월 23일 자)에 의하면 1980년 6월 10일 미국 국무장관에게 보낸 전통문에는 미국인이 5월 21일 직접 본 목격담이 들어 있다. 거기에는 "군중들은 해산하지 않으면 헬기들의 공격을 받을 것이라는 경고를 받았고, 실제로 사격이 가해지자 엄청난 분노가 일었다"고 쓰여 있다.

── 헬기 기총 소사 명령, 어떤 경로로 내려온 것인가.

국방부 특별조사위원회는 "5월 21일 아침 8시에 (최고 경계 태세인) '진돗개 하나'가 발령됐다"고도 밝혔다. 진돗개 하나는 접적接敵, 즉 적을 앞둔 상황을 가정한 것으로 "비정상적인 명령 계통에 따라 일어났다"고 지적했다. 5월 20일 밤 10시가 지나서 전두환 측근인 최세창 3공수여단장이 실탄을 분배하고 그 후 시민 4명이 사격으로 사망했는데, 3공수여단은 윤흥정 전투교육사령관이 총소리를 듣고 문의하자 '공포 사격'이라며 발포 사실을 숨겼다. 그런데 한겨레신문(2017년 4월 22일 자)은 이것이 보안사-특전사-공수여단으로 지휘가 이뤄졌다는 의혹과 맞물려 있다고 보도했다. 5월 21일에 이뤄진 헬기 기총 소사도 비선 지휘 계통과 관련이 있는지 여부가 논의돼야 할 것이다.

국방부 특별조사위원회는 신군부 실세 중 한 명으로 1980년 당시 계엄사 부사령관이었던 황영시가 5월 23일 김기석 전교사 부사령관에게 무장 헬기 UH-1H 10대, 500MD 5대, 코브라 2대 등을 투입해 신속히 진압 작전을 수행하라는 취지의 명령을 하는 등 5월 20~26일 네 차례에 걸쳐 헬기 작전을 지시했다고 밝혔다. 황영시는 5월 22일께 김순현 전교사 전투발전부장에게 "무장 헬기 2대를 광주에 내려 보내니 조선대 뒤쪽의 절개지에 위협 사격을 하라"고 명령했고 103항공대장과 506항공대장에게 각각 "코브라로 광주천을 따라 사격하라", "광주천에 무력 시위를 하라"고 명령했다.

— 헬기 기총 소사 수준을 넘어 전투기까지 동원하려 했다는 의혹도 있지 않나.

1980년 5월 21일 또 하나의 상황이 있었다. 2007년에 나온 국방부 과거사위 보고서에 따르면, 5월 21일 오후 4시경 육군기갑학교장 이구호 준장은 황영시 계엄사 부사령관 겸 육군 참모차장으로부터 전차를 동원하라는 전화를 받았다. 이구호 준장은 '동원을 요청하려면 정식 지휘 계통을 통해 명령하라'고 하면서 거절했다. 그러자 황영시가 "이 자식, 전차포를 쏘면서 밀고 들어가면 되는 것 아니냐"고 소리쳤다.

헬기 기총 소사가 2018년에 와서야 사실이라는 것이 명확히 밝혀지면서 공군의 광주 폭격 계획 문제도 떠올랐다. 국방부 특별조사위원회가 헬기 기총 소사 진상 조사 결과를 발표하기 약 반년 전인 2017년 8월 JTBC는 수원 제10전투비행단에서 근무했던 김 모씨가 1980년 5월 21일에서 22일 사이에 비행단 전체에 출격 대기 명령이 내려졌다고 증언하는 것을 내보냈다. 김 씨는 "MK-82 500파운드 두 발 장착하고 공대지(지상 공격) 무장을 한다는 건 어딘가

● 김기석은 법정에서 이에 대해 증언한 바 있다. 1996년 7월 15일 법정에서 김기석은 1980년 5월 20일부터 26일 사이에 황영시가 네 차례에 걸쳐 전화로 "전차와 무장 헬기를 동원해 진압하라"고 질책했다고 증언했다. 김기석은 황영시와 통화한 내용을 적어둔 1980년 당시 메모지도 제시했다. 황영시는 이를 부인했다.

를 직접 공격한다는 거예요"라며 "광주로 출격한다는 것까지는 알고 있었어요"라고 말했다. 이미 1995년에 《5·18 광주사태》라는 책을 출간해 헬기 사격을 주장했다가 전두환으로부터 졸지에 "목사가 아니라 가면을 쓴 사탄", "'성직자'라는 말이 무색한 파렴치한 거짓말쟁이"라는 지독한 욕을 먹은 피터슨 목사 역시 《5·18 광주사태》에 광주 공군 기지에 있는 미군 데이브 힐로부터 "한국 공군이 공격의 일환으로 도시에 폭탄을 떨어뜨릴 계획을 세웠다"는 것을 들었다고 썼다.

수원 제10전투비행단에서 전투기들의 '공대지' 폭탄 장착 대기, 사천 제3훈련비행단에서 공격기들에 대한 '이례적인' 공대지 폭탄 장착 사실은 확인됐다. 이례적이라고 한 것은 공군 전투기의 경우 북한 전투기 남하를 막기 위해 기본적으로 '공대공' 무장을 하고 대기하기 때문이다. 국방부 특별조사위원회는 2018년 2월 7일 "현재로서는 그것이 광주를 폭격하기 위한 것이라는 명확한 근거 자료는 발견하지 못했고, 통상의 조치가 아닌 비상 조치였다는 사실까지는 확인했다"고 밝혔다.

이처럼 1980년 5월 21일에는 공수 부대의 정조준 사격, 헬기 기총 소사 등 시민을 향한 발포가 본격적으로 일어났다. 그러자 광주 시민들은 전남 전 지역으로 나아가 무기를 확보했고, 그러면서 이제는 광주뿐만 아니라 전남 전체가 들끓는 상황으로 변하게 된다. 그리고 그렇게 무기를 확보하면서 시민군이 등장하게 된다.

한편으로는 계엄군 철수 후 광주 봉쇄,
다른 한편으로는 자위권 담화문 발표

— 나라를 지키라고 시민이 낸 세금으로 무장을 갖춘 군대가 정당한 요구를 하는 시민들에게 총부리를 들이댄다는 건 있을 수 없는 일이다. 그것 자체도 말이 안 되는 일이지만, 애국가가 집단 발포의 신호탄 아니었느냐는 논란을 군이 자초한 것도 서글픈 일이다. 애국가를 부르며 태극기를 들고 거리에 선 시민들이었다는 점에서 더욱 그러하다. 뼈아픈 잘못을 다시는 저지르지 않도록 군 내부에서도 이러한 것들을 사실 그대로 명확히 교육해야 할 터인데, 과연 그렇게 하고 있는지 의문이 든다. 다시 돌아오면, 21일 오후 계엄군이 본격적으로 시민을 겨냥해 발포한 후에도 항쟁의 불길이 사그라지지 않으면서 상황은 중대한 변화를 겪게 되지 않나.

계엄군은 21일 오후 광주 시내에서 물러선다. 오후 5시 25분 도청 직원들이 뒷담을 넘어 철수했다. 5분 후인 5시 30분에는 7공수여단, 11공수여단 병력이 도청에서 장갑차를 앞세우고 조선대 캠퍼스로 철수하거나 시 외곽으로 빠져나갔다. 조선대로 갔던 11공수여단 일부 병력은 그다음 날 아침 외곽으로 철수했다. 3공수여단 병력은 오후 4시 30분쯤 전남대에서 출발해 광주교도소로 이동, 교도소 경비 임무를 맡게 된다. 시내에서 철수한 공수 부대를 비롯한 47개 대대, 2만 317명의 계엄군은 송정리 방면의 화정동 등 7개 외곽 지점을 거점 삼아 광주를 봉쇄하는 작전에 돌입했다. 광주를 외부로부터 완전히 고립시키겠다는 것이었다.

이희성의 담화문이 실린 1980년 5월 22일 자 동아일보. 이날 계엄사 발표는 악의적이고 악랄한 허위 사실, 중상모략으로 가득 차 있었다.

계엄군이 물러나면서 도청 건물은 텅 빈 상태가 됐다. 시위대는 공수 부대가 철수했다는 사실을 오후 8시쯤에야 알고 도청에 들어갔다. 이로써 광주는 정부의 통치를 벗어난, 치안 및 행정 공백의 '해방구'라고도 불리는 상황에 들어가게 된다.

이날 오후 7시 30분 계엄사령관 이희성은 TV와 라디오를 통해 담화문을 발표했다. 그런데 그 내용이 광주 시민들의 분노를 한층 더 크게 했다.

── 담화문에는 어떤 내용이 담겨 있었나.

이희성은 담화문에서 "지난 18일 수백 명의 대학생들에 의해

재개된 평화적 시위가 오늘의 엄청난 사태로 확산된 것은 상당수의 타 지역 불순 인물 및 '고첩'들이 사태를 극한적인 상태로 유도하기 위하여 여러분의 고장에 잠입, 터무니없는 악성 유언비어의 유포와 공공시설 파괴, 방화, 장비 및 재산 약탈 행위 등을 통하여 계획적으로 지역감정을 자극, 선동하고 난동 행위를 선도한 데 기인된 것입니다", 이렇게 얘기했다. '고첩'은 고정 간첩의 준말이다.

담화문을 계속 보면, 아래쪽에 '경고'라고 해놓고는 첫 번째로 이렇게 밝혔다. "지난 18일에 발생한 광주 지역 난동은", 앞에서는 평화적 시위라고 해놓고 여기서는 난동이라고 했는데, "치안 유지를 매우 어렵게 하고 있으며 계엄군은 폭력으로 국내 치안을 어지럽히는 행위에 대하여는 부득이 자위를 위해 필요한 조치를 취할 수 있는 권한을 보유하고 있음을 경고합니다."

조선일보는 이런 기사도 내보냈다. "계엄사가 확인한 바에 의하면 소요가 악화돼 극심한 난동 현상을 보이고 있는 현상은 서울을 이탈한 학원 소요 주동 학생 및 깡패 등 현실 불만 세력이 대거 광주에 내려가 사실무근한 유언비어를 날조하여 퍼트린 데 기인됐다고 했다." 그러고는 유언비어라는 것을 열거했다.

— 왜 이 시점에 이런 담화문을 발표했다고 보나.

이날 계엄사 발표는 악의적이고 악랄한 허위 사실, 중상모략으로 가득 차 있었다. 사실과 달라도 너무 달랐다. 이것이 5월 18일 오전부터 있었던 광주사태·광주항쟁에 대한 최초의 공식 발언이었다. 대통령도, 국무총리도 살아 있고 계엄사령관이라는 자도 있는데 그동안 침묵으로 일관하다가 광주에서 엄청난 유혈 참극과 항쟁이 있은 지 만 3일이 지난 21일 오후 7시 30분이 돼서야 입을 뗀 것이다.

이유는 간단하다. 광주에서 일어난 유혈 참극과 엄청난 항쟁은 권력에 대한 탐욕으로 제정신이 아니었던 군부가 민주주의를 파괴하고 헌정을 짓밟으면서 쿠데타를 일으켰고, 그것에 이어 '위력 과시'를 위해 과잉 진압 작전을 펴면서 일어난 것이기 때문이다. 대통령이나 국무총리, 국무위원들은 이러한 국가 비상사태에서 허수아비나 다름없었다. 계엄사·신군부는 국민이 광주의 진실을 알게 되면 권력 찬탈이 난관에 부딪힐 수 있다고 보고 아예 모든 언론의 입을 봉쇄했다. 그래서 '지하 뉴스'를 빼놓고는 어떤 사실도 알려질 수 없었다. 그렇게 해놓고 자신들도 입을 꽉 다물었던 것이다. 그러고는 21일 오전 2시 18분 광주를 외부와 완전 차단했다. 그런데 그날 오후 1시가 조금 지나서 시내 한복판에서 엄청난 학살을 저질렀으니, 그것에 대해 계엄사·신군부는 국민을 기만하는 내용이지만 어쨌든 뭐라고 얘기를 안 할 수 없었다.

광주유혈사태·광주항쟁 이후 처음 나온 계엄사령관 발표였는데도 계엄사는 신문에서 4단 이상 보도하지 못하게 했다. 조간인 조선일보를 보면 5월 22일 자에서 사이드 톱으로 '광주 일원 소요사태'라고 4단으로 제목을 뽑았다. 그 아래에 4단으로 "고정 간첩 침투 선동"(따옴표는 원문 그대로임)이라는 4단 제목으로 담화문을 실었다. 톱기사는 21일 오후 발표된 내각 교체였다.

광주에서 일어난 유혈 참극과 광주항쟁은 1980년대 최대 뉴스라고 얘기할 수도 있는 대형 사건으로 정치면, 사회면 톱기사 등 여러 면에 걸쳐 대대적으로 보도하는 게 상식인데도 왜 4단으로 제한했을까. 그 이유도 자명하다. 광주유혈사태·광주항쟁을 축소 보도해 별것 아닌, 4단짜리에 지나지 않는 뉴스에 불과하다고 억지를 부림과 동시에, 자세히 보도되면 한 줄이라도 진실이 담길 수 있을 테니까 그것을 봉쇄하기 위해 자신들이 준 내용만 싣게 한 것이다.

— 신군부가 광주항쟁 대응 방안에 관한 포석을 놓는 의미도 있지 않았나.

이날 담화문의 주요 내용은 이제는 이른바 자위권을 발동하겠다는 것, 바로 그것이었다. 이 자위권이라는 게 언제 발동됐느냐에 대해서는 증언이 엇갈린다. 하여튼 20일 밤 최세창의 3공수여단의 사격으로 4명이 사망했고, 21일 오후 1시에 애국가가 나올 때 수백 발의 총성이 울렸고 그로부터 10여 분쯤 후부터 시민을 정조준한 발포가 본격적으로 이뤄지면서 사람들이 막 죽어가지 않았나. 그것과 관련돼 나온 것은 분명하다.

자위권 문제에 대해서는 김영택 박사가 재향군인회에서 낸 《12·12, 5·18 실록》 등을 중심으로 쓴 글을 참고할 만하다. 군의 발포는 5월 19일 오후에도 있었지만 특히 20일 저녁 이후 3공수여단이 발포해 인명을 살상한 것은 중대한 문제였다. 그뿐 아니라 20일 계엄군이 시위대에 몰리는, 군부로서는 상상할 수 없는 사태가 일어나자 21일 새벽 4시 40분부터 1시간가량 계엄사령관 등 계엄사 간부들이 회의를 열었지만 자위권 발동을 결정하지는 않았다.

그러나 21일 오후 1시 이후 발포는 성격이 달랐다. 이 발포는 전두환, 노태우, 황영시, 정호용 등의 비선 라인과 관련이 있을 것이라는 의혹을 지우기 어려운데, 가장 중요한 결정은 오후 2시 35분 회의에서 이뤄졌다. 이 회의에 참석한 전두환, 정호용, 황영시 및 이희성, 국방부 장관 주영복 등은 자위권 발동 및 공수 부대의 시 외곽 이동을 결정했다. 이 결정에는 20일 밤 3공수여단 실탄 분배부터 21일 오후 1시 이후 학살까지를 정당화하고 그것에 대한 책임을 호도, 회피, 은폐하기 위한 의도가 있을 것이다. 오후 4시 35분경에는 이희성과 군 최고 수뇌부, 정도영 보안사 보안처장 등이 모여 자위권 발동, 공수 부대 철수 실행 방안을 구체화했다. 이 부분에 대해서는 나중에 전두환 등 비선 라인을 언급할 때 다시 다루려한다.

—— 21일 계엄사령관 담화문은 광주 시민들에게 어떤 영향을 줬나.

계엄사령관 담화문은 들끓는 광주에 기름을 끼얹은 격이었다. '광주에서 이런 엄청난 항쟁이 일어난 것이 타 지역 불순 인물 및 고정 간첩들 때문이다'라는 건 말이 안 되는 정도가 아니었다. 조선일보는 "고정 간첩 침투 선동"이라고 제목을 뽑지 않았나. 이렇게 간첩 선동으로 몰아붙인 것은 그야말로 광주항쟁을 박정희 정권이 1970년대에, 그중에서도 특히 유신 시기에 많이 사용했던 방식으로 어느 쪽으로 몰고 가는 것 아니냐는 생각을 갖게 한다. 왜 광주항쟁이 일어났는가, 광주항쟁에서 시민들이 어떻게 싸워왔는가, 파시스트 유신 잔당이 민주주의를 파괴하고 헌정을 유린하면서 권력을 어떻게 찬탈하고 있는가, 공수 부대는 어떻게 만행을 저질렀는가, 이러한 것과는 정반대 방향으로 일방적으로 몰아간 것 아닌가. 박정희 유신 권력이 많이 사용했던 것과 유사한 방식으로 그렇게 몰고 갔으니 광주 시민들로서는 더 큰 분노를 느낄 수밖에 없었다.

거기에다가 재산 약탈 행위도 있다? 광주에서 그렇게 큰 항쟁이 일어났지만 재산 약탈 행위라고 볼 만한 일은 없었다. 공공시설 파괴, 방화라는 것도 MBC, KBS 등이 도무지 있을 수 없는 터무니 없는 왜곡 방송을 한 것에 대한, 계엄사와 정부 쪽의 일방적인 왜 곡 선전, 악의적인 선전을 앵무새처럼 그대로 전한 것에 대한 분노 가 폭발해 일어난 일이었다. 그리고 공공건물 중에서도 예컨대 경 찰서, 파출소처럼 전두환·신군부 권력을 뒷받침하는 역할을 하는 건물에 대해 파괴, 방화가 있었지, 그렇지 않은 일반 공공시설은 잘 보호하고 있었다. 그런데 이런 식으로 계엄사에서 몰아붙이고 있었 으니 광주 사람들로서는 분노와 함께 답답함, 우려 같은 걸 갖지 않 을 수가 없었다.

한편 최규하는 21일 오후 국무총리 서리에 박충훈을 임명하는 등 개각을 단행했다.

수습위원회와 시민군의 고민,
총을 계속 들 것인가 내려놓을 것인가

광주항쟁, 열세 번째 마당

시민군이 탄생하고
광주 공동체가 형성되다

김 덕 련 1980년 5월 21일 오후 계엄군이 광주 시내에서 철수하면서 광주 시민들은 새로운 상황을 맞이하게 된다. 그렇지만 계엄군의 철수는 일시적인 것이자, 광주를 철저히 봉쇄해 고립시키는 동시에 폭도라는 누명을 뒤집어씌우는 고약한 선동 작업을 수반한 것이었다. 이러한 상황에서 광주 시민들은 어떤 모습을 보였나.

서 중 석 5월 22일, 최정운 교수가 말한 광주 공동체에서 시민군이 본격적으로 활동하게 된다. 시민군은 카빈, M1 등 낡고 빈약한 소총으로 무장했는데, 그러한 시민군을 처음에 이끈 건 20세의 김원갑이었다. 청소년티를 이제 막 벗은 이 사람은 무장한 시위대원들에게 '대열을 정비하자'고 역설하면서 몇몇 젊은이와 함께 우왕좌왕하는 젊은 사람 500여 명을 시민군으로 편성했다. 이 무장 시위대를 이끌고 22일 아침 8시 30분경 도청에 들어갔다. 무장대 대장이 된 것이다.

　김원갑이 시민군을 이끄는 역할을 오랫동안 한 건 아니다. 22일 오후 학생수습대책위원회에서 '시민군 지휘권을 학생수습대책위원회 김창길 위원장한테 넘겨라'라고 하자 김원갑은 바로 넘겼다. 김창길은 전남대 학생으로 도청 광장에서 열린 시민대회에서 대학생들이 나서서 수습하겠다고 주장했다. 그러면서 오후 6시쯤 학생수습대책위원회가 구성됐다. 계엄군이 물러난 후 잠깐 공백기를 맞이하게 되는데, 22일 도청에서 만들어진 학생수습대책위원회가 치안 등 자치 업무를 맡으며 일정한 역할을 했다. 광주 공동체의

시 외곽에 주둔 중인 계엄군의 동태를 살피고 도청으로 돌아오고 있는 시민군. 사진 출처: 전남대학교5·18연구소

자치 시대가 열린 것이다.

　5월 22일 "민주 시민들이여! 더욱더 힘을 내자! 승리의 날은 오고 만다"로 시작되는 《투사회보》 제2호가 배포됐다. 《투사회보》에는 '오후 6시경 공수 부대 금남로에서 조(선)대로 이동' 등 21일 소식도 들어 있어 정보에 목말랐던 시민들의 환영을 받았다. 가톨릭센터 부근에는 '지방색이 웬 말이냐'라고 하면서 지방색을 비판하는 표어도 붙었다. 한때 '경상도 군인이 전라도 씨를 말리러 왔다'는 소문이 나돌았는데, 학생들은 21일에도 지역감정을 차단하기 위해 스피커로 시위대에 호소한 바 있었다.

　이날 광주 시내 각 병원은 부상자로 가득 찼다. 말 그대로 초만원이었다. 특히 총상 환자들이 주요 병원을 다 채우다시피 했다. 21일 계엄군이 시민을 정조준해 본격적으로 발포하기 시작하면서 그

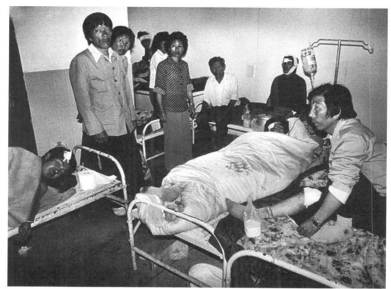

부상자들로 가득 찬 병원.

시위대의 무료 급식을 위해 거리에서 밥을 짓고 있는 여성들. 사진 출처: 전남대학교5·18연구소

열세 번째 마당

렇게 된 것이다. 그전에도 수많은 부상자가 병원을 찾았지만, 그때는 총상 환자보다는 군홧발에 짓밟힌 사람, 진압봉이나 개머리판으로 두들겨 맞은 사람, 대검에 찔린 사람이 많았다.

이렇게 병원에 환자들이 넘치고 또 개중엔 중상자가 많다 보니까 의약품은 물론이고 혈액도 모자라는 상황이 발생했다. 그래서 차로 시내 각지를 돌며 스피커로 헌혈을 호소하고 그랬는데, 수많은 광주 시민들이 자발적으로 동참했다. 병원에 직접 찾아와 자기 피도 뽑아서 써달라고 요청한 사람이 많았다.

그런 가운데 많은 부녀자들이 밥통, 바구니 같은 걸 들고 도청에 왔다. 밥, 반찬, 국 같은 걸 마련해 식사를 제공한 것이다. 계엄 당국에서는 폭도 운운했지만, 이 시기에 광주 시민들이 상점에서 훔치기 위해 물건을 탈취한다거나 하는 일은 거의 일어나지 않았다. 시민군을 비롯해 항쟁 편에 서서 싸우는 사람들에게 그야말로 자발적으로 이렇게 밥도 지어주고 그랬다.

── 그런 속에서 이 엄중한 상황을 수습하기 위한 움직임이 여러
　　갈래로 나타나지 않았나.

22일 정시채 전남 부지사가 도청에 나와 이종기, 이기홍, 조철현(조비오), 최한영, 윤영규 등 각계 인사들과 사태 수습책을 논의했다. 정시채는 윤공희 대주교에게도 참석을 요청했다. 15명으로 구성된 수습위원회는 윤 대주교를 위원장으로 선출했으나, 윤 대주교는 위원장을 고사하고 조철현 신부에게 임무를 대신 수행하도록 한 다음 돌아갔다. 그러면서 이종기 변호사를 위원장으로 하는 광주사태수습대책위원회(시민수습대책위원회)가 구성됐다. 이들은 사태 수습

전에 군을 투입하지 말 것, 연행자를 전원 석방할 것 등 온건한 7개 항을 가지고 상무대로 갔다. 그렇지만 소준열 전남북 계엄분소장은 협상 자체를 거부했다. 수습위원들은 빈손으로 되돌아왔다.

이날 오후 도청 광장에서는 시민대회가 열렸다. 도청 광장과 금남로를 가득 메운 인파가 추도식 거행 등을 하고 있는데 수습위원들이 들어왔다. 수습위원 중 유신 체제에서 무소속으로 국회의원에 출마한 적이 있는 장휴동이 마이크를 잡고 "이런 식으로 하면 폭도밖에 안 됩니다. 빨리 무기를 반납하고 치안 질서를 경찰에 넘겨야 합니다"라고 말하자 사람들이 웅성거렸다. 한 청년(김종배)이 올라와 마이크를 빼앗았다. 이종기 위원장이 단상에 올라가 "한마디로 아무것도 성의 있게 논의된 것이 없고 따라서 합의된 게 아무것도 없다"고 보고했다. 그러자 한 시민군이 공포를 쐈고 시민들은 야유를 했다.

그러한 가운데 바로 22일부터 전날 전남 각지에서 가져온 무기 문제가 가장 중요한 최대 현안으로 등장하게 된다. 시민수습위원들은 희생을 줄이기 위해서는 무기 반납이 우선돼야 한다고 주장했다. 학생들 사이에서도 그런 의견이 많았다. 그러면서 이날 오후 5시 30분까지 무기 200여 정을 회수하게 된다.

22일 이날 총리 서리 박충훈이 광주로 내려왔다. 박충훈은 신현확 내각이 총사퇴하면서 21일 오후 새로 총리 서리로 임명됐는데, 광주에 와서 자기가 얼마나 무력한 존재인가를 드러냈다. 그런 사람이니까 이 시기에 그런 자리에 임명한 것 아니겠나 하는 생각도 든다.

'전라도 싹쓸이' 발언 의혹 정호용,
왜 거듭 광주에 내려왔을까

— 총리 서리라는 중책을 맡고 광주에 갔으면 시민들의 목소리를
듣는 것이 기본일 터인데 실제로는 어떠했나.

박충훈은 임명장을 받자마자 청와대 뒤뜰에 대기 중이던 헬리
콥터에 올라타고 몇몇 장관들과 함께 광주로 왔다. 그런데 이 사람
은 자기 회고록에 이렇게 썼다. "내키지 않는 이 길을", 광주로 가는
길을 말하는데, "안 갈 수도 없는 내 처지가 안타까웠다." 정말 가고
싶지 않은데 억지로 갔다는 얘기다. 그렇게 해서 갔는데, 가서 시민
들의 목소리를 듣거나 현장 상황을 직접 파악한 것도 아니었다. "현
지 지휘관의 건의에 따라 광주 시내에 내리지 않고 인근 송정리에
착륙했다. 현지 파악을 내 눈으로 하겠다는 당초의 계획을 바꿔야
만 했다."

그러고는 이렇게 썼다. "그 후 언제 준비된 것인지 모르지만
아침에 청와대에서 건네받은 담화문 원고대로 녹음해 현지와 서울
서 모두의 자제를 호소했다." 여기서 현지는 광주를 말한다. 온 것
도 억지로 왔고, 거기에다가 남이 써준 걸 읽는 그런 총리 서리였다.

광주 시민들은 '이런 시기에 총리 서리가 된 사람이 오죽하겠
느냐'고 보고 기대도 안 했다. 그렇기는 했지만 박충훈 국무총리 서
리 특별 담화는 다시 한 번 정부를 불신케 했고 총기 자진 수거 작
업에 치명적인 역효과를 가져왔다고 5월 25일 광주사태수습대책위
원회에서 발표하는 것을 볼 수 있다. 정말 매가리 없는 짓을 억지
로, 남이 시킨 대로 박충훈이 한 것이다.° 그런데 박충훈의 광주 방

박충훈 국무총리 서리가 헬리콥터를 타고 광주에 도착해 이동하고 있다. 정웅에 의하면 이날 정호용 특전사령관도 광주에 은밀히 내려와 박충훈이 참석한 간담회에서 '전라도 싹쓸이' 발언을 했다고 한다. 사진 출처: 국가기록원

문과 관련해 나중에 또 다른 논란이 생기게 된다.

─── 그게 무엇인가.

광주항쟁 당시 31사단장이었던 정웅의 주장에 의하면, 이날 정호용 특전사령관이 광주에 은밀히 내려왔는데 박충훈 총리 서리도

박충훈이 읽은 특별 담화에는 '난동자는 소수에 불과하다', '소수의 폭도에 휩쓸리지 말라' 등 광주 상황을 왜곡하는 주장이 담겨 있었다. '북괴가 광주사태를 악용해 남침하거나 후방에 침투할 우려가 있기 때문에 정부가 무한정 방관할 수는 없다'며 안보 위협을 과도하게 부각하는 상투적인 방식으로 정부가 무력 진압을 위한 수순을 밟고 있음을 내비치는 부분도 있었다. 아울러 박충훈은 "일부 불순분자들이 관공서를 습격, 방화하고 무기를 탈취해서 군인들에게 발포했음에도 불구하고 군은 정부의 명령 때문에 시민에게 발포하지 못하고 반격을 하지 못하여 울화통이 터지는 상태에 놓여 있는 것 같다"는 궤변도 늘어놓았다. 이 특별 담화는 현지 상황을 직접 파악한 결과라는 명목 아래 22일 오후 7시 20분 TV와 라디오를 통해 전국에 중계됐다.

만났다고 한다. 그런데 박충훈이 참석한 간담회에서 정호용이 '전라도 싹쓸이' 발언을 했다고 정웅은 주장했다.

정호용은 이걸 부인했다. 그날 광주에 간 건 맞지만 그런 발언은 하지 않았고 간담회에도 안 갔다고 주장했다. 이렇게 주장이 엇갈렸는데, 정호용은 이날 광주에 내려와서 무언가 휘하 부대들에 지시를 하고 올라갔다.

이날 계엄사는 김대중 사건에 대한 중간 수사 결과를 발표했다. 이 발표도 광주 사람들을 분노케 했다. 5월 22일 계엄사는 "김대중은 대중 선동 → 민중 봉기 → 정부 전복의 구체적 실천을 위해 복직 교수와 복학생을 사조직에 편입하여 각 대학과의 연계를 강화"했다며 "혁명 사태를 일으켜 일거에 정권을 장악할 수 있는 계기를 조성하는 데 목표를 두고 복직 교수와 복학생을 통해 5월 중순 학생 시위를 배후에서 조종, 5월 22일 민주화 촉진 국민 대회를 개최한다는 선언문을 채택하며 일제 봉기를 획책하는 등 정부

● 향토 사단인 31사단을 이끌었던 정웅은 광주항쟁 직후인 1980년 6월 직위 해제를 당했다. 1988년 평민당 소속 국회의원이 된 정웅은 국회에서 '전라도 싹쓸이' 발언 문제를 거론했다. 1988년 7월 5일 정웅은 대정부 질문을 통해 정호용이 1980년 5월 22일 박충훈이 내려온 후 열린 "작전 지휘관 및 기관장 간담회 석상에서 '이번 기회에 광주에 본때를 보여줘야 한다', '한 놈도 남김없이 싹 쓸어버려야 한다'는 등의 망언"을 했으며, 자신이 직접 간담회 자리에서 그 얘기를 들었다고 주장했다. 또한 광주항쟁 당시 정호용이 직접적인 작전 지휘 계통에 있지는 않았지만 진압 작전을 사실상 지휘했다는 주장도 했다. 정호용은 1988년 12월 7일 광주 청문회 증인으로 국회에 출석했을 때 "싹쓸이라는 말을 알고 있지도 못했다"며 '전라도 싹쓸이' 발언 의혹을 부정했다. 또한 "내가 3개 여단을 광주에 보냈지만 그것은 딸을 시집보낸 사돈과의 관계와 마찬가지", "부대를 배속받은 사단장에게 권한이 있었던 것"이라며 작전 지휘 관련 의혹도 부인했다.
광주항쟁 당시 현장을 취재한 김영택 기자는 훗날 박사 논문에서 "그(정호용)의 말을 빌리면 31사단에 배속시켜 광주에 내려보낸 자신의 부하들이 궁금해서 (1980년 5월) 20일에 이어 (22일에) 또 내려왔다는 것"이라며 다음과 같은 물음을 던졌다. "박 총리 서리를 수행하지도 않고 작전 지휘권도 없다는 정 사령관이 왜 또 광주에 내려왔을까. 또다시 '시집간 딸'을 보러 온 것일까?" 덧붙이면, 정호용은 진압 작전 돌입 직전인 1980년 5월 26일 밤에도 광주에 내려왔다.

전복을 기도했다"고 주장했다. 그 전날 계엄사령관 이희성이 발표한 것과 똑같이 조작, 허위 사실, 중상모략으로 가득 찬 발표였다.

— 이 시점에 그런 식으로 발표한 이유가 무엇이라고 보나.

하필이면 왜 이때 발표했을까. 광주사태·광주항쟁을 누그러뜨리기 위해, 해결책을 찾기 위해 발표한 것이 아니라 전날 이희성 발표나 22일 박충훈 광주 방문 및 담화 같이 광주 시민을 더욱 분노케 해 수습 또는 해결을 왜 한층 더 어렵게 했느냐, 이것이 핵심 문제다. 5월 18일 오후에 공수 부대를 금남로에 보내 유혈 사태를 일으킨 것이나 21일, 22일에 연달아 일어난 일들은 전두환·신군부가 일부러 상황을 악화시키려 한 것이 아니냐는 생각을 강하게 갖게 한다. 왜 불에 기름을 끼얹는 것 같은 짓을 계속 저질렀을까. 본때를 보여 전두환·신군부에 대한 저항의 씨를 말려버리기 위해서는 상황을 악화시키는 것이 최선의 방법이라고 판단한 것일까. 전두환·신군부 유신 잔당은 이희성 담화문이 의도한 것과 똑같은 의도로 광주와 일반 국민을 격리 차단해 오로지 유혈 사태를 불사하는 폭압, 폭력의 군홧발로 광주를 짓밟고 일반 국민들에게 허위 사실을 사실로 믿게 하고 그와 함께 자신들에게 저항하면 광주처럼 당한다는 협박용으로 일부러 5월 21일 이희성 발표에 이어 22일 김대중 내란 음모 사건을 발표했다고 볼 수밖에 없을 것 같다.

총을 계속 들 것인가 내려놓을 것인가
…무기 회수 및 반납을 둘러싼 갈등

── 쿠데타로 민주주의를 짓밟은 전두환·신군부는 유혈 사태를 일
으킨 것을 사과하고 책임을 지기는커녕 오히려 광주 시민들을
폭도로 몰아갔다. 광주 시민들로서는 폭도라는 오명을 뒤집어
쓴 채 무조건 총을 내려놓기도, 그와 반대로 더 큰 희생을 무
릅쓰고 무장 항쟁을 끝까지 이어가기도 쉽지 않은 상황이었다.
전두환 일당이 강제한 이 상황으로 인해 광주 시민들은 힘든
고민을 계속할 수밖에 없지 않았나.

5월 23일, 무기 반납 문제를 둘러싸고 학생수습대책위원회에
서 격렬한 논쟁이 벌어졌다. 위원장 김창길은 무기 회수 및 반납을
강력히 주장했지만, 김종배 등 일부 학생이 반대했다. 이 무렵부터
1970년대에 반유신 민주화 운동을 벌였던 윤상원, 정상용, 이양현
등의 활동이 두드러지면서 대표적인 리더 그룹으로 부상했는데 이
들은 무기 회수 및 반납에 대단히 비판적이었다.

시민수습위원들의 활동도 끝없이 논쟁이 따라붙었지만 무기
회수 문제는 더 심각했다. 이 문제에는 광주항쟁을 바라보는 시각
차이뿐만 아니라 각자의 시국관, 인생관, 세계관 등이 얽혀 있었다.
이 때문에 적극적인 역할을 한 사람이건 항쟁에 거리를 두고 있던
사람이건 예민하게 반응했다.

무기 반납을 거부한 사람들은 기층 민중 출신 시민군이 대부
분이었다. 그들은 '학생들이 사태를 확대시켜놓고 오히려 몸을 사
리고 있으며 수습위원들은 무조건적 무기 반납을 주장하고 있다'며

자발적으로 무기를 반납하고
있는 시민군들. 무기 반납을
거부한 사람들은 대부분 기층
민중 출신이었다. 사진 출처:
전남대학교5·18연구소

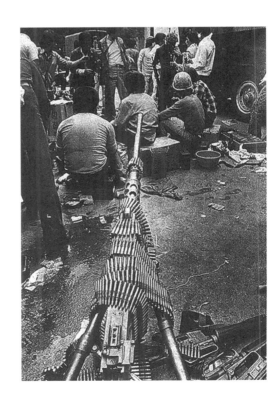

도청 안에서 회수된 각종
총기들을 정리하고 있는
시민군들. 사진 출처:
전남대학교5·18연구소

시민군들이 회수된 총기들을 점검하고 있다.
사진 출처: 전남대학교5·18연구소

복면을 쓴 시민군. 총을 잡은 사람들은 대부분 날품팔이, 실직자, 실업자, 구두닦이를 비롯한 하층 노동자로 공수 부대와 가장 적극적으로 싸웠고 희생도 가장 컸다.

매우 분개했다. 총을 잡은 사람들은 대부분 날품팔이, 실직자, 실업자, 구두닦이를 비롯한 하층 노동자로 공수 부대와 가장 적극적으로 싸웠고 희생도 가장 컸다. 그러나 이들과 함께 광주항쟁에 참여했더라도 학생이나 중산층 이상은 이들에 대해 이질감을 느꼈고 이들과 같은 부류가 되기 싫어서도 총을 잡지 않았다고 최정운 교수는 분석했다. 무기 회수를 주장한 시민들은 시민군을 두려워하거나 위험시했다.

조철현 신부는 특히 무기 회수에 대해 어느 누구보다도 확고한 신념을 가지고 헌신적으로 노력했다. 조 신부는 5,000여 정의 무기와 1,000여 정의 폭발물이 15~16세의 철부지 소년으로부터 실로 다양한 성분의 청년과 학생들의 손에 쥐어져 있다고 지적하면서 치안 부재로 야기된 혼란과 무질서를 우려했다. 조 신부는 각지를 돌며 여러 차례 위협을 받으면서도 시민군에게 무기를 내려놓을 것을 설득했고, 학생수습대책위원회 김창길 위원장한테도 무기 수습 및 반납 문제에서 흔들리지 말라고 역설했다.

윤공희 대주교, 조철현 신부가 무기 회수를 중시한 데에는 평화와 비폭력, 사랑을 키워드로 한 사목 관점이 크게 작용했을 것이다. 윤 대주교는 나중에 군인 쪽에서 평화적 방법은 없다는 메시지를 계속 보내지 않았느냐는 물음에 그래도 낙관적인 전망 속에서 평화적인 해결 방법을 포기할 수 없었다고 답했다.

강경파로 알려진 사람들도 무기 회수에는 회피할 수 없는 점이 있기 때문에 상당 부분 동의했지만 수습위원들의 성격이나 태도에 문제가 있다고 봤다. 수습위원 중에는 신군부의 정권 탈취 음모를 제대로 인식하지 못하는 사람들이 있었다.

— 무기 회수 여부는 항쟁의 전망과 떼어놓고 생각할 수 없는 문제다.

무기 회수 문제와도 연결되지만 항쟁을 계속해야 하느냐, 이 것도 쟁점이 됐다. 청년들은 계엄군과 치열한 싸움 끝에 애써 획득한 것을 수습위원들이 포기해버리는 투항주의적인 면이 있다고 비판했다. 오로지 완전한 항복만 요구하는 계엄군에게 결연한 투쟁의지를 보이지 못하고 무기를 회수해 반납하는 데 치중했다면, 5월 27일 이후 광주항쟁이 어떻게 평가받았을까도 생각해야 한다. 또 1980년대에 광주항쟁이 생생히 살아 있는 역사로서 민주 민족 운동의 추동력이었고 그리하여 민주주의를 쟁취하게 만든 핏빛 깃발이었는데, 5월 22일 이후 항쟁을 포기했더라면 그처럼 위대한 역할을 할 수 있었겠느냐 하는 문제도 있다. 1987년 6월항쟁에서 17일간(6월 10~26일) 웅장한 투쟁을 전국에서 전개할 수 있었던 것도 학생, 청년들의 심장을 광주항쟁이 뜨겁게 뛰게 만들었기 때문이다. 6·29 굴복 선언을 받아낸 것도 군인들이 총검을 앞세우고 거리에 나가는 것을 기피했기 때문인데 이는 전두환·노태우·신군부와 군인들이 광주에서 사생결단하고 항쟁하던 모습을 목도한 경험과 직결돼 있다. 최후까지 항쟁을 멈추지 않았던 윤상원과 그 동지들의 투혼이 이 나라 민주주의의 초석이 됐다는 것을 잊어서는 안된다.

— 계엄군이 물러난 후에도 도청 광장에는 많은 시민이 모여들지 않았나.

5월 23일 오후 도청 광장에서 제1차 민주 수호 범시민 궐기 대회가 열렸다. 갑작스럽게 마련된 궐기 대회였는데도 전날보다 많은 10만 명이 훨씬 넘는 시민이 참가했다. 이 범시민 궐기 대회는 항쟁 주체 측이 준비했다. 이들은 '광주항쟁의 대의에 충실한 강경한 투쟁을 해야 한다. 무조건적인 무기 반납이나 평화적 타협론 같은 건 문제가 있다'는 주장을 폈다.

시민들은 오전부터 모여들었는데, 이 대회에서 학생, 시민, 노동자, 농민, 주부들의 주장이 담긴 의견을 비롯해 각종 성명을 낭독하고 '민주 해방'이 올 때까지 싸우자는 결의문을 채택했다. 시민들은 오랜만에 밝은 표정을 지으며 이 모임에서 열띤 모습을 보여줬다. 시민 공동체 자치 시대에 열린 대회 중 가장 규모가 컸고 각계각층 인사들이 많이 참석한, 그야말로 광주 시민들이 혼연일체가 된 광주 시민들의 대회였다.

무기 회수 문제는 난제 중의 난제였다. 도청 상황실 항쟁본부에서 학생수습위원회 회의가 밤늦게까지 계속됐다. 김창길 위원장은 무기 반납을 역설했으나, 부위원장 김종배는 무조건 반납에 이의를 제기했고 여기에 윤상원 등 운동권 청년들이 합세해 회의는 자정을 넘겼다. 이날 밤까지 약 2,500정의 소총이 회수됐다는 보고가 들어왔다. 절반이 넘는 숫자였다.

그런데 이날 주남마을에서 또다시 많은 희생자가 발생했다. 시위대원 등 18명을 태운 소형 버스가 광주에서 화순 쪽으로 달리고 있는데 11공수여단 군인 한 명이 멈추라고 했다. 멈추면 어떻게 된다는 걸 알고 있던 이 차가 더 빨리 달리자 공수 부대가 사격을 가했다. 그러자 학생으로 보이는 젊은이가 차 안에서 대응 사격을 했다. 공수 부대원들은 집중 사격을 가했다. "제발 쏘지 마라. 살려달

민주 수호 범시민 궐기 대회는 5월 23일부터
26일까지 모두 5차례 열렸다. 이 대회에서 학생,
시민, 노동자, 농민, 주부들의 주장이 담긴 의견을
비롯해 각종 성명을 낭독하고 '민주 해방'이 올
때까지 싸우자는 결의문을 채택했다.
사진 출처: 나경택 촬영, 5·18기념재단 제공

범시민 궐기 대회에서 "살인마 전두환"의 허수아비를
불태우고 있다. 사진 출처: 한국일보

라"는 외침에도 공수 부대원들의 무차별 난사는 계속됐다. 피가 차 안에 흥건히 고였다. 자료에 따라 차이가 있지만 홍금숙 기억에 따르면 탑승자 18명 중 15명이 그렇게 죽고 젊은 남자 2명, 여고생 1명이 끌려나왔다. 두 남자는 총탄을 맞았지만 살아 있었다. 그때 소령이 죽여버리라고 지시했다. 병원으로 옮기면 살 수 있었던 두 남자에게 공수 부대는 사격을 가해 죽였다. 여고생, 당시 17세의 1학년이었던 홍금숙, 이 사람만 살아남아서 나중에 증언을 하게 된다.⦁

어린이 사살→오인 총격전→분풀이 학살, 11공수여단의 어느 하루

—— 초기에 관변 인사 중심으로 구성됐고 민주 수호 범시민 궐기 대회에도 부정적이었던 시민수습위원회에 대한 광주 시민들의 불만도 점차 커지지 않았나.

5월 24일 오후 제2차 민주 수호 범시민 궐기 대회가 열렸다. 10만 명 가까이 운집해 도청 광장 일대를 메웠다. 계엄군과 두 번째 회의를 한 수습위원회가 이 대회에서 시민들에게 전날의 협상 결과를 보고하려 했다. 그런데 이종기 변호사가 마이크를 잡자 여기저기서 "집어치워라", "필요 없다" 등의 고함이 터져 나왔다. 불신에 찬 시민들의 외침은 컸다.

⦁ 공수 부대는 붙잡힌 남성 2명을 즉결 처분한 것에 더해 그 시신을 암매장하기까지 했다.

—— 이 무렵 광주 분위기는 어떠했나.

도청 지하실과 상무관에는 40여 구의 시신이 안치돼 있었다. 울부짖는 소리가 여기저기서 들려왔다. 도청 안 항쟁본부에서는 행방불명된 사람들의 명단을 접수했다. 도청 광장 주변 건물 곳곳에 사망자 명단이 나붙기 시작했다.

5월 20일까지 계엄사는 국민을 기만하기 위해 철저히 언론을 통제했다. 그 때문에 광주에서 기자들이 봉변을 당하고 언론사에 협박 전화가 걸려왔다. 그러면서 점차 광주 시내에 각종 유인물이 배포됐고, 신문에서도 동아일보처럼 미흡하나마 사실을 보도하려는 노력도 나타났다. 서독, 일본, 미국, 프랑스 기자들은 취재하러 열심히 뛰어다녔다. 시민들은 이들의 취재에 협조했고 이들에게 고마워했다.

5월 23일에는 시민대책위원회, 학생수습대책위원회 명의로 평화적 투쟁을 호소하는 유인물이 배포됐다. 총기 반납에 적극 협조해달라는 유인물도 나왔다. 그 이외에도 24일을 전후해 많은 유인물이 살포됐다.

24일 서울시경은 "광주 시내로 들어가 학생, 시민들의 시위를 무장 폭동으로 유도하는 임무를 띠고 남파된 북괴 간첩 이창용을 23일 새벽 시내에서 검거했다"고 발표했다. 21일 계엄사령관이 '고정 간첩'이 광주사태를 악화시켰다고 주장했지만 그동안 한 명도 증거로 제시하지 못했다가 유일하게 내놓은 간첩이었다. 그러나 나중에 국방부 과거사 진상규명위원회에서 밝힌 대로, 이창용은 남파간첩은 맞지만 '광주사태'를 '배후 조종'하기 위해' 온 것은 아니었다. 검거한 지 하루 만에 굉장히 빨리 발표했지만 조작이었다.

25일에는 전남도청에서 무장 시위대원 장계범이 독침에 맞았다고 소리를 질러 병원으로 갔으나 치료를 받는 척하고 그날로 퇴원했다. '독침 사건'은 진짜 간첩이 온 것 아닌가 하는 두려움을 줬다. 나중에 이 사건 역시 조작으로 밝혀진다. 이 사건으로 무기 회수 작업이 한때 중단됐다. 독침 사건도, 시위대에 끼어 강경 투쟁 발언을 한 복면 괴한도 모두 공수 부대가 시내에서 빠져나간 후 등장한 일로, 모처의 정보 요원이나 프락치였다고 김영택 기자나 시민들은 판단했다. 그러나 사람들의 마음을 뒤숭숭하게 한 것은 사실이었다.

24일에는 공수 부대가 어린이까지 사살하는 일이 벌어졌다. 이날 오후 트럭에 나눠 탄 제11공수여단은 장갑차를 앞세우고 이동하던 중 진월동 원제마을 저수지 옆을 지나가게 된다. 그때 저수지에서는 15명가량의 소년들이 물놀이를 하며 멱을 감고 있었다. 공수 부대는 이 아이들에게 총을 쐈다. 결국 열세 살의 한 소년이 그 총탄을 맞고 숨을 거뒀다. 이어서 공수 부대는 근처에 있는 진제마을 쪽으로 갔는데, 이번에는 마을 뒷동산에서 놀던 아이들한테 발포했다. 여기서도 열 살짜리 어린이 한 명이 숨졌다. 이 부대는 진제마을 쪽에서 들려오는 총소리에 놀라 하수구에 숨어 있던 박연옥을 향해 발포했다. 박연옥은 그 자리에서 숨졌다.

그 후 이 부대는 효덕초등학교 앞을 지나 광주-목포 간 국도를 이동하다가 갑자기 집중 사격을 당했다. 공수 부대를 공격한 건 마을 양쪽에 매복해 있던 육군보병학교 교도대 병력이었다. 공수 부대를 시민군으로 착각해 공격한 것이었다. 공수 부대도 바로 응사했다. 한겨레(2018년 2월 8일)에 따르면 최웅 11공수여단장은 시민군의 공격으로 오인하고 103항공대장에게 "코브라로 무차별 사격하라"는 명령까지 내렸다. 그러다가 보병학교 교도대 쪽에서 자신들이 착각했다는 걸 깨닫고 물러났다. 이 오인 총격 사건으로 장교 1명을 포함한 9명이 사망하고 33명이 중경상을 입었다.[*]

그런데 보병학교 교도대가 빠져나간 후 11공수여단은 이해하기 어려운 일을 또 일으켰다. 근처 마을에 들이닥쳐 3명의 젊은이를 끌고 가 '즉결 처분'을 해버렸다. 엉뚱하게 화풀이로 마구잡이 보복 살인을 저지른 것이다. 이들에 대한 검시란에는 '오인 사격'으로 적혀 있다.

광주 시민들의 간절한 바람을 저버린
허수아비 대통령 최규하

— 그런 상황에서 박충훈 국무총리 서리에 이어 5월 25일 최규하 대통령이 광주에 내려오지 않나. 최규하는 어떤 모습을 보였나.

5월 25일 수습위원회가 재야 중심으로 새롭게 짜였다. 이날 계엄사와 수시로 연락하며 총기 회수에만 중점을 뒀던 일부 관변 인사가 물러나고 홍남순, 이성학, 이기홍, 명노근, 송기숙, 정규완, 김성용, 이양현, 조아라, 조철현 등 광주의 민주화 운동을 대표할 만

---

[*] 오인 총격 사건 사망자들은 광주항쟁 진압 직후 훈장을 받게 되는데, 그 과정에서 오인 사격 사실을 감추고 기록을 조작하는 일도 일어났다. 동아일보 기사(2013년 5월 23일)에 따르면, 1980년 총무처 '무공훈장부' 공적란에 이 사건 사망자 9명 중 7명은 '충정 작전에 참가해 5월 24일 폭도의 흉탄에 순직', 나머지 2명은 '불의의 총탄에 맞아 순직', '폭도들 제압 중 무반동총에 저격당해 전사'라고 기록됐다.

5월 25일 최규하 대통령이 광주에 내려와 계엄군과 악수를 하고 있다. 최규하는 광주 시민들은 말할 것도 없고 수습위원들조차 만나지 않고 되돌아갔다. 사진 출처: 국가기록원

한 변호사, 교수, 민주화 운동 청년, YWCA 측 인사, 신부 등이 수습위원회를 구성했다.

이들은 이번 사태가 정부의 잘못임을 시인하고 사죄와 용서를 청할 것, 모든 피해는 정부가 보상할 것, 어떤 보복 조치도 하지 않을 것 등 사태 수습을 위한 4개 항을 통과시켰다. 대부분이 그때까지 시민들이 주장하던 사항이었다. 또 이들은 광주사태수습대책위원회 이름으로 "5월 18일과 19일에 자행된 공수특전단의 살상 만행이 80만 시민을 분노케 하고 정당방위로서 시민 봉기(의거)로 유도했다", "사상자에 대한 허위 보도와, 자위권을 행사한 민주 시민에 대하여 난동 및 무장 폭도라고 한 일방적인 허위 보도가 시민을 더욱 분노케 했다" 등 4개 항으로 이뤄진 '광주사태 원인에 대한 우리의 견해(주장)'에도 합의를 봤다. 광주항쟁을 시민 봉기나 의거로 본

점에서 그 이전 수습위원들의 시각과 분명히 달랐다.

이날 최규하 대통령은 광주 시민들, 또 수습위원들의 간절한 기대를 모으면서 주영복 국방부 장관을 비롯한 4명의 장관과 이희성 계엄사령관 등 군 지휘관들을 대동하고 오후 6시 폭우를 무릅쓰고 상무대에 도착했다. 그러나 광주 시민들 그리고 수습위원들이 간절히 바란 일은 일어나지 않았다.

수습위원들은 최규하가 오는 것에 큰 기대를 걸었다. 대통령이 온다는 점도 어쨌든 중요했지만, 군부가 하는 짓을 볼 때 대통령과 만나는 것을 빼놓고는 어떠한 평화적 사태 해결 방법도 나올 수 없을 것 같아서였다. 하지만 최규하는 '대통령이 광주에 와서 우리를 좀 만났으면 좋겠다. 광주 상황을 직접 보고 갔으면 좋겠다'는 기대를 물거품으로 만들었다. 광주 시민들은 말할 것도 없고 수습위원들조차 만나지 않고 되돌아갔다. 그러고는 밤 9시 KBS 뉴스를 통해 '광주 시민에게 고하는 특별 담화문'을 발표했다.

이 담화문에는 광주 시민들을 위로하고 안심시키려는 어떠한 내용도 들어 있지 않았다. 또한 광주의 유혈 사태를 해결할 수 있는 어떠한 방안도 담겨 있지 않았다. 참으로 가느다랗고 실낱같은 희망이지만 그래도 지푸라기 하나라도 붙잡으려고 하는 간절한 심정으로 최 대통령을 기다렸던 광주 시민들의 절절하고 절실한 마음은 무너지고 말았다.

최 대통령은 당초에는 시내에 들어가 수습위원들을 만나려 했다고 하는데, 대통령을 따라간 군부 측의 반대로 이뤄지지 못했다. 22일 박충훈이 광주 시내에 들어가려 하자 군인이 반대했던 것과 닮은꼴이다. 나중에 다시 언급하겠지만, 최규하의 광주 방문은 전두환 작품이었다. 무력 진압을 하기 전 광주사태를 잘 모르는 국민들을 상대로 정치 쇼를 벌이는 것이 좋겠다는 판단에 따른 것이었다. 이너 서클을 중심으로 한 전두환·신군부 세력이 최규하가 광주를 돌아보고 시민들을 만나는 것을 허용할 리 만무했다. 수습위원들이 얼마나 대통령의 방문을 기다리고 기대했는지는 '최규하 각하께 드리는 호소문', 광주사태수습대책위원회 명의로 나온 이 글에 잘 담겨 있다.

── 최규하가 이날 발표한 특별 담화문에 대한 답신 형식인 이 호소문에는 어떤 내용이 담겨 있었나.

최규하 대통령이 만나지도 않고 되돌아갔지만 이 호소문에는 이렇게 쓰여 있다. "역사에 찾아볼 수 없는 민족적 비극인 광주사태로 심려하시며 몸소 광주까지 오셨고 최대한 관용을 베푸시겠다는 담화까지 내려주신 데 대하여 진심으로 감사드리면서 호소합니다. 저희들은 피맺힌 한과 응어리진 80만 광주 시민의 마음의 상처를 씻어주실 분은 오직 한 분, 최규하 대통령 각하이심을 믿고 근원적인 수습을 위해 저희들의 충성 어린 호소를 받아주시길 간절히 소망합니다."

그리고 수습위원들이 합의해 통과시킨 사태 수습을 위한 네 가지 사항을 이야기했다. "1. 이번 사태는 정부의 잘못임을 시인해주시고 2. 사과와 용서를 청해주시옵고", 사과와 용서를 해달라는 뜻인데, "3. 이미 약속하셨지만 다시 한 번 모든 피해에 대하여 정부가 보상하고", 이건 약속한 것 같지 않은데 이렇게 썼다. 네 번째는 이렇다. "4. 어떤 보복 조치도 있을 수 없다는 것을 말씀해주시옵기를 피눈물을 삼키면서 간곡히 간언드립니다."

얼마나 호소할 곳이 없으면 그 무력한 최규하 대통령한테 이렇게 간절하게 수습위원들이 호소했겠나. 이때 광주 시민들이 얼마나 어려운 상황에 놓여 있었는가를 느끼게 해준다.

25일 이날 무기 회수 문제를 둘러싼 갈등 끝에 결국 김창길이 학생수습대책위원회 위원장에서 물러나고 김종배가 위원장이 된다. 적극 투쟁을 주장하는 사람들이 학생수습대책위원회를 이끌어 가게 된 것이다.

김성용, 조철현, 이성학, 홍남순, 이기홍 등 새 수습위원들은 이날 밤 이들을 방문해 격려했다. 김성용 신부는 "이번 광주사태는 수십 년 동안 누적된 광주 시민들의 울분의 표현이다. 같이 노력하여 우리의 요구 사항을 관철하자"고 말했다. 이들은 다음 날 새벽까지 청년들과 함께 있었다. 김성용 신부 등의 이러한 용기 있는 언행은 시민들에게 큰 용기를 불어넣었고 무기 회수를 원활히 하는 데 도움을 줬다.

한편 학생 대표들은 25일 오후 6시경 김성용 신부 등 시민수습위원들에게 "광주 시내를 불바다로 만들 수 있는 TNT를 어른들이 지켜주십시오. 3일간 한잠도 자지 않고 지켜왔습니다"라고 호소했다. 수습위원 중 신부, 목사들이 즉각 나섰다.

전두환·신군부는 왜 진압 작전에 그토록 대규모 병력을 동원했나

광주항쟁, 열네 번째 마당

탱크 앞세운 계엄군에게
비무장 상태로 나아간 죽음의 행진

김 덕 련 계엄군은 1980년 5월 21일 광주 시내에서 일시적으로 물러났다. 그 후 광주를 고립시키는 한편 터무니없는 거짓 선전을 거듭하며 무력 진압을 위한 수순을 밟았다. 그런 속에서 항쟁이 막바지로 치닫게 되는 5월 26일 상황은 어떠했나.

서 중 석 5월 26일 새벽 5시 30분경 계엄군이 탱크를 앞세우고 시내로 진입하고 있다는 소식이 도청에 들어왔다. 그 소리에 도청에 있던 시민군, 학생들은 혼란에 빠졌다. 이때 도청에는 전날 들어와서 철야한 김성용 신부를 비롯한 시민수습위원 17명이 있었다. '탱크가 있는 곳으로 우리가 가자'고 김 신부가 제의하자 다들 찬동했다. 이들은 '한 시간 이내에 군은 본래의 위치로 철퇴하라. 그러지 않으면 우리는 전 시민의 무장화를 호소하고 게릴라전으로 싸울 것이며 최후의 순간이 오면 TNT를 폭발시켜 전원 자폭한다', 이러한 결의를 군에 전하기로 했다.

시민수습위원들은 탱크를 물러나게 하기 위한 죽음의 행진을 시작했다. 시민 수백 명이 그 뒤를 따랐고 외신 기자도 따랐다. 4킬로미터 정도 행진해 오전 9시경 바리케이드 앞까지 나아가자 계엄군이 발포 태세를 갖췄다. 착검한 계엄군이 실탄을 장전하고 양쪽 인도에서 시민들을 경계했다. 군인들은 근처 건물 2층과 옥상에서도 기관총을 내걸고 시민들을 향해 발포 태세를 취했다.

김성용 신부 등이 오자 계엄군 쪽에서는 '전교사' 부사령관 김기석 소장이 나왔다. 김 신부 등이 강력히 항의하자 탱크는 사라졌다. 그렇게 탱크를 일단 빼긴 했지만 계엄군 측은 막무가내였다. 더 이상 피를 흘리지 않고 사태를 수습하기 위해 시민수습위원들이 군에 요구한 사항은 들어주지 않았다. 그러면서 계엄군 측은 '우선 무기를 군에 반납하고 경찰이 치안을 회복할 수 있게 하라. 오늘밤 12시까지 수습하지 않으면 안 된다'는 최후통첩까지 했다. 시민 대표들은 결국 되돌아올 수밖에 없었다.

이렇게 되자 여러 사람들, 그러니까 항쟁 본부의 일부 요원들이나 종교계 인사들은 '탈출해 서울에 가서 만행을 알려야 한다'며 김성용 신부에게 길을 떠날 것을 강권했다. 그래서 김 신부는 이날 밤 가까스로 탈출해 다음 날(27일) 밤 10시경 명동성당에 김수환 추기경을 만나러 갔다. 이 과정에서 김 신부는 9번이나 검문을 받아야 했다.•

● 서울로 떠나기 전날인 1980년 5월 25일 김성용 신부는 미사에서 다음과 같은 내용의 강론을 했다. "이제 우리는 네발로 기어 다녀야 하며, 개돼지처럼 입을 그릇에 처박고 먹으며 살아가야 한다. 폭력과 살인을 일삼는 유신 잔당들이 우리를 짐승처럼 치고 박고 개 잡듯이 끌고 가며, 찌르고 쏘았기 때문이다. 두 발로 걸으며 인간답게 살려면 목숨을 걸고 민주화 투쟁에 투신해야 한다. 지난날의 침묵, 비굴했던 침묵의 대가를 지금 우리는 치르고 있는 것이다. …… 이제 우리는 결단의 시기를 맞이한 것이다. 비굴하게 짐승처럼 천한 목숨을 이어가든지, 아니면 인간다운 민주 시민으로서 살기 위해 목숨 걸고 싸워야 한다."

광주항쟁이 막을 내린 후, 광주만이 아니라 다른 지역의 많은 사람들도 김 신부가 이 강론에서 이야기한 것과 다르지 않은 문제에 직면해야 했다. 수많은 이들이 자신의 삶을 걸고 이 문제를 고민했고, 고뇌 끝에 결단을 내리고 몸을 던져 행동했다. 그러한 고뇌와 실천은 한국 사회가 1987년 6월항쟁과 7, 8, 9월 노동자 대투쟁 등을 거치며 민주주의 쪽으로 이만큼이나마 향하게 하는 데 중요한 역할을 했다. 싸워야 하는 대상과 달성해야 할 과제는 그때와 약간 다르지만, "개돼지" 취급을 당하지 않고 "인간다운 민주 시민으로서 살기 위해"서는 분투하지 않으면 안 되는 현실은 오늘날에도 여전히 진행형이다.

최후의 항쟁…전두환·신군부는 왜
시민군의 수십 배 정예 병력을 동원했나

— 무력 진압이 코앞에 다가온 상황에서 광주 시민들은 어떤 모습을 보였나.

26일 오전 10시, 2만여 명의 시민이 모여 도청 광장에서 제4차 민주 수호 범시민 궐기 대회를 열었다. 이 대회에서는 "이번 사태의 모든 책임은 과도 정부에 있다. 과도 정부는 모든 피해를 보상하고 즉각 물러가라" 등 항쟁 지도부 입장이 그대로 담긴 강경한 결의를 채택했다. 시민들의 열기가 점차 식어가는 듯 참가자는 줄어들었다. 오후 3시에는 제5차 민주 수호 범시민 궐기 대회가 같은 장소에서 열렸다. 이날 하루에 두 번 열린 것이다. 이 대회에서는 '과도 정부의 최규하 대통령께 보내는 글'도 채택했는데 이 글에서는 "서울을 비롯한 모든 시외 전화의 소통을 호소합니다" 등 앞서 열린 궐기 대회 때와 다르게 온건한 주장을 폈다. 항쟁 지도부가 원만한 타협을 바라고 있음을 보여준 것이다.

곧 다가올 상황에 맞춰 투쟁 대열도 정비했다. 오후 3시 제5차 궐기 대회가 열리기 전 학생시민투쟁위원회는, 학생수습위원회를 강경한 인상을 주는 이름으로 바꾼 건데, 도청에서 순찰대를 5~6명을 1개 조로 하는 13개 조의 기동타격대로 개편했다. 김영택 기자에 의하면 기동타격대에는 25일 항쟁 지도부 청년들을 찾아왔던 학생들이 상당수 참여했다. 학생들은 강경 투쟁을 주장하는 무장 세력에 대해, 무슨 사고가 일어날까봐 우려했다. 무직자, 실업자가 많았던 시민군은 학생들이 사태만 유발하고 '살육 작전'이 한창 진행될 때 항쟁 대열에서 이탈했다고 하여 학생에 대한 신뢰도가 낮았다. 항쟁 지도부 청년들은 양자 모두 필요했다. 무장 세력을 불안하게 여기는 시민들은 학생들한테 신뢰감을 갖고 있었다. 항쟁 지도부 청년들은 학생들을 설득했고, 그에 따라 일부 학생들이 시민군에 합세해 기동타격대원이 된 것이다. 기동타격대 지휘는 박남선 상황실장이 맡았다. 여고생, 여대생, 여성 노동자 등 여성 50여 명은 취사, 잡무, 연락 업무, 대자보 제작, 선전 활동 등을 맡았다.

오후 5시경 정시채 부지사가 김종배 학생시민투쟁위원회 위원장을 비롯한 항쟁 본부 요원들에게 계엄군이 진입할 것이니 빠져나가라고 종용했다. 그렇지만 200여 명은 도청을 사수하기로 결의했다. 이들은 박남선 항쟁 본부 상황실장의 지휘 아래 도청에 들어가 무장했다.

오후 6시경 학생시민투쟁위원회의 마지막 회의가 열렸다. 일부는 무기를 반납하고 처벌을 받자고 주장했지만, 윤상원과 박남선 등은 끝까지 항쟁해야 한다고 주장했다. 이 무렵 도청 앞에는 200~300명의 시민이 남아 있었다. 한 젊은이가 "기꺼이 죽어도 좋다는 사람만 남고 나머지는 돌아가십시오. 우리는 전멸할 것입니다"라고 외쳤지만 아무도 돌아가려고 하지 않았다.

밤 9시경 학생 및 시민수습위원 11명이 계엄분소에 찾아가서 '오늘 밤에 진입하지 말아달라'는 등의 요청을 했지만, 계엄군 측은 3개 항(무장 해제, 무기 반납, 경찰의 치안 회복)을 통고한 뒤 밤 12시가 시한이라고 못을 박았다. 그러면서 다음 날 새벽 광주 시내에 재진입해 진압한다는 상무 충정 작전 구상을 강력히 내비쳤다. 밤 11시쯤 도청에서는 박남선 상황실장의 지휘 아래 무장한 시민군의 배치 상황을 점검했다.

왼쪽: 도청 안에 남은 시민군. 5월 26일 오후 6시경 도청 앞에는 200~300명의 시민이 남아 있었다. 한 젊은이가 "기꺼이 죽어도 좋다는 사람만 남고 나머지는 돌아가십시오. 우리는 전멸할 것입니다"라고 외쳤지만 아무도 돌아가려고 하지 않았다. 사진 출처: 한국일보

오른쪽: 5월 27일 시민군을 진압하기 위해 광주 시내로 진입하고 있는 계엄군들.
사진 출처: 나경택 촬영, 5·18기념재단 제공

─── 광주항쟁 진압 작전은 어느 선에서 결정됐나.

상무 충정 작전으로 불리는 5월 27일 새벽의 작전은 《제5공화국 전사》에 의하면 최규하가 광주를 방문한 5월 25일 결정됐다. '작전 계획'을 염두에 두고 최규하를 광주에 보내는 제스처를 쓴 것이다.

21일 철수한 군의 재진입 작전은 23일부터 논의됐으나 실행되지 않았다. 24일 오후 전두환은 국방부 장관, 3군 참모총장과 광주 사태 대책 회의를 연 후, 전두환 자신이 중심이 돼 최규하를 광주에 보내기로 했다. 당시는 광주 기습 작전을 준비하던 때였다. 《제5공화국 전사》에 따르면 5월 25일 낮 12시 15분부터 국방부 장관 주영복과 이희성, 1·2·3군 사령관, 특전사령관, 전두환 등이 육본의 상무 충정 작전을 토의해 최종 결정했다. 바로 이 대목이 1997년 대법원 판결에서 전두환, 이희성, 주영복, 황영시, 정호용에게 내란 목적 살인죄가 적용된 주요 부분이다. 이희성 계엄사령관은 26일 오후 계엄사 부사령관 황영시로 하여금 작전 지침을 직접 휴대케 해 극비리에 헬기 편으로 전교사 사령관에게 전달했다.

─── 진압 작전에 투입한 병력 규모, 어느 정도였나.

27일 0시 시내 전화가 두절되고 0시 1분 진압 작전이 시작됐다. 3·7·11공수여단, 20사단, 31사단, 전교사 예하 병력 등 총 2만 317명의 계엄군이 광주 시내로 일제히 들어갔다. 이 가운데 상무 충정 작전에 전투 요원으로 실제 투입된 계엄군 병력은 6,168명이었다. 그중 작전을 주도하는 특공조로 편성된 공수 부대원은 장교

37명을 포함해 317명이었다. 한겨레(2017년 9월 1일 자)에 의하면 무장 헬기까지 동원됐다. 대단한 규모의 작전이었다.

그러면 도청에 남은 시민군은 몇 명이었느냐. 자료에 따라 150여 명, 157명, 200여 명으로 나온다. 김영택은 도청에 남아 있던 시민군이 200여 명이었는데 80명 정도가 군 복무를 했고 120여 명은 군 복무 경험이 없는 청년과 고교생이었으며 이 중에는 10여 명의 여학생이 있었다고 썼다. 5·18민주유공자유족회는 중학생 3명, 고교생 26명, 대학생 23명을 포함해 모두 157명이 도청에서 전개된 최후 항쟁에 남아 있었다고 밝혔다. 무기라고 해봤자 카빈, M1 소총으로 무장한 정도였다.

─ 전두환 측은 시민군의 수십 배에 달하는 진압 병력을 투입했다. 사생결단을 내지 않으면 안 되는 적군과 싸우는 것도 아닌데 왜 그렇게 많은 인원을 동원한 건가.

왜 이토록 엄청난 병력을 투입했느냐. 법원은 이날 행위를 '내란 목적 살인 행위'라고 규정했는데, 지난번에 5월 18일 상황을 이야기할 때 지적한 이유와 비슷하다. 18일 오후 4시경 공수 부대가 시내 한복판에 출현하기 전에는 학생 시위 규모가 그렇게 큰 것도 아니었고 따라서 경찰력으로 진압할 수 있는 상황이었다고 하지 않았나. 5월 27일 이때도 군이 아니라 경찰만 투입하거나 또는 몇 시간, 길게 잡더라도 하루나 이틀 정도 더 기다리고 대화를 했더라면 해결 방법을 찾을 수 있었을 것이다.

더욱이 시민군은 전투라는 걸 해본 적도 거의 없었다. 자발적으로 항쟁에 참여해 시민군이 된 사람들 아닌가. 그런데도 이런 엄청난 병력을 투입해 마치 굉장히 많은 적군을 상대로 대단한 작전을 펴는 것처럼 한 것이다.

왜 그렇게 했느냐. 전두환·신군부, 이걸 계엄사 측이라고도 얘기할 수 있지만, 이쪽은 5월 18일, 19일에 광주 시민들을 상대로 이른바 위력 과시, 선제 타격이라는 걸 하지 않았나. 전두환·신군부 권력 탈취에 저항하는 세력을 궤멸시키다시피 제압해 완전히 무력하게 만들어버리고, 그래서 다시는 저항하지 못하게 만들겠다는 의도였다. 그런데 5월 19일 시민들이 공수 부대와 맞서면서 광주항쟁이 본격화되고, 그렇게 되면서 오히려 계엄군이 철수하게 되는 상황까지 맞게 됐다. 그야말로 전두환·신군부 쪽이나 계엄군으로서는 굉장한 치욕이라고 볼 수 있는 상태를 자초한 것이다. 그것에 대해서 27일에 그런 식으로 보복해 만회하려 한 것이 아니겠는가.

또 5월 17일 쿠데타를 일으키면서 어떤 지역에서건 전두환·신군부에 대항해 시위가 벌어지면 철저한 선제 타격, 위력 과시를 통해 짓밟아버리겠다는 방안을 미리 마련해놓지 않았나. 그걸 마지막에, 그러니까 5월 27일에 광주에서 150여 명을 상대로 펼친 것이 아니겠는가. 특히 광주이기 때문에 저항 세력을 초토화하고 시민들

● 1980년 5월 25일 "시민군 일동" 명의로 발표된 '우리는 왜 총을 들 수밖에 없었는가'는 시민군의 마음을 헤아릴 수 있게 해주는 글 중 하나다. "우리는 왜 총을 들 수밖에 없었는가? 그 대답은 너무나 간단합니다. 너무나 무자비한 만행을 더 이상 보고만 있을 수 없어서 너도나도 총을 들고 나섰던 것입니다. …… 아! 설마! 설마! 설마 했던 일들이 벌어졌으니 우리의 부모 형제들이 무참히 대검에 찔리고, 차에 깔리고, 연약한 아녀자들의 젖가슴을 찌르고, 차마 입으로 말할 수 없는 무자비하고도 잔인한 만행이 저질러졌습니다. …… 너무나 경악스러운 또 하나의 사실은 …… 무차별 발포를 시작했다는 것입니다. …… 그런 상황에서 우리가 할 수 있는 일이 무엇이겠습니까? 우리가 어떻게 해야 되겠습니까? 묻고 싶습니다! 우리는 더 이상 당할 수만은 없었습니다. 그런데도 정부와 언론에서는 계속 불순배, 폭도로 몰고 있습니다."

에게 특별히 위력을 과시해 겁을 주겠다는 '작전'을 더 심하게 펼치지 않았나 싶다.

경향신문(2017년 5월 27일 자)이 발견한 문건을 보면 20, 31사단 작전 지침은 시민군을 '적'으로 규정하고 붙잡은 시민들은 '포로'로 간주하도록 했다. 이 지침에는 '잔적 소탕 작전'이라는 용어도 들어 있었다.

계엄군, 항쟁 무력 진압 후
요란하게 군가 틀고 탱크 앞세워 무력시위

── 시민군의 마지막 모습은 어떠했나.

27일 새벽 1시경 3공수여단 특공조가 행동을 개시했다. 이들은 새벽 4시가 조금 지난 때에 도청 후문 쪽 담을 넘었다. 그러면서 시민군과 총격전이 벌어졌는데, 새벽 5시 21분 공수 부대는 도청 본관을 장악하는 데 성공했다.

이 과정에서 3공수여단 특공조는 도청 건물에 진입한 후 보이는 대로 총을 난사하고 수류탄의 안전핀을 뽑아 여기저기 던져 넣었다. 그리고 확인 사살도 했다.

건물 안에 있던 시민군들은 특공조가 들어오는 것을 봤지만 차마 방아쇠를 당기지 못하기도 했다. 그와 달리 특공조는 손들고 항복하러 나오는 시민군들에게까지 총격을 퍼부었다. 작전 결과 3공수여단 특공조에서는 2명의 부상자가 생겼지만, 시민군 쪽에서는 끝까지 저항하던 윤상원 등 15명이 사망하고(5·18민주유공자유족회 발표) 100여 명이 체포됐다.

이날 3공수여단 작전에서는 3공수여단이 요청한 헬기가 사격을 했다. 시민군 김인환(당시 21세)은 2017년 8월 31일 한겨레와 한 통화에서 "헬기에서 로프를 타고 360도로 빙글빙글 돌면서 무차별 사격을 했다. 바로 옆에서 보초를 서던 친구 서호빈이 총을 맞고 기어가다 숨지는 모습을 보고도 아무것도 할 수 없었다"고 말했다.

7공수여단은 새벽 5시가 조금 지난 때에 광주공원을 점거했다. 11공수여단은 오전 6시 20분경 YWCA 안에 있던 시민군 32명과 '교전해' 3명을 사살하고 29명을 체포한 뒤 건물을 장악했다. 20사단 61연대는 새벽 2시부터 새벽 5시 10분까지 도청을 탈환하는 공수 부대 특공조를 지원하는 역할을 수행했다.•

이날 계엄군이 곳곳에서 시민을 향해 난사했다는 건 오인 사격으로 인한 사망을 통해서도 짐작할 수 있다. 김성근(24세)의 검시란에는 '무진중학 우체통 골목에서 오인 사살됨'으로, 오세현(25세)의 경우 숙직 중 베란다에서 총을 맞았는데 '오인 사격 당함'으로, 여중생 김명숙(15세)의 경우 '전(남)대 정문 앞에서 수하를 당하자 당황하여 도망가다 오인 사격'으로 기록돼 있다.

5월 27일 날이 밝아오면서 도청 안 시신들이 현관 앞에 즐비하게 널렸다. 계엄군은 시민군 '포로'들을 양팔을 뒤로 묶은 채 거꾸로 처박고 엎드려 있게 했고, 조금만 움직여도 개머리판으로 두

• "시민 여러분, 지금 계엄군이 쳐들어오고 있습니다. 우리를 도와주십시오." "우리는 끝까지 광주를 사수할 것입니다. 시민 여러분, 우리를 잊지 말아주십시오." 계엄군이 도청으로 향하던 27일 새벽 시민군 쪽에서 마지막으로 내보낸 거리 방송이다. 이 방송은 도청 등에 마지막까지 남아 있던 사람들과 마음만은 함께했던 많은 시민들의 가슴속에 오랫동안 자리하게 된다.

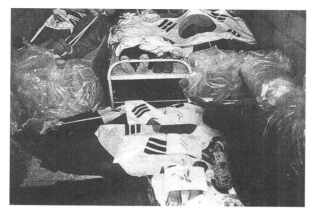

공수 부대의 무자비한 진압으로
숨진 시민들. 3공수여단 특공조는
도청 건물에 진입한 후 보이는 대로
총을 난사하고 수류탄의 안전핀을
뽑아 여기저기 던져 넣었다. 그리고
확인 사살도 했다. 사진 출처:
전남대학교5·18연구소

5월 27일 새벽, 도청
무력 진압에 나선
계엄군이 난사한
YWCA 창문. 사진 출처:
전남대학교5·18연구소

5월 27일, 도청이
진압된 후 끌려나오는
시민군들. 사진 출처:
전남대학교5·18연구소

열네 번째 마당

5월 27일, 관광호텔 부근에서
양손이 뒤로 묶여 연행되는
시민군들, 그들의 등에 '총기
소지', '극렬' 등의 문구가
매직펜으로 쓰여 있다. 사진
출처: 전남대학교5·18연구소

5월 27일, 도청을 진압한
계엄군들이 철수를
준비하고 있다. 사진 출처:
전남대학교5·18연구소

한 학교의 교실 풍경.
죽은 친구의 빈자리에 꽃이 놓여 있다.
사진 출처: 전남대학교5·18연구소

들겨 패고 군홧발로 짓이겼다. '포로'들의 등에는 '총기 소지', '극렬' 등의 문구가 매직펜으로 쓰여 있었다.

아침 7시 30분 도청 앞마당에서 군가가 울려 퍼졌다. 곧이어 집총한 군인들을 가득 태우고 헤드라이트를 켠 트럭 20여 대가 장갑차와 탱크를 앞세우고 광주 시내를 누비며 시위를 벌였다.

— 쿠데타로 권력을 훔친 것에 더해, 민주주의를 요구하는 시민들을 학살하고 짓밟은 다음 '이겼다'며 군가를 요란하게 틀고 무력시위까지 하는 모습은 이자들이 어떤 자들인지를 다시 한 번 보여준다. 이러한 후안무치한 본색은 광주에서 유혈 사태를 일으키고 항쟁을 무력 진압한 것을 이른바 공적으로 내세우며 자기들끼리 무더기로 훈장을 주고받은 데서도 잘 드러난다.

전두환·신군부는 12·12쿠데타 후 군 인사법 규정을 어기고 멋대로 진급했을 뿐만 아니라 상훈법도 무시하고 훈·포장을 남발했다. 국방부 과거사위 보고서에 따르면, 12·12쿠데타 및 '광주사태'와 관련된 인물들 중 훈장을 받은 사람은 전두환, 노태우를 포함해 115명에 이른다. '광주사태 진압에 공헌했다'는 공적으로 훈·포장을 받은 사람은 특전사령관 정호용, 20사단장 박준병, 3공수여단장 최세창 등 69명이다. 광주항쟁 무력 진압 관련자들은 훗날 특별법에 의해 훈·포장이 박탈되지만, 12·12쿠데타 관련자들의 경우 실형이 선고된 사람들만 훈·포장이 박탈된다.

이러한 서훈 문제와 더불어 전두환·신군부, 이 세력은 자신들이 저지른 일에 대해 진정성 있게 반성하거나 참회한 적이 없다는 점도 잊어서는 안 된다고 본다. 예컨대 1980년대 후반 광주 청문회에서도 이들은 자위권 운운하며 '정당한 임무 수행이었다'고 강변하거나 오리발을 내밀기 일쑤였다. 5·18특별법이 제정된 1995년에는 전두환이 "내가 반란의 수괴라면 5공은 반란의 수괴가 통치한 정권이냐", "이번 기회에 광주사태의 진상도 철저히 가려야 한다"고 반발하며 안양교도소에서 단식하는 촌극이 벌어지기도 했다.

다시 돌아오면, 1980년 5월 전두환·신군부가 광주에서 일으킨 유혈 사태로 희생자가 어느 정도 발생했나.

광주에서 발생한 사상자 수에 대해서는 자료에 따라 조금씩 차이가 있다. 1980년 5월 31일 계엄사에서 광주사태의 전모라는 걸 발표하는데 거기에는 민간인 144명, 군인 22명, 경찰 4명 등 170명이 사망한 것으로 나와 있다. 그리고 민간인 127명, 군인 109명, 경찰 144명 등 380명이 다쳤고 총 1,740명을 연행했다고 돼 있다.

1995년에 가면 공식 사망자 숫자가 약간 늘어난다. 1995년 7월 검찰의 5·18 수사 결과 발표문을 보면 "현재까지 정부의 관련 자료에 의하여 확인된 광주 시위 관련 사망자는 군인 23명, 경찰 4명, 민간인 166명 등 모두 193명이고 광주 시위 관련 행방불명자로 인정되어 보상금이 지급된 사람은 47명임", 이렇게 쓰여 있다. 2005년 5·18민주유공자유족회는 당시 사망자 166명, 상이 후 사망자 375명, 행방불명 65명, 군경 사망자 27명이라고 발표했는데 이것이 비교적 정확한 숫자일 것이다.

군인 사망자 중 상당수는 오인 사격으로 희생됐다. 1980년 5월 24일 11공수여단과 육군보병학교 교도대 병력이 오인 총격전을 벌여 9명이 사망했다고 전에 얘기하지 않았나. 국방부 과거사위원회

보고서에 따르면 시민들의 총격이나 차량 공격 행위 등으로 사망한 군인은 8명인데 오인 사격으로 인한 사망은 그보다 훨씬 많은 13명이다. 1명은 오발 사고 사망했고 1명은 알 수 없다고 나와 있다. 경찰 4명은 차량 시위가 있던 1980년 5월 20일 사망했다. 경찰 최루탄이 버스 안에서 터지자 기사가 놀라서 운전대를 놓치면서 벌어진 일이었다.

이제 재판 상황을 보자. 1980년 10월 25일, 광주항쟁으로 구속 기소된 175명에 대한 선고 공판이 상무대 보통군법회의 법정에서 열렸다. 보통군법회의는 정동년, 김종배, 박남선, 배용주, 박노정 등 5명에게 사형을 선고했다. 그 후 고등군법회의는 이 가운데 김종배와 박남선에게는 무기 징역을 선고하고 나머지 3명에 대해서는 사형 선고를 유지했다. 1981년 3월 31일 대법원은 상고를 기각하고 정동년, 배용주, 박노정에게 사형 확정 판결을 내렸다. 그러니까 대법원은 고등군법회의에서 정한 그대로 판결을 내린 것이다.

대법원 판결을 더 살펴보면 홍남순, 정상용, 허규정 등 7명에게는 무기 징역이 선고됐다. 그리고 김성용 신부, 명노근 전남대 교수, 전옥주, 김상윤 등 11명에게는 징역 10년에서 20년이 선고됐다.

1980년 10월 30일 계엄사는 88명을 형 집행 정지로 석방했다. 전두환·신군부는 1980년 10월부터 1982년 12월까지 네 차례에 걸쳐 광주항쟁 관련자를 전원 석방했다.

— 광주를 피로 물들인 자들은 훗날 일정하게 처벌을 받게 된다. 그러나 뒤늦은 것에 더해 너무나 미약한 처벌이라는 생각을 지울 수 없다.

1980년 6월 5일 자 동아일보. 계엄사가 이날 발표한
신원이 확인된 사망자 126명의 명단이다(왼쪽). 사망자
명단과 함께 계엄사는 "서울에서 있었던 학생 소요 및
광주사태의 배후 조종자 및 주동 극렬분자" 21명(장기표,
이해찬, 심재철, 이철, 김부겸, 신계륜, 설훈 등)을 지명
수배했다(오른쪽).

유혈 참극을 일으킨 군부에 대한 단죄는 5·16쿠데타 이후 처음 들어선 민간인 정부인 김영삼 정권 때 이뤄졌다. 김영삼 대통령은 1995년 11월 5·18특별법을 제정할 것이라고 밝혔다. 그해 12월 5·18특별법이 제정, 공포됐다. 이듬해인 1996년 2월 검찰은 12·12쿠데타와 5·17쿠데타, 광주 유혈 참극을 일으킨 전두환, 노태우, 정호용, 유학성, 황영시, 이학봉, 이희성, 주영복, 차규헌, 허화평, 허삼수, 최세창, 장세동, 박준병 등 16명을 내란 수괴, 내란 모의 참여, 내란 중요 임무 종사, 반란 수괴, 반란 모의 참여, 반란 중요 임무 종사 등의 혐의로 기소했다.

1996년 8월 26일 서울지법에서 전두환 사형, 노태우 무기 징역을 선고했고 그해 12월 16일 서울고법에서 전두환 무기 징역, 노태우 징역 17년 판결을 내렸다. 1997년 4월 17일 대법원은 전두환에게 반란 수괴, 내란, 내란 목적 살인 등 13가지 죄목을 모두 유죄로 인정해 무기 징역, 노태우 징역 17년을 확정하고 황영시, 허화평, 이학봉에게는 징역 8년, 정호용, 이희성, 주영복에게는 징역 7년, 3공수여단장 최세창에게는 징역 5년 판결을 확정했다. 또 재벌 총수 등으로부터 뇌물을 받은 데 대해 전두환에게 2,205억 원, 노태우에게 2,628억 원의 추징금을 선고했다. 불구속 상태로 재판을 받았던 이희성, 주영복은 수감됐다.

대법원은 전원 합의체에서 12·12쿠데타에 대해서는 군사 반란으로, 5·17 비상 계엄 전국 확대 및 그것에 이은 국가보위비상대책위원회 설치는 강압에 의한 국헌 문란으로 단죄했다. 5월 27일 상무 충정 작전에 대해서는 집권 목적을 달성하기 위한 내란의 저항 내지 장애가 되는 사람들을 살해해도 좋다는, 내란 목적의 명령이 들어 있다고 지적하고 내란죄를 적용했다. 대법원은 "헌법이 정한 민주적 절차에 의하지 아니하고 폭력에 의해 정권을 장악하는 행위는 어떠한 경우에도 용인될 수 없다"고 밝혔다.

이에 대해 5·18 학살자 재판 회부를 위한 광주전남공동대책위원회 위원장인 강신석 목사는 "내란 살인 등 혐의로 고발된 35명 가운데 8명에 대해서만 단죄가 내려진 데 대해서는 아쉬움이 크다"고 말했다. 그래도 전두환·신군부에 대해서는 사법부에서 단죄를 했지만 박정희의 5·16쿠데타, 유신 쿠데타와 그것에 의한 유신 정권에 대한 단죄는 역사의 평가에만 맡기는 것이 되고 말았다.

전두환과 노태우는 전직 대통령으로서 법에 의해 받던 예우를 박탈당했다. 전두환과 노태우는 1997년 12월 22일 석방됐다. 이들의 석방에는 대통령에 당선된 김대중 쪽에 부담을 주지 않으려는 점도 작용했다. 2006년 3월 정부는 전두환, 노태우, 정호용, 장세동, 허화평, 허삼수 등 신군부 14명에게 수여된 훈장과 '광주사태 진압 유공'으로 박준병 등 67명에게 수여된 훈장을 박탈하기로 의결했다.

광주 학살 최고 책임자로
전두환을 지목하는 증거들

광주항쟁, 열다섯 번째 마당

광주에서 공수 부대가 저지른 만행은
신군부의 '시국 수습 방안' 일환이었다

김 덕 련 1980년 5월 광주에서 유혈 사태를 일으키고 키운 자들의 책임 문제를 더 살폈으면 한다. 그 문제에서 빼놓을 수 없는 사람이 전두환 아닌가.

서 중 석 광주항쟁에서 가장 큰 쟁점은 유혈 사태, 공수 부대의 만행에 대한 가장 큰 책임은 전두환에게 있는 것이 아니냐, 공수 부대를 실제로 지휘한 건 전두환·신군부 비선 라인 아니냐는 것이다. 항쟁 당시 광주 시민들이 주장했던 바이고 그 이후에도 꾸준히 그런 주장이 있어왔다. 그렇지만 전두환은 '나는 보안사령관으로서 정보 수집, 수사만 했다. 광주사태 진압과는 명령, 지휘 계통이 다르다. 그렇기 때문에 나는 광주 학살에 책임이 없다', 이러한 태도로 일관해왔다. 비선 라인도 없다고 강조했다. 이 두 가지 주장을 어떻게 평가할 것인가 하는 문제다.

먼저 생각할 것은 공수 부대가 광주에 왔다는 것 자체가 유혈 사태 등 엄청난 피해를 초래하게끔 돼 있었다는 점이다. 영화 같은 걸 봐도 그렇고 이런저런 다른 자료를 통해서도 알 수 있는데, 한국뿐만 아니라 다른 나라에서도 공수 부대의 그런 면이 보이더라.

유신 말기 부마항쟁이 일어났을 때 박정희 정권이 부산에 공수 부대를 투입한 것과 연관해서 생각해볼 필요도 있다. 부산에서 시위가 사실상 거의 끝날 무렵인 1979년 10월 18일에 투입됐는데, 공수 부대가 그때 어떤 짓을 저질렀느냐 하는 것을 부산 사람들은 똑똑히 기억하고 있었다. 대검을 꽂은 총을 앞세우고 돌진해 닥치는 대로 총을 휘두르지 않았나. 그런 공수 부대가 그로부터 일곱 달 후 광주에 온 건데, 광주에서도 심한 짓을 할 것이라고 짐작할 수 있었다.

그뿐 아니라 특전사는 이미 1980년 2월에 충정 명령이라는 이름 아래 강력한 '폭동' 진압 훈련을 실시했다. 지옥 훈련을 통해 인간 폭탄이라고 부를 수도 있는 상태로 만들고, 정신 교육까지 겸해서 상대방, 이걸 '적'이라고 표현할 수도 있는데 그런 쪽을 어떤 식으로 타격할 것인가를 훈련했다. 그리고 전두환·신군부의 핵심 인물이던 노태우, 정호용 등이 참석해 1980년 3월 6일부터 열린 충정 작전 회의에서 군 투입이 필요한 사태가 발생하면 강경한 응징 조치를 취하겠다는 이야기가 오가지 않았나.

이러한 점들도 생각해야 하지만, 이런 것을 넘어서서 무엇보다 중요한 것은 광주에서 공수 부대가 한 행위는 전두환·신군부의 권력 탈취 방안이던 '시국 수습 방안'의 일환으로 일어났다는 점이다. 그 점이 가장 중요하다고 볼 수 있다. '거의 모든 국민이 민주화를 열망하고 있는데 5·17쿠데타로 그러한 민주화 열망을 무산시키면 많은 학생, 시민들이 반발하고 투쟁과 시위를 할 것이다', 그런 예상 아래 서울과 광주 등 중요 지역에 공수 부대를 비롯한 병력을 이미 배치한 상태였다, 이 말이다. 그리고 그런 시위가 일어나면 무자비한 진압, 그러니까 시위대 해산 정도가 아니라 시민들을 공포로 몰아넣는 무자비한 타격을 가할 계획을 세워놓고 있었다.

그렇게 해놓고 5·17쿠데타를 일으켰는데, 서울에서는 시위가 일어나지 않았다. 그런데 광주에서는 1980년 5월 18일 오전에 시위가 일어났다. 그러자 광주를 표적으로 삼아 집중하게 된 것이다. 광주가 시국 수습 방안의 일환으로 짜인 계획의 표적이 된 것이다. 그래서 경찰로 대처할 수 있는 시위였는데도, 광주에 이미 와 있던 7공수여단을 18일 오후 4시경 시내 한복판에 나가게 했을 뿐만 아니라 비슷한 시간에 서울에 있던 11공수여단까지 광주로 보냈다. 곧이어 3공수여단도 보냈다. 11공수여단에 3공수여단까지 가게 한 것은 바로 광주라는 지역 때문이었다. 특정 지역에 예민한 반응을 보였던 전두환·신군부는 5·17쿠데타에 대해 광주에서만 시위가 일어나자 광주에서 위력을 과시해 자신들의 권력 탈취에 대한 저항의 씨를 말리겠다는 일종의 강박 관념까지 가지고 있었던 것 같다.

그렇게 공수 부대를 보낸 자들이 광주 학살이 일어나고 광주에서 만행이 자행되는 데 최고 책임자, 지휘자들이라고 볼 수 있다. 그들이 누구인가에 대해서는 지금까지 쭉 얘기를 해온 바가 있지 않나.

광주항쟁 왜곡한 계엄사령관 담화문, 보안사에서 만들고 발표 방식도 정해줬다

— 전두환을 중심으로 한 신군부 이너 서클은 그 과정에서 구체적으로 어떤 역할을 했나.

1980년 5월 18일만 하더라도 11공수여단을 서울에서 광주로 보낼 때 정호용 특전사령관이 최웅 11공수여단장한테 뭐라고 얘기했나. "광주에 7(공수)여단 2개 대대가 계엄군으로 나가 있는데 소요 진압 작전을 못하고 매우 고전을 면치 못하고 있다", "광주에서 우리 애들이 밀리고 있고 유언비어까지 나돌고 있으니 조심하라", 이렇게 사실과 너무나도 다른 얘기를 하지 않았나. 그리고 육군 참모차장이자 계엄사 부사령관이던 신군부의 황영시는 이날 '전교사' 사령관한테 강력히 시위 진압을 하라고 지시했다.

황영시는 5월 21일에는 육군기갑학교장 이구호 준장에게 전차를 동원해 진압하라는 지시를 지휘 체계까지 무시하면서 내렸다. 박충훈 국무총리 서리가 광주에 내려온 5월 22일에는 정호용이 광주에 내려와서 일정한 역할을 하고 갔다. 이러한 사항들은 전두환·신군부의 이너 서클이 광주항쟁 진압 과정에서 중요한 역할을 했다는 걸 얘기해준다.

거기서 전두환의 역할이 뭐냐, 이게 중요한데 여러 가지로 결정적인 역할을 했다고 볼 수 있는 행위가 있다. 하나씩 살펴보면, 총격과 관련해서 자위권이라는 게 1980년 5월 21일 발동되지 않나. 그러한 자위권 발동을 국방부 장관에게 건의하는 형식의 회의가 그날 오전 10시 50분에 국방부에서 열리는데 전두환 보안사령관도 참석했다. 보안사에서 내부 문건으로 만든 《제5공화국 전사》, 이걸 《5공 전사》라고도 부르는데, 이 책을 보면 그 회의 장소에 이희성 계엄사령관, 주영복 국방부 장관, 전두환 합수부장 겸 보안사령관, 노태우 수경사령관, 차규헌 육사 교장, 정호용 특전사령관, 유병현 합참의장 등이 있었다고 나온다. 거기서 누가 가장 중요한 역할을 했겠나. 12·12, 5·17쿠데타 과정을 보거나 지금까지 나온 여러 자료를 쭉 보면 충분히 짐작할 수 있다.

그리고 그날 오후 1시 이후 광주 시민들을 정조준해 발포가 이뤄지게 된다. 계엄 당국은 집단 발포를 시작한 이후인 그날 오후 2시 55분 국방부 장관실에서 열린 회의에서 '군은 자위권을 갖고 있다'고 천명하기로 결정한다. 이 회의에는 주영복 국방부 장관, 계엄사령관 이희성을 비롯한 각 군 참모총장, 유병현 합참의장 등이 참석했는데 전두환은 무슨 바쁜 일이 있었는지 참석을 못하게 됐다. 그래서 이쪽에서 '사령관이 못 오면 처장이라도 참석하라'고 해서 보안사에서는 정도영 보안처장이 참석했다.

그리고 나서 이날 저녁 7시 30분 이희성 계엄사령관 이름으로 자위권을 천명하는 담화문이 발표됐다. '광주에서 이런 엄청난 사태가 확산된 건 다른 지역 불순 인물 및 고정 간첩들 때문이다'라고 하면서 광주항쟁을 왜곡해 특정한 방향으로 몰아간 담화문인데, 이희성 계엄사령관 이름으로 나간 이 담화문을 건네준 사람이 누구냐 하면 정도영 보안처장이다. 명의만 이희성 이름으로 나간 것이고 실제로는 보안사에서 만들었다는 얘기다.

이것에 대해 이희성은 검찰에서 "(1980년 5월) 21일 오후 4시경 국방부 장관실에서 보안처장 정도영이 자위권 천명 담화문 문안을 건네주면서 '담화문 발표를 텔레비전과 라디오 등 언론을 동원해 생중계하도록 하자'고 했다", 이렇게 진술했다. 문안을 만들어준 건 물론이고 구체적인 발표 방법까지 보안사에서 제시한 것이다.

그렇게 정도영이 건네준 담화문을 주영복 등이 참여한 자리에서 검토하는데, 유병현 합참의장이 여기서 또 얘기를 했다. 5·17쿠데타 그날 국방부 장관, 3군 참모총장, 합참의장 간담회에서 유병현이 "국회 해산은 위헌인 만큼 그 문제를 논의하지 않았으면 좋겠다"고 하면서 제동을 건 것으로 나와 있다고 전에 얘기했는데, 5월 21일 이때도 '일부 표현이 잘못됐다'고 하면서 다른 의견을 제시한 것이다. 담화문 초안의 내용과 표현은 굉장히 강경했던 것으로 보이는데, 유병현이 그런 의견을 내면서 표현이 일부 수정된다.˚ 그래서인지 사실 이 담화문에서 자위권 부분은 대체로 담담하게 표현돼 있다. 그렇게 고친 문안대로 언론 매체가 생중계하는 가운데 담화문을 발표하게 된다.

그런데 《5공 전사》를 읽어보면 노태우가 그다음 날(5월 22일) 상관인 이희성 계엄사령관한테 항의한 게 나온다. 자위권 보유를 천명하는 담화문을 왜 본래 문안대로 발표하지 않았느냐는 것이었다. 아무리 수경사령관이라고는 하지만 소장에 불과한 노태우가 대장인 합참의장과 계엄사령관이 고친 걸 문제 삼은 것이다. 누가 실세인지, 어느 쪽에서 이걸 주도했는지를 충분히 알 수 있게 하는 대목이다. 그러고저러고 간에 이 담화문을 만들어서 계엄사령관한테 준 쪽이 어디냐를 가지고도 충분히 알 수 있지 않나. 이런 걸 보더라도 전두환이 이 담화문 발표에서 결정적인 위치에 있지 않았느냐고 파악된다.

정조준 학살 다음 날 격려금 내리고
최종 진압 작전 앞두고 '하사금' 내린 전두환

— 훗날 대통령 재임 기간에 전두환과 그 일가는 드러난 것만 수천억 원에 이르는 어마어마한 규모의 검은돈을 챙긴다. 그런데도 전두환은 반성과 참회는 고사하고 추징금조차 제대로 납부하지 않으면서 수중에 29만 원밖에 없다는 궤변을 늘어놓는다. 물론 그 후에도 전두환 본인과 그 일가가 호의호식하며 떵

유병현은 당시 보안사에서 작성한 초안이 "광주 지역만을 대상으로 한 강경한 내용"이어서 자신이 수정을 제안했다고 1996년 7월 15일 법정에서 진술했다.

떵거리고 사는 모습은 언론 보도 등을 통해 수많은 시민들이 오늘날까지도 접해야 하는 쓰린 현실이다. 29만 원밖에 없다는 전두환의 궤변과 마찬가지로, 광주 학살과 무관하다는 전두환의 강변을 납득할 국민이 얼마나 될까 싶다.

5월 21일 오후 1시 직후부터 공수 부대 등이 무차별 집단 발포해서 그날 하루에만 도청 앞에서 시민 30여 명이 숨지지 않았나. 지난번에 이야기한 것처럼 태극기를 들고 구호를 외치다가 공수 부대의 총격에 쓰러지고, 다시 태극기를 들고 구호를 외치다가 또 총에 맞아 쓰러지는 일이 대여섯 번이나 거듭됐다.

그런데 그다음 날인 22일 전두환은 11공수여단장인 최웅한테 격려금 100만 원을 전달하도록 했다.● 이에 앞서 이미 5월 19일에도 전두환이 전남 출신 재경 유력 인사 8명을 광주에 보냈는데 이들한테 각각 50만 원씩, 모두 400만 원의 돈 봉투를 챙겨주면서 계엄군에게 우호적인 여론을 조성하라고 직접 나선 걸 볼 수 있다.

이런 것들은 어떻게 보면 앞에서 얘기한 다른 것들에 비하면 중요한 게 아니라고 할 수도 있지만, 하나하나 다 신경을 썼다는 점에 문제가 있다. 다시 말해 이너 서클의 우두머리가 공수 부대를 중심으로 한 계엄군이 광주에서 하고 있는 일에 하나하나 신경 쓰고 있지 않았느냐, 이 말이다. 그런 점에서 여러 가지를 추찰할 수 있다. 그와 더불어 전두환이 광주 만행에서 굉장히 중요한 역할을 했

● 광주항쟁 당시 중앙정보부 전남지부 책임자였던 정석환은 전두환이 자신에게 전화해 "최(웅) 장군의 사기가 극도로 저하돼 있을 터이니 '용기를 잃지 말고 분발하라'고 전해달라"는 말과 함께 격려금 전달을 지시했다고 훗날 검찰에서 진술했다.

을 것이라는 아주 중요한 증거로는 5월 25일 최규하 대통령이 광주에 갔다 온 것, 그게 전두환 작품이라는 것을 들 수 있다.

— 항쟁을 무력으로 진압하기 이틀 전에 이뤄진 대통령의 광주 방문에서 전두환은 어떤 역할을 했나.

《5공 전사》를 보면 전두환 보안사령관이 1980년 5월 24일 주영복 국방부 장관 및 각 군 참모총장과 '광주사태 대책 회의'를 했다고 나온다. 가장 중요한 군 최고 지휘부가 모여서 '광주사태 대책 회의'를 열었던 건데 이런 데서도 항상 누가 주도했겠나.

이날 합수부 안전처장 겸 보안사 보안처장인 정도영은 대책 회의 후 오찬 중이던 전두환 합수부장을 만나서 "최규하 대통령의 광주 선무 활동이 시급히 필요하다"고 얘기했다. 상무 충정 작전이라는 걸 대대적으로 펴서 광주항쟁을 철저히 짓밟으려 하는데 그에 앞서 '우리가 이렇게 노력했다'는 제스처를 대통령을 보내서 한 번 보여줄 필요가 있다, 이런 뜻이었다. 그러자 전두환이 "그것 참 좋은 생각이다"라고 희색을 띠면서 들어가서 식사를 빨리 마쳤다고 《5공 전사》에 나와 있다.

그 후 전두환은 주영복 국방부 장관한테 대통령의 광주 선무 활동이 필요하다고 건의했다. 건의하는 형식이었지만, 이런 식으로 사실상 시키는 경우가 많이 있지 않나. 주영복은 그 길로 청와대에 직행해 이걸 건의했다. 말이 건의지 실제로는 뭐였겠나. 그리고 정도영이 전두환에게 이야기한 다음 날인 5월 25일 최 대통령은 광주에 내려갔다. 이렇게 대통령을 광주에 보내서 선무 방송을 하게까지 했다. 중동 순방 중인 대통령을 쿠데타 전날인 5월 16일 밤에

급거 귀국케 한 것이 누구겠나. 이처럼 대통령을 조종할 수 있었던 사람을 빼놓고 광주에서 일어난 유혈 사태 전체에서 가장 책임 있는 위치에 있는 사람이 누구인지를 말할 수 있겠나.

5월 27일 새벽에 벌어진 상무 충정 작전에서도 전두환은 중요한 역할을 했다. 앞에서 말한 대로 24일 오후 전두환은 국방부 장관, 3군 참모총장과 '광주사태 대책 회의'를 했다. 그리고 25일 낮 12시 15분에 전두환, 이희성, 주영복, 특전사령관 등이 모여 상무 충정 작전을 최종 결정했다. 바로 이 결정에 대해 대법원이 내란 목적 살인죄를 적용했다는 것도 앞에서 말했다.

그런데 SBS 〈그것이 알고 싶다〉에서 공개한 미국 국무부 문서에는 "합참의장이 주한 미군 사령관에게 27일 0시부터 광주에 계엄군을 투입할 것을 알렸다"면서 "5월 25일 군 실력자 전 장군이 군사 작전이 필요하다고 결론을 내렸다", 이렇게 쓰여 있다. 이 문서에는 "군의 실력자 전두환이 교착 상태를 끝내기 위한 광주 진입에 강한 압박감을 느끼고 있다고 말했다"는 구절도 있다. 미국은 전두환에 특별히 방점을 찍고 있었다. 전두환이 광주에서 전개되는 작전의 결정권을 쥔 군 실력자임을 거듭 지적한 것이다.

내가 말하고자 하는 것은 전두환이 광주에서 진행된 작전이나 자위권을 결정하는 자리에 참석했고, 가장 중요한 마지막 작전(상무 충정 작전)을 결정하는 자리에 있었다는 점이다. 그보다 더 중요한 것은, 결론을 내릴 수 있는, 최종 결정을 할 수 있는 군 실력자라고 미국이 보고 있었다는 점이다. 이보다 더 확실하게 광주사태와 전두환의 관계를 말해주는 게 있겠나.

전두환이 군 실력자로서 광주사태의 실질적 배후였음을 시사하는 것이 하나 더 있다. 어쩌면 이 부분이 핵심 중 핵심을 가리킬

1983년 12월 전두환이 정호용 육군 참모총장의 보직 신고를 받고 있다. 정호용은 공수 부대 증파 결정, 전교사령관 교체 등 중요한 결정에 직접적으로 관여하고 수시로 광주에 내려가 작전 지휘에 개입했으며 상무 충정 작전 시행 때 주도적인 역할을 수행했다. 사진 출처: 국가기록원

수 있다는 생각이 든다.

── 무엇인가.

뭐냐 하면 상무 충정 작전을 몇 시간 앞두고 송정리 비행장과 전교사에 대기 중인 사병들에게 6,300만 원의 돈과 중식용 소 7마리를 내린 것이다. 국방부 과거사위원회에 따르면 최규하 3,000만 원, 이희성 3,000만 원, 전두환 300만 원이었다. 박정희가 부마항쟁 때 계엄군에게 김재규 중앙정보부장을 통해 '하사금'을 내린 것과

똑같이 '하사금'을 내린 것인데 최규하, 이희성, 전두환 중 누가 박정희와 비슷한 위치에 있었다고 생각할 수 있을까. 도대체 전두환이 액수는 적지만 최후의, 가장 중요하다는 작전을 앞두고 대통령, 계엄사령관과 동렬에서 하사금을 내린 의도는 뭘까.

공수 부대 '작전'에 비공식 지휘 체계, 곧 비선 라인이 작동했다는 주장은 당시부터 지금까지 쭉 제기됐다. 전두환 측근인 최세창 3공수여단장이 20일 밤 10시 30분부터 실탄을 분배했고 3공수여단은 그 이후부터 다음 날 새벽까지 발포해 4명이 사망했는데, 이 발포 명령이 어디서 내려왔느냐가 굉장히 중요한 문제였다. 군 공식 지휘 체계인 2군사령부에서 밤 11시 20분 '발포 금지, 실탄 통제' 지시가 내려온 것을 묵살한 것이기 때문이다. 3공수여단은 자신들의 상급 지휘 체계인 전투교육사령관 윤흥정이 총소리를 듣고 문의하자 '공포 사격'이라며 발포 사실을 숨겼다. 육본-2군-전교사-31사단-공수여단이라는 지휘 체계와 별도의 지휘 체계가 있었기 때문에 일어난 일로 볼 수밖에 없는 일들이 일어난 것이다(한겨레, 2017년 4월 22일 자).

국방부 과거사위원회는 5월 18일부터 27일까지 전개된 군 작전에 이상한 게 있다고 지적했다. 공수 부대의 실탄 분배처럼 중요 보고 사항인데도 상급 부대인 31사단이나 전교사에 그것을 보고하지 않았다는 것이다. 3공수여단, 11공수여단이 2군사령부, 전교사 승인 없이 발포한 것에 대해 5·18 연구자들은 최세창 3공수여단장 등과 정호용 특전사령관, 전두환으로 이어지는 비공식 지휘 체계에서 발포 명령자를 찾아야 한다고 지적한다.

당시 공수 부대만 별도로 쓰던 무전기와 31사단 등 일반 계엄군과 함께 쓰던 무전기, 이렇게 두 종류의 무전기가 있었다는 점도 별도의 지휘 체계가 있었음을 시사한다. 공수 부대에 P-77과 U-87 이라는 두 종류의 무전기가 있었는데 한 무전병은 "U-87 무전기는 오로지 (특전)사령부와의 교신에만 음어(비밀 언어)로 사용했다"고 증언했다. 법원 판결문에도 나와 있듯이 정호용은 공수 부대 증파 결정, 전교사령관 교체 등 중요한 결정에 직접적으로 관여하고 수시로 광주에 내려가 3개 여단장들과 접촉, 진압 대책을 논의하면서 작전 지휘에 개입했으며 상무 충정 작전 시행 때 중요 물품 조달과 주요 지점별 특공조 선정 등을 하는 등 주도적인 역할을 수행했다. 황영시 계엄사 부사령관이 계엄사-2군-전교사의 지휘 라인을 무시하고 직접 전교사 부사령관 김기석 등에게 여러 차례 헬기 투입 지시 등을 내린 것에서도 신군부의 성향, 행태를 읽을 수 있다.

이러한 여러 사실을 볼 때 전두환·신군부의 위치는 그 윤곽이 분명히 드러난다고 볼 수 있다.

광주 학살과 전두환의 책임에서 주요하게 거론된 것 중 하나가 전두환 자필 메모 문제다. 광주항쟁 기간 중 윤흥정을 대신해 전남북 계엄분소장이자 '전교사' 사령관으로 임명된 소준열은 '전교사' 사령관 취임 직후 '소 선배, 공수 부대 사기를 너무 죽이지 마십시오'라는 내용의 전두환 자필 서명이 들어 있는 메모를 정호용 특전사령관이 자신에게 전달했다고 1996년 7월 11일 법정에서 인정했다. 당시 '전교사' 교육훈련부장이던 임헌표도 1980년 5월 23일 정호용과 함께 헬기를 타고 '전교사'로 오던 중 정호용이 '무리가 좀 따르더라도 시위를 조기에 진압해주십시오'라는 취지의 전두환 친필 서명이 담긴 메모를 읽는 것을 목격했다고 1996년 7월 15일 법정에서 밝혔다. 임헌표는 "전두환이라는 서명이 확연해 전 씨의 자필 서명임을 알 수 있었다"고 말했다. 전두환은 "모함"이라며 이를 부인했다.

유언비어 최대 유포자는 계엄사?
《투사회보》등으로 진실 알린 시민

광주항쟁, 열여섯 번째 마당

환각제에 취한 공수 부대?
그런 말이 나돈 데에는 이유가 있었다

김 덕 련 광주항쟁을 되짚을 때 빠뜨릴 수 없는 사안 중 하나가 유언비어 문제다. 이 문제, 어떻게 보나.

서 중 석 광주항쟁, 광주사태와 관련해서 또 하나의 큰 쟁점이 유언비어 문제다. 당시 나돌았던 유언비어가 사실이냐 아니냐를 포함해서 유언비어가 어떤 역할을 했느냐 하는 것 등이다.

생각해보면 어디에서나 큰 사건이 벌어질 때에는 유언비어가 나돌기 마련이다. 1919년 3·1운동, 1960년 4월혁명, 1987년 6월항쟁 등도 그렇고, 출처가 불분명한 소문이나 과장된 소식이 시위와 투쟁에 영향을 끼치는 건 전 세계의 큰 사건에서 다 볼 수 있는 현상이다. 급박한 상황에서 사람들이 모든 걸 사실 그대로 다 파악하고 그것에 따라서 움직인다는 건 생각하기 어려운 일 아닌가. 사람들이 분노하거나 흥분할 때 경우에 따라서는 잘못된 사실도 일부 수용할 수 있다.

당시 계엄사는 '광주사태와 관련해 이러저러한 유언비어가 유포됐다'고 하면서 여러 가지 사례를 제시했다. 그게 얼마만큼 잘못된 것인가 하는 게 논쟁의 초점이 된다고 볼 수 있다.˚

제일 많이 지적되는 것으로 '공수 부대원에게 환각제를 먹였다. 독한 술을 먹였다', '경상도 군인이 전라도 씨를 말리러 왔다', 이런 것들을 들 수 있다. 이 가운데 당시 공수 부대원들에게 환각제나 술을 먹였다는 부분은 외신에도 보도된 바 있다. 사실 여부를 알 수는 없지만 이건 공수 부대원들이 너무나도 심한, 상상할 수 없는 만행을 서슴없이 저지른 것에서 비롯됐다고 볼 수 있다. '사람이 어떻게 온전한 정신을 가지고 그렇게 할 수 있겠느냐', 시민들 사이에서 이런 의혹이 제기되면서 독한 술 또는 환각제를 먹였다는 소문이 돌 수도 있었던 것이다. 당시 현장을 취재한 김영택 기자가 지적한 것처럼 어떤 상황에서 이런 이야기가 나왔느냐 하는 게 중요하다.

1988년에 천주교 광주 대교구 정의평화위원회에서 펴낸 《광주 시민 사회 의식 조사》를 보면 광주항쟁 당시 군인들에게 술과 흥분제를 먹여 투입했다고 보느냐는 문항에 25.7퍼센트가 '그건 사실이다', 55.8퍼센트가 '상당 부분 사실일 것이다', 이렇게 답변했다. 또 '군인들이 임산부의 배를 갈랐다'는 소문에 응답자의 17.7퍼센트가 사실이라고 답변했고, 54.7퍼센트는 상당 부분 사실일 것이라고 답했다. '상당 부분'이라는 것은, 똑같지는 않지만 그와 비슷한 일은 있었다는 뜻으로 해석된다. 전자에 대해 무려 80퍼센트가 넘는 응답자가, 후자에 대해 72퍼센트가 넘는 응답자가 1988년에 와서도 상당 부분 사실일 것이라거나 사실이라고 답변한 것은 1980년 5월 광주에서 얼마나 군인들이 있을 수 없는 짓을 저질렀느냐 하는 걸 말해준다. 당시 광주에 있었던 신고르넬리오 신부가 쓴 글에도 "마약을 먹었는지 눈이 번쩍번쩍했다", 공수 부대원들에 대해 이렇게 쓴 게 나온다. 공수 부대원들의 만행이 '비정상적인 사람이 아니면

● 광주항쟁 직후인 1980년 6월 9일 계엄사는 '일부 언론인이 불순 세력과 연계해 악성 유언비어를 날조, 유포하고 있다'며 언론인 8명을 연행, 조사할 방침이라고 발표했다. 그러면서 이들이 유포했다는 유언비어 8개를 제시했다. 이에 대해 김영택은 이 8개 중에서 "현 통치보다는 김일성 치하가 나을 것이다" 등 5개는 광주항쟁 당시 한 번도 유포된 적이 없으며, 나머지 3개 중 '계엄군에게 환각제를 먹였다'를 제외한 2개는 항쟁 당시 실제로 있었던 일에 더 참혹한 대목을 추가해 계엄사에서 유언비어로 조작한 것이라고 지적했다.

言論人 8명 連行조사

戒嚴司발표 유언비어 流布등 혐의

카터外交에 混線

華國鋒, 北傀軍使節과 회담

1980년 6월 9일 자 동아일보. 계엄사령부는 이날 "언론인이 조직적인 외부 불순 세력과의 연계와 사주에 따라 악성적 유언비어를 유포시켜" 8명의 현직 언론인을 연행해 조사할 방침이라고 발표했다. 8명의 언론인들이 유포했다는 유언비어는 다음과 같다. △ 고려연방제는 통일을 위한 밑거름이다. △ 김일성 치하에서 살아보았느냐, 현 통치보다는 김일성 치하가 나을 것이다. △ 학생 데모는 민족의 역사를 바른 길로 이끌어주려는 인민 해방 운동이다. △ 광주사태는 권력에 짓눌려온 민중의 의거이며 민중의 의거가 전국에 확산된다면 궁극적으로 통일이 될 수 있다. △ 월남이 망했다고 하나 분명히 분단 월남은 통일되지 않았는가. △ 계엄군이 여학생의 유방을 도려냈으며 광주 시민을 대검으로 무수히 찔렀다. △ 계엄군에게 환각제를 먹여 얼굴이 벌겋게 된 군인이 광주 시내를 누볐다. △ 모 운전사가 부상자 4명을 병원에 싣고 갔는데 계엄군이 이 운전사를 공개 처형했다.

저런 짓을 할 수가 있느냐', 이런 생각을 누구라도 갖게 한 것이다.

'경상도 군인이 전라도 씨를 말리러 왔다', 이 부분을 보자. 공수 부대원들 중 일부가 아주 강한 경상도 말씨를 쓰는 사람이 있었을 터이고 그러면서 지역적인 것도 작용하고 해서 '경상도 사람이니까 여기 와서 저런 짓을 하는 것 아니겠느냐'는 생각을 일부에서 했을 수 있다. 예컨대 한 기자가 쓴 걸 보면, 1980년 5월 21일 경상도 말씨를 쓰는 동아일보 취재 기자한테 한 아낙네가 "경상도 기자 양반이 와서 보기를 잘했소. 서울 가거든 군인들이 광주 사람 다 죽인다고 좀 알려주시오"라고 얘기하면서 통곡을 했다고 한다. '경상도 군인이 전라도 씨를 말리러 왔다'는 소문과 관련해서는 전두환을 비롯한 신군부의 실세가 경상도 사람이라는 것이 사람들한테 은연중에 떠오르고 또 어쩌면 그들에게 연행된 김대중도 생각나지 않았을까, 이런 점도 생각을 안 할 수가 없다.

── 여성의 유방을 대검으로 도려냈다는 이야기도 많지 않았나.

"계엄군이 여학생의 유방을 도려냈으며 광주 시민을 대검으로 무수히 찔렀다." 이것은 계엄사에서 발표한 유언비어의 한 사례이기도 하지만 당시 광주에서 많이 떠돌던 얘기였다. 이 얘기는 사실이었다. 공수 부대원이 여학생 등 여자들의 옷을 대검으로 찢고 가슴에 상처를 입혔다는 기록은 여러 곳에서 나온다.

1980년 5월 27일 상무관에 눕혀 있었던 시신들 중에는 유방이 대검에 찔려 숨진 여고생이 있었다. SBS 〈그것이 알고 싶다〉(2018년 5월 19일 방영)에도 총창과 함께 좌측 가슴 부분을 칼로 찔린 시신 얘기가 나온다. 이 방송은 검찰 조서에 '가슴이 잘린 여대생 시체'라고 쓰여 있는 것도 보여줬다. 1980년 5월 23일 주남마을 앞을 지나던 버스에 공수 부대원이 집중 발포를 했을 때 사망한 손옥례(당시 19세)의 검찰 검시 조서에 세 발의 관통 총상 위에 '좌유방부 자창'이라고 쓰여 있는 것도 나온다. 왼쪽 가슴 부분을 칼로 찔려 생긴 상처라고 명시돼 있다는 말이다. 이 버스 탑승자 중 유일한 생존자인 여고생 홍금숙(당시 17세)은 공수 부대원으로부터 "너도 유방 하나 잘리고 싶냐"는 협박을 들었다고 증언했다.

이처럼 "계엄군이 여학생의 유방을 도려냈으며 광주 시민을 대검으로 무수히 찔렀다"는 것은 '가슴을 찔렀다'를 '가슴을 도려냈다'로 바꾸었을 뿐 사실임이 분명하다. 그런데도, 김영택 책을 보면 계엄사는 대표적인 유언비어 사례 중 하나로 이것을 제시했다(동아일보, 1980년 6월 9일 자). 그뿐 아니라 1985년 국방부가 발표한 〈광주 사태의 실상〉에는 "총 사망자 191명 중에는 칼에 찔려 사망한 여자는 단 한 명도 없었다"고 나와 있다. 놀랍게도 가짜 뉴스를 천연덕스럽게 발표한 것이다. 대부분의 한국인이 광주의 진실을 모른다는 점을 악용해 악의적으로 거짓 선전을 일삼은 것이다.

이러한 거짓 선전은 1980년 5월 18일부터 이뤄졌다. 5월 18일 오후 3시 30분경 정호용은 동국대에 주둔하던 11공수여단 최웅 여단장에게 "광주에서 우리 애들이 밀리고 있고 유언비어까지 돌고 있으니 조심하라", 이렇게 말했다. 아직 7공수여단이 금남로에 나타나기 전인데도, 그래서 아직 어떤 유언비어도 있을 수 없는 때인데도 이렇게 유언비어 곧 가짜 뉴스를 특전사령관이 부하에게 유포한 것이다.

1980년대 전두환·노태우 정권 시기에는 광주사태와 관련해 수많은 사실을 조작하거나 은폐, 왜곡했다. 예행연습까지 시켜 국회 청문회에서 공공연히 말하게 했다. 그보다 월등 심한, 어떻게 이러한 얘기를 하는 인간이 있을 수 있는가 싶은 것은 갑자기 21세기에 들어와서 북한 특공대가 광주에서, 그것도 수백 명이나 활동했다는 가짜 뉴스, 유언비어다. 이 부분은 뒤에서 별도로 살펴보자.

독침 사건과 계엄사의 교란 작전

—— 전두환·신군부가 광주항쟁을 왜곡하고 시민들을 흔드는 과정에서 독침 소동도 일어나지 않았나. 어떤 사건이었나.

독침 사건을 보자. 앞에서 간략히 언급했지만, 간첩이 들어왔다는 소문과 관련이 있는 독침 사건 하나만 보더라도 어떤 식으로 유언비어가 돌았는가를 이해하는 데 도움이 된다. 5월 25일 아침 술집을 운영하는 장계범이라는 사람이 도청 농림국장실에 쓰러지다시피 들이닥쳐 "독침을 맞았다"고 소리를 쳤다고 한다. 시민군 한 사람이 장계범의 어깨를 살펴보려고 다가서자, 장계범은 "너는 필요 없어"라고 하면서 옆에 있던 정한규라는 운전사를 지목했다. 정한규는 상처에서 독을 몇 번 빨아내는 시늉을 하더니만 전남대병원으로 장계범을 실어갔다.

이 독침 사건이라는 게 발생하자, 간첩이 침투했다는 소문이 여기저기서 돌고 모두들 수군거리며 '불안해서 도청 안에는 더 이상 못 있겠다'고 하면서 일부는 빠져나갔다고 한다. 그런데 사실 이 사건은 미리 계획된 것이었다. 당국에서 침투시킨 정보 요원들이 전개한 도청 교란 작전의 일환이었다.

당시 학생수습대책위원회 부위원장이던 김종배는 시민군의 동요를 가라앉히고 순찰대원들한테 이 사건에 대해 다시 확인해보라고 지시했다. 그에 따라 순찰대원들이 전남대병원에 가보니까 장계범은 이미 달아나고 없었다. 순찰대원들은 달아나지 못한 정한규를 붙잡아서 물어봤다. 정한규 진술에 의하면, 정한규 이 사람은 23일 오후에 어떤 여자를 도청 안에서 만났는데 그때부터 그 여자를 통해 지속적으로 바깥과 연락을 취했다고 한다. 도청 상황을 시민군 무전기로 계엄군에 보고한 첩자였던 것이다.

복면군과 관련해서도 이런 문제가 제기됐다. 복면군은 말 그대로 복면으로 얼굴을 가린 사람들을 말하는데, 당시 복면군 문제가 시민군 사이에서 있었다. 복면군이 몇 명인지는 알 수 없지만, 이 사람들은 과격 투쟁 같은 걸 막 주장하고 그랬다. 그래서 주위에서 의심을 받기도 했고, 이 사람들 가운데에는 모처에서 보낸 자들도 들어 있었던 것 아니냐는 얘기도 나온다.*

---

* 김영택에 따르면, 계엄군 철수 다음 날인 1980년 5월 22일부터 시위대, 그중에서도 시민군 가운데 복면으로 얼굴을 가린 사람이 부쩍 늘어났다. 그 이전, 즉 서울의 봄에서 광주항쟁 전반기까지는 그런 사람을 찾아보기 어려웠다. 김영택은 복면 부대가 무기 반납을 강하게 반대하는 등의 모습을 보이다가 무력 진압 직전인 5월 26일 밤 이후 거의 자취를 감췄다며 의문을 표했다.

한편 계엄군이 요원들을 광주에 투입해 시민들을 교란한 사실은 계엄사 발표에도 나온다. 1980년 5월 31일 계엄사는 "시내에 은밀히 폭도를 가장, 침투시켰던 요원과 매수했던 난동분자"를 활용해 작전을 전개했다고 밝혔다.

이와 관련, 국방부 과거사위 보고서에는 광주항쟁 당시 보안사 요원들이 광주에 잠입해 지하 정보 활동 및 특수 임무를 수행한 사실이 담겨 있다. 또한 동아일보는 2013년 5월 23일, 정수만 전 5·18민주유공자유족회장이 찾아낸 군 작전 일지 등을 바탕으로 광주항쟁 당시 신군부가 비밀리에 민간인으로 위장한 군인 300명을 1980년 5월 25일 서울에서 광주로 보내 선무 공작을 전개했다고 보도했다. 그와 함께 선무 공작 요원 투입 6일 전에는 편의대(농민, 행상 등으로 가장해 주민과 함께 움직이며 임무를 수행하는 임시 특별 부대)를 운용했다는 사실도 전했다.

광주사태는 고정 간첩 때문?
허위 사실 마구 퍼뜨린 계엄사

— 앞에서 유언비어 문제를 살펴봤지만 광주항쟁 당시 전국적으로 거짓 선전을 하고 유언비어를 유포한 핵심 당사자는 정부, 계엄 당국 아니었나.

계엄사 쪽, 실제로는 전두환·신군부 그쪽인데 여기에서는 불순분자, 고정 간첩, 그리고 유언비어가 광주사태를 그렇게 크게 만들었다는 식으로 주장했다. 그렇지만 계엄사에서 발표한 김대중 사건처럼 사실과 전혀 다른 주장을 한 건 무엇으로 봐야 하는 건가. 그렇게 해가지고 일반 국민들을 오도하고 광주 시민들을 분노케 한 건 무엇으로 봐야 하는 건가.

1980년 5월 21일 계엄사령관 이희성이 발표한 담화문, 그것도 광주 시민들한테는 '유언비어 중에서 이렇게 고약한 악성 유언비어가 어디 있느냐', 이런 생각을 갖게 했다. 전에 살펴본 것처럼 "오늘의 엄청난 사태로 확산된 것은 상당수의 타 지역 불순 인물 및 '고첩'들" 때문이라고 얘기하지 않았나. 광주 시민들이 생각하기에 이게 얼마나 터무니없는, 자신들을 모욕하는, 말도 안 되는 억지 주장이었겠나.

담화문뿐만 아니라 이희성 이름으로 나온 경고문에도 그 얘기가 또 나온다. "시민 여러분, 소요는 고정 간첩, 불순분자, 깡패들에 의하여 조성되고 있습니다"라는 삐라를 만들어서 막 돌렸다. 그럴 때마다 광주 시민들의 분노는 더 커질 수밖에 없었다.

이처럼 계엄사가 허위 사실을 퍼뜨린 게 얼마나 많았나. 광주

계엄사령관 이희성의
이름으로 발표된 경고문.
"일부 고첩과 불순분자들이
여러분의 대열에 끼어
폭도화하고 있으므로 부득이
소탕전을 실시하지 않을 수
없"다고 말하고 있다.

시민들은 그렇게 생각할 수밖에 없었다. 간첩 얘기도 그것과 비슷한데, 도대체 당국이 발표한 대로 당시 광주에 간첩이 그렇게 많았다면 도처에서 붙잡혔어야 하는 것 아닌가. 그런데 그렇지 않았다.

— 이 시기에 당국에서 남파 간첩을 체포했다고 발표한 사례가 있지 않나.

간첩으로 얘기된 사람이 한 명 있었다. 누구냐 하면 이창용이라는 사람이다. 1980년 5월 23일 이창용을 체포했다고 그다음 날(24일) 발표됐는데, 국방부 과거사위 보고서를 보면 당시 보안사에서 이창용을 어떻게 규정했는가 하는 내용이 나온다. 보안사 자료에는

'북괴 간첩 이창용 검거' 소식을 보도한 1980년 5월 24일 자 경향신문. 수사 기록과 재판 기록에 의하면, 이창용은 1980년 5월 16일 전남 보성을 통해 침투했고 광주에서 일어난 시위와는 상관없이 남파됐다.

이렇게 돼 있다. "5·23 광주 지역에 침투하여 유언비어를 날조, 유포하고 대중을 선동하는 것을 임무로 침투한 북괴 간첩 이창용이 서울역전에서 주민들의 신고로 검거되었음. 이 간첩은 독침까지 휴대하고 있어 시위 군중 속에 들어가 시위자를 살해하여 폭동을 더욱 격화시킬 준비마저 갖추고 서해안으로 침투, 잠입한 자였음."

　이처럼 전두환·신군부 세력은 남파 간첩으로 내려온 이창용을 광주에서 일어난 시위와 연관시켰다. 그렇지만 수사 기록과 재판 기록에 의하면, 이창용은 그해 5월 16일 전남 보성을 통해 침투했고 광주에서 일어난 시위와는 상관없이 남파됐다. 광주항쟁과 관련된 임무나 광주에 잠입하기 위한 시도도 발견할 수 없었다. 수사기록, 재판 기록을 보면 그렇다는 말이다. 그런데도 "신군부 세력은 광주민주화운동이 북한과 연관된 것처럼 여론 조작을 하기 위해 허위 사실을 유포했다"고 국방부 과거사위는 보고서에 썼다.

거듭 강조하지만 계엄사령관 이름으로 낸 담화문, 경고문에서 광주에서 일어난 일이 고정 간첩과 연관돼 있다는 터무니없는 주장을 하지 않았나. 그게 뭘 뜻하는 것이겠나.[•]

제 역할 못한 언론,
《투사회보》 등으로 진실 알린 시민

—— '5·18 당시 600명 규모의 북한군이 광주에 침투했다'는 종편 보도는 한국 사회에서 언론 개혁이 얼마나 중요한 과제인가를 다시 한 번 절감하게 한다. 1980년 당시에도 대다수 언론은 오월 광주의 진실을 제대로 전하기는커녕 입을 다무는 것으로도 모자라 왜곡 보도까지 하지 않았나.

유언비어 같은 것이 일정하게 유포되고 또 힘도 가질 수 있었던 데에는 언론이 제 역할을 하지 못한 게 크게 작용했다. 진실, 사

• 계엄사만이 아니라 정부에서도 광주항쟁이 마치 북한과 연결된 것처럼 잘못 생각하게 만드는 발표를 했다. 정부 대변인인 이광표 문공부 장관은 광주항쟁 무력 진압 전날인 1980년 5월 26일 성명을 발표하고 "북한 공산 집단은 5월 25일 평양 시민 군중 대회를 개최, 광주 지역의 소요를 공공연히 지시, 선동하는 등 사회 각 분야에서 대립을 조장, 대중 봉기를 통한 폭력 혁명을 계속 책동하고 있다"고 주장했다. 그러나 광주항쟁은 북한의 지시, 선동과는 아무런 관계가 없었다.

투사회보 제6호   1980. 5. 23 (금)

**광주시민의 민주화 투쟁
드디어 전국적으로 확산되다**

광주시민은 하나로 뭉쳐 더욱 힘을 내어 싸웁시다./
계엄당국의 끝임없는 억압과 허위사실 날조에도 불구하고
민주화 투쟁의 열기는 전국적으로 확산되고 있다.

전남도민은 분연히 일어섰다.

민주화 투쟁은 광주, 목포, 담양, 장성, 나주, 보성 등 16개 시군으로
확산되어 유신잔당의 반민주 억압에 항거 더욱 열기를 더해가고있다.

세계각지의 언론기관은 광주사태의 진상을 대대적으로 보도하고
있으며 한국기자 협의회의 기자들은 광주의 장임하여 진상취재에
앞장서고 있다.

◦ 우리의 행동강령 ◦

첫째, 광주시민은 최규하 정부가 총사퇴할때까지 끝까지 싸운다.
둘째, 광주시민은 우리의 요구가 관철될때까지 무장을 강화한다.
셋째, 중고등학생의 무기소지를 금한다.
넷째, 계엄군이 발포하지 않은 한 우리가 먼저 발포하지 않는다.
다섯째, 광주시민은 대학연들의 질서있는-투쟁에 전적으로 협력한다.

· 민주시민들이여! 서로 힘을 합(슴)합시다 ·
광주시민 민주투쟁 협의회

항쟁 당시 대안 언론 역할을 한 《투사회보》.
윤상원이 "지금은 모든 소식이 끊겼으니 시민들에게
올바른 행동 지침을 전달해주어야 할 소식지가
필요하다"고 역설했고, 박효선 등의 동의를 얻어
《투사회보》를 내게 됐다.

실을 일반 국민이나 광주 시민들이 제대로 알 수 있었다면 계엄사가 터무니없는 가짜 뉴스를 유포하는 데, 그리고 유언비어가 도는데 한계가 있었을 것이다. 1980년 5월 20일 밤 광주 MBC가 불타고 광주 KBS가 21일 새벽까지 여러 차례 공격을 받고 방송을 중단한 것이 뭘 얘기해주느냐, 이 말이다.

이 때문에도 광주 시민들은 경상도와 관련해 지역감정을 유발하지 말라고 촉구하는 활동, 즉 '경상도 군인이 전라도 씨를 말리러 왔다'는 등의 유언비어가 유포되는 것을 경계해야 한다는 활동을 전개했다. 그와 동시에 나름대로 유인물을 만들어 배포하고 그랬다. 진실, 사실을 알려야 한다고 보고 그렇게 한 것이다.

5월 18일 첫날부터 전남대의 '대학의 소리' 팀, 극단 광대 팀, 백제야학 팀에 의해 여러 종류의 유인물이 제작됐다. 19일 새벽 광주시민민주투쟁회 이름으로 '호소문'이, 조선대민주투쟁위원회 이름으로 '민주 시민들이여!'가 배포됐다.

윤상원이 중심이 된 들불야학 팀에서는 19일부터 유인물을 제작했다. 21일부터는 들불야학 팀에서 본격적인 소식지를 만들었다. 《전남민주회보》와 8호까지 나온 《투사회보》를 제작했다. 윤상원이 "지금은 모든 소식이 끊겼으니 시민들에게 올바른 행동 지침을 전달해주어야 할 소식지가 필요하다"고 역설했고, 박효선 등의 동의를 얻어 《투사회보》를 내게 됐다. 그다음에 나온 유인물은, 호수는 《투사회보》를 잇는 의미로 9호를 사용하면서 명칭을 《민주시민회보》로 바꿨다. 제호를 투사에서 민주 시민으로 바꾼 것은 의미가 클 수 있다. 변화를 보인 것이다. 제10호 《민주시민회보》는 27일 인쇄만 하고 미처 배포하지 못한 상태에서 계엄군이 진입하면서 계엄군에 압수를 당했다. 이것과 관련해서 더 얘기하면, 광주항쟁에서 윤상원 등이 무조건 강경파였다고 오해하는 사람들이 있는데 광주 정신, 항쟁 정신과 연관해 더 정확히 파악할 필요가 있다. 김영택은 5월 18일부터 27일까지 유인물이 50여 종 나온 것으로 파악했다.

《투사회보》를 비롯한 유인물은 항쟁에서 큰 역할을 했다. 그렇지만 광주 일원에만 배포돼 국내 전체에서 널리 읽힐 수는 없었다. 그리고 사실을 전달하기보다 선전이나 투쟁 의식 고취에 역점을 둘 수밖에 없었다. 그래서 광주 시민들이 공감대를 형성하는 데에는 기여했지만, 희생자 숫자 보도 등에서는 과장이나 추측도 있었다.

그런데 정말 일선 기자들이 진실을 보도하려는 노력을 하지 않았느냐 하면 그렇지 않다.

부끄러워 붓을 놓은 기자들, 그러나 조선일보는 달랐다

—— 어떠한 노력을 했나.

지난번에 '게라지' 사례를 얘기했는데 동아일보 기자들만 하더라도 5월 19일, 20일 광주사태에 대해 현지에서 써 보낸 글을 어떻게 해서든지 신문에 내보려고 노력했다. 그러나 검열에서 그게 통과될 수가 없었다. 그 당시에 그건 있을 수 없는 일이었다.

광주항쟁이 일어나기 전부터 이미 기자들은 검열 철폐 목소리를 내고 있었다. 광주항쟁 이틀 전인 5월 16일 한국기자협회장 김태홍 주관 아래 회의를 열고, 5월 20일 자정을 기해서 계엄사의 보도 검열을 거부하자는 결의를 했다.

우리는 보았다.

사람이 개끌리듯 끌려가 죽어가는

것을 두눈으로 똑똑히 보았다.

그러나 신문에는 단한줄도 싣지못

했다.

이에 우리는 부끄러워 붓을 놓는다.

1980. 5. 20

전남매일신문기자 일동

전남매일신문사장   귀하

1980년 5월 20일 전남매일신문 기자들이 쓴 사표. 당시 기자들은 이 사표를 2만 장 인쇄해 광주 시내에 뿌렸다.

전남매일신문은 5월 20일 기자들이 결의해서 18일, 19일에 있었던 특전사 군인들의 잔학상을 기사로 썼다. 그런데 인쇄 직전에 중역실 간부가 쫓아 나와서 판을 엎어버렸다. 그러자 전남매일신문의 모든 기자가 사직하기로 결의하고 다음과 같은 집단 사직서를 써서 광주에 뿌렸다. "우리는 보았다. 사람이 개 끌리듯 끌려가 죽어가는 것을 두 눈으로 똑똑히 보았다. 그러나 신문에는 단 한 줄도 싣지 못했다. 이에 우리는 부끄러워 붓을 놓는다. 전남매일신문 기자 일동." 전남매일신문은 21일부터 발행을 중단했는데 전남일보가 뒤따라 발행을 중단했다. 두 신문 다 6월 2일에야 속간했다.

6월 2일 속간하면서 전남매일신문은 사람들이 영원히 기억할, 심금을 울리는 시를 1면에 무등산을 배경으로 한 광주 전경 사진과

1980년 6월 2일 자 전남매일신문 출판본(왼쪽)과 검열본. 시인 김준태가 동료 교사 부인의 참혹한 죽음을 계기로 피눈물을 삼키며 쓴 시 〈아아, 광주여! 무등산이여!〉. 이 시는 원래 87행(오른쪽, 빨간색으로 '삭'이라고 쓰여 있다)이었으나 계엄사의 검열 끝에 33행만 실렸다(왼쪽).

1980년 5월 22일 자 동아일보 1면. 계엄사에서 진실 보도를 막고 사실의 많은 부분을 깎아낸 것이었는데도 가판 40여만 부가 순식간에 팔려나갔다.

함께 실었다. 시인이자 전남여고 교사이던 김준태가 동료 교사 부인의 참혹한 죽음을 계기로 피눈물을 삼키며 이 시를 썼다. 87행의 장문이었으나 계엄사와 밀고 당기기 끝에 33행만 싣게 됐다. 제목도 〈아아, 광주여! 무등산이여!〉가 〈아아, 광주여〉로 바뀌었다. 김영택 기자 책에는 원문 87행이 모두 실려 있는데 이 시의 첫 절은 다음과 같다.

"아아 광주여 무등산이여/ 죽음과 죽음 사이에/ 피눈물 흘리는/ 우리들의 영원한 청춘의 도시여/

우리들의 아버지는 어디로 갔나/ 우리들의 어머니는 어디서 쓰러졌나/ 우리들의 아들은/ 어디에서 죽어서 어디에 파묻혔나/ 우리들의 귀여운 딸은/ 또 어디에서 입을 벌린 채 누워 있나/ 우리들의 혼백은 또 어디에서/ 찢어져 산산이 조각나버렸나/

하느님도 새떼들도/ 떠나가버린 광주여/ 아침저녁으로 살아남아/ 쓰러지고, 엎어지고 다시 일어서는/ 우리들의 피투성이 도시여/ 죽음으로써 죽음을 물리치고/ 죽음으로써 삶을 찾으려 했던/ 아 아 통곡뿐인 남도의 불사조여, 불사조여, 불사조여"

이 시의 마지막 절(4절)은 이렇게 시작된다. "아아, 광주여 무등산이여/ 죽음과 죽음을 뚫고 나가/ 백의의 옷자락을 펄럭이는/ 우리들의 영원한 청춘의 도시여/ 불사조여 불사조여 불사조여/ 이 나라의 십자가를 짊어지고/ 골고다 언덕을 다시 넘어오는/ 이 나라의 하느님 아들이여"

광주의 유혈 사태, 광주항쟁은 다른 사안하고는 달랐다. '다른 사안의 경우 계엄사가 검열하는 것에 따라가는 것이 있을 수도 있다고 하더라도 광주에서 일어난 일, 이건 그럴 수 없다. 그것조차 검열대로 한다는 건 있을 수 없는 일이다'라는 생각을 가진 기자들이 많았다. 그래서 광주 시민을 난동분자, 폭도로 표기할 것을 강요하는 것에 제작 거부로 맞서야 한다고 해서 5월 20일부터 경향신문 등에서 제작 거부 투쟁이 벌어졌다.

경향신문의 경우 대부분의 평기자들이 제작 거부에 동참했다. 그렇지만 부장과 차장 등 몇몇 사람이 변칙적으로 신문을 제작했다. 중앙일보와 동양방송에서도 19일 총회를 개최하고, 광주에서 일어나고 있는 일에 대한 왜곡 보도를 시정하고 진실을 보여줄 수 있을 때까지 제작을 거부한다고 결의했다. 중앙일보와 동양방송에서는 20일부터 25일까지 제작을 거부했다. 그러나 소수가 제작하면서 왜곡과 은폐가 더 심하게 나타나고 있다고 판단하고 27일 제작에 복귀했다. 한국일보에서도 19일 기자 총회를 열고 20일부터 검열 거부, 제작 거부에 돌입했다. 동양통신 기자들은 21일부터 검열 거부, 제작 거부에 들어갔다. 부산일보는 5월 22일 '광주 시위 연 5일 인근 확산, 수십 명 사망 수백 명 부상'이라는 제목으로 호외를 내보냈다. 이렇게 많은 주요 언론의 기자들이 나름대로 노력을 하긴 했지만 전부 검열이라는 데서 막혔고, 회사 상층부에서는 일부 간부들을 데리고 신문을 계속 내버렸다.

당시 광주에서 현장을 낱낱이 취재했던 김영택 기자는 동아일보 상황에 대해 이렇게 썼다. 동아일보에서는 19일부터 사설 없는 신문을 나흘째 냈는데, 22일에 1면 전체와 사회면 일부를 광주 기사로 꽉 메운 지면을 검열관에게 내밀었다. 물론 일부만 통과되고 나머지는 '안 된다. 삭제하라'는 지시를 받았다. 그래서 다시 쓰기를 반복했는데, 그렇게 고쳐 쓴 것이 세 번째 만에 통과됐다. 그렇게 해서 네 시간이나 지연돼서 '광주 데모 사태 닷새째'라는 제목의 1면 기사가 발행됐다. 그러자 가판 40여만 부가 순식간에 팔려나갔다. 계엄사에서 진실 보도를 막고 사실의 많은 부분을 깎아낸 것이었는데도 그렇게 팔려나간 것이다. 그만큼 많은 사람이 광주의 진실에 목말라했다.

이러한 노력들이 있었던 건 틀림없다. 그러나 당시 매스컴들이 한 짓을 전체적으로 보면, 특히 조선일보 같은 신문들을 보면 광주 사람들은 분노하지 않을 수 없었다. 5월 22일 이전에는 광주에 대한 보도 자체를 찾아보기가 어려웠고, 5월 22일부터는 중앙 일간지가 광주 기사를 많이 실었지만 대개는 계엄사 발표를 그대로 옮기는 수준이었다. 사실을 확인하지 않고 그런 발표를 게재해 광주를 '폭도의 도시'로 고착화했다. 조선일보의 경우 '광주의 소요'와 '간첩의 준동'을 자연스럽게 연결시키는 등 전두환·신군부의 의도를 뒷받침해주는 것 아닌가 하는 의구심이 들게 했다.

전두환·신군부는 광주항쟁의 진실을 가리고 여론을 조작하기 위해 언론사를 겁박하는 한편 돈을 뿌렸다. 이에 대해 경향신문 기자였던 윤덕한은 《한국 언론 바로 보기 100년》에 실린 글에서 이렇게 증언했다. "광주에서 유혈극이 절정에 달하고 있던 (1980년) 5월 22일 전두환은 각 언론사 발행인을 불러 계엄 확대 조치의 배경과 불가피성을 설명하고 언론계의 협조를 요청했다. 이어 사태 보도의 실질적인 책임자인 사회부장들을 요정으로 불러내 똑같은 당부를 하고 1인당 100만 원씩 촌지를 돌렸다. 당시 중앙 일간지의 부장급 월급이 45만 원 내외였으므로 100만 원은 촌지의 수준을 넘는 거금이었다."

보안사 정보처는 자신들이 원하는 기사를 생산하기 위해 광주 현지에서 기자들을 인솔할 계획(1980년 5월 24일, 광주 소요 사태 언론인 취재 유도 계획)을 세웠다. 국방부 출입 기자와 사회부 기자 등 총 49명을 불러 보안사 간부의 인솔 아래 광주에서 취재하게 하되 사회부 기자들에게는 1인당 30만 원, 국방부 출입 기자들에게는 각 20만 원씩 총 820만 원을 배정한다는 계획이었다.

이처럼 전두환·신군부는 여론 조작을 위해 여러 조치를 취했다. 그렇지만 언론사들이 권력에 당하기만 하는 존재였기 때문에 오월 광주에 관한 낯 뜨거운 기사들이 난무했다고 볼 수는 없다. 일부 언론사는 정말 해도 너무했다는 비판을 받을 수밖에 없는 보도에 앞장서며 전두환·신군부와 밀착하는 모습을 보였다. 특히 조선일보는 전두환 정권 시기에 몸집을 엄청나게 불리며 한국에서 가장 힘센 신문으로 거듭나게 된다.

광주의 진실 알리려
가시밭길 택한 사람들

광주항쟁, 열일곱 번째 마당

무엇을 할 것인가를
끊임없이 묻게 만든 광주의 진실

김 덕 련 광주를 피로 물들인 자들은 광주항쟁의 진실을 왜곡하고 철저히 은폐하려 했다. 5·16쿠데타 세력이 한국전쟁 전후 민간인 학살의 진상 규명 및 피해자 명예 회복 노력을 힘으로 짓밟으며 '제2의 학살'을 자행한 것과 마찬가지로, 그 후예인 전두환·신군부의 그러한 행위는 광주 시민을 두 번 죽이는 짓이었다. 그러한 왜곡과 은폐에 맞서 진상을 규명하고 널리 알리는 것이 무엇보다도 중요한 과제 아니었나.

서 중 석 제일 중요한 것은 광주의 진실이다. 이것은 어떤 면에서는 광주항쟁이 끝난 후에도 광주항쟁 때와 마찬가지로 아주 중요한 문제였다. 이것과 관련해 외신이 상당한 역할을 했다.

2016년 2월 한겨레는 '5·18 광주 세계에 알린 기자 정신 망월동에 잠든다'는 제목 아래 독일 언론인 위르겐 힌츠페터가 1월 25일 별세한 소식을 전했다. 이 사람은 일본 특파원이었는데, 1980년 5월 18일과 19일 광주 현지에서 계엄군에 의한 참상을 카메라로 기록한 뒤 이튿날 도쿄로 돌아가 이 영상을 독일 본사로 보냈다. 광주의 비극을 전 세계에 알린 것이다. 5월 23일 다시 광주를 찾은 힌츠페터는 계엄군이 물러난 후 시민들이 자치 공동체를 이룬 '해방 광주'의 모습도 찍어 전 세계에 알렸다.

이런 활동으로 힌츠페터는 2003년에 제2회 송건호 언론상을 받았는데, 광주항쟁 당시 취재와 관련해 이렇게 얘기했다. "모두 10개의 광주 필름을 쿠키 깡통처럼 포장해 함부르크 뉴스 센터로 보냈다. 현상된 필름의 마지막 1센티미터까지도 버리지 않으려 애썼다."

2004년 심장 마비로 쓰러졌을 때 이 사람은 광주 망월동 묘지에 묻히고 싶다는 의사를 밝혔다. 힌츠페터는 2016년 별세했다. 부인은 현실적으로 남편이 한국에 묻히기는 어렵다며 상징적으로 손톱과 머리카락을 보냈다. 옛 망월동 묘역 들머리 한쪽에 힌츠페터 묘소(기념 정원)가 마련됐다. 내가 2018년 12월 그곳을 찾았을 때 영화 〈택시 운전사〉 주인공으로 나오는 실제 운전사 김사복도 2019년 3~4월쯤 힌츠페터 옆자리로 이장할 예정이라는 얘기를 들었다.

항쟁 당시 외신의 경우 1980년 5월 21일부터 광주에서 일어난 일을 보도했다. 국내 신문 기자들은 취재하는 데 제약이 많았고 일부 신문, 방송사 기자에 대해서는 광주 시민들이 심한 반감을 보이며 출입을 봉쇄했다. 그렇지만 광주에 온 외신 기자들의 경우 출입이 자유스러웠을 뿐만 아니라 오히려 안내를 받아가며 시위 현장을 방문하고 시민들을 만날 수 있었다. 그리고 별도의 브리핑을 받기도 했다.

광주의 비극에 관한 진실은 외국 언론을 통해 국내로 거꾸로 유입되기도 했다. 1980년대 내내 그런 일이 있었다. 외신 기자들은 바깥세상으로 진실을 알릴 수 있는 통로였다.

—— 광주의 진실은 한국 사회에 크나큰 영향을 끼치지 않았나.

광주 유혈 사태, 광주항쟁은 특히 젊은이들한테 엄청난 충격으로 다가갔다. 광주의 진실, 이것을 접한 젊은이들은 무엇을 할 것인가를 1980년대 내내 되물었다. 잔인한 유혈 사태, 시민을 향한 발포, 그러한 공수 부대에 과감히 맞서 싸운 시민들, 이 모습들은

1980년대 내내 광주는 우리에게 무엇인가, 우리는 무엇을 해야 하는 것인가를 끊임없이 묻게 했다.

1980년 5월 30일 서울 기독교회관에서 서강대생 김의기가 뛰어내려 목숨을 끊었다. '동포에게 드리는 글', 김의기가 뛰어내리면서 뿌린 이 글에는 이렇게 쓰여 있다. 그 일부를 보자.

"피를 부르는 미친 군홧발 소리가 우리가 고요히 잠들려는 우리의 안방까지 스며들어 우리의 가슴팍과 머리를 짓이겨놓으려고 하는 지금, 동포여 무엇을 하고 있는가.

동포여, 우리는 지금 무엇을 하고 있는가. 보이지 않는 공포가 우리를 짓눌러 우리의 숨통을 막아버리고 우리의 눈과 귀를 막아 우리를 번득이는 총칼의 위협 아래 끌려다니는 노예로 만들고 있는 지금, 동포여 무엇을 하고 있는가?"

광주항쟁 무력 진압 사흘 후인 이날 김의기 학생은 짧은 생을 마감하면서 이렇게 물었다. 그러한 광주의 진실을 세상이 알게 하는 것은 광주항쟁에 이어서 굉장히 중요했는데, 광주의 진실을 알리는 데 천주교 광주 대교구가 큰 역할을 했다.

어두운 시절, 고난을 감내하며
광주의 진실을 알린 천주교인들

—— 천주교 쪽에서는 어떤 활동을 했나.

천주교회는 미사 강론, 개인이나 집단에 의한 진상 발표 등을 통해 광주항쟁의 진실을 알리는 데 큰 역할을 했다. 특히 진실 알리기가 무엇보다도 중요한 시기였던 1980년 5월 27일을 전후한 시기부터 그해 6~7월에 걸쳐 천주교인은 다른 어느 종교나 단체보다 적극적으로 활동했다. 그렇지만 이러한 활동은 서울 대교구 같은 데서 개별적으로 한 걸 제외하면 광주 대교구하고 전주 교구에서 주로 했고, 대부분의 교구는 교구 단위에서는 침묵을 지켰다.

천주교회가 진실을 알리는 데 중요한 역할을 할 수 있었던 기본 요인은 언론이 제 역할을 못한 것이었다. 당시 언론은 진실을 알리기는커녕 계엄사, 전두환·신군부 정권의 발표나 보도지침에 따라 왜곡 보도를 일삼지 않았나.

다른 한편으로는 광주사태, 광주항쟁에 대해 일반 한국 사람들이 자기가 들은 경로에 따라 사실을 너무나도 다르게 알고 있었기 때문이다. 당시 광주의 진실에 대해 서로 각각 다르게 알고 있었다. 왜냐하면 언론은 1980년대 중반까지도 진실을 보도하지 못하고 전두환 정권의 주장을 짜깁기까지 하면서 보도했다. 1987년 6월항쟁 이전까지는 거의 다 그랬다. 그래서 사망자에 대해서도 제대로 알 수가 없었다. 계엄군이 어떤 만행을 저질렀는가, 이것에 대해서도 정확히 알 수 없었다.

이런 상태였기 때문에 공신력 있는 기관만이 광주의 진실을 제대로 알릴 수 있었다. 그런 점에서 천주교회는 광주의 진실을 전달하는 데 어느 곳보다도 공신력이 있을 수 있었다. 그런 상태에서 천주교 광주 대교구, 전주 교구에서 헌신적으로 노력한 덕분에 진실이 많이 알려지게 된다.

그런데 천주교의 진실 알리기 활동은, 그때까지 광주항쟁과 관련해 유포된 글 가운데 잘못 알려져 있는 것도 있었는데 그걸 바로잡는 역할도 했다. 예컨대 '어느 목격자의 증언'이라는 부제가 붙은

〈찢어진 기폭〉이라는 글이 있다. 1980년대에 제일 많이 읽힌 것 중 하나일 뿐만 아니라 해외에도 많이 알려진 글이다. 일본 가톨릭 정의평화협의회에서 번역해서 돌렸고 북아메리카 한국인권연맹에서도, 독일 코리아차이퉁에서도 이걸 돌렸다. 그런데 이 글에는 과장되거나 왜곡된 내용이 일부 들어 있었다.

천주교에서 제일 먼저 광주의 진실을 알리는 활동은 전주 교구에서 했다. 1980년 5월 20일 전주 교구는 광주항쟁에 대해 올바른 계도 활동을 적극적으로 펴기로 결의했다. 그다음 날 광주를 빠져나와 남원에서 〈전두환의 광주 살육 작전〉을 쓴 김현장이 전주 교구에 왔다. 22일 전주 교구는 〈전두환의 광주 살육 작전〉을 1만 부 정도 살포하기로 했다. 23일에는 김재덕 전주 교구 주교 주례로 60여 명의 사제들과 신자들이 참석한 가운데 '광주항쟁 희생자를 위한 위령 미사'를 올렸다. 그 당시에 대단한 용기였다. 5월 23일 서울에 모인 천주교 주교단은 김수환 추기경 이름으로 전국 신자들에게 시국 안정을 위해 특별 기도를 해줄 것을 요청했다. 광주 대교구 윤공희 대주교는 5월 24일 광주 시민들이 역사에 없는 처참한 시련을 겪었음을 기술한 자신의 특별 서한을 교구 내 모든 본당에서 읽도록 했다.

개신교도 진실을 알리는 작업에 동참했다. 5월 25일 목포역 광장에서 목포시기독교연합회 비상 구국 기도회가 열렸는데, 여기서 '광주 시민 혁명에 대한 목포 지역 교회의 신앙 고백적 선언문'을 발표했다. 신군부의 책임을 정면으로 묻는 선언문이었다.

—— 김성용 신부도 비중 있는 역할을 하지 않았나.

1980년 5월 26일 주변 사람들의 권유로 광주에서 탈출한 김성용 신부는 김수환 추기경을 만났는데, 만나자마자 추기경의 첫마디가 대뜸 "광주의 진실이 어떤 것이냐"였다. 김 신부 또한 탈출하면서, 광주 상황을 알리고 살인자들의 만행을 폭로하는 일이 자신에게 주어진 유일한 임무라고 생각했다. 서울 대교구에서 김 신부는 오태순 신부 등의 권유로, 이것도 아주 많이 읽힌 글인데, 〈분노보다는 슬픔이〉로 알려진 글을 집필했다. 이 글은 녹음테이프로도 만들어져 돌았다. 이것 때문에 또 많은 신도들이 걸려들고 그랬다.

〈찢어진 기폭〉은 김수환 추기경도 읽었는데, 나중에 이 글이 사실과 다르다는 것을 알게 됐다. 김성용 신부도 서울로 탈출했을 때 이 글을 읽었다. 임산부를 공수 부대 군인이 콱 찔러 아랫배를 가르고 태아를 끄집어내 내던졌다는 등 대단히 '실감나는' 표현으로, 소름이 쫙 끼치도록 묘사돼 있었다. 국내외에 알려진 자료이기 때문에 빨리 바로잡을 필요가 있었다. 김성용 신부가 정마리안느 수녀에게 "이런 것은 과도하게 소문이 돈 것이다", "이런 부분에 대해서는 모르겠다" 등의 판단을 얘기했고, 마리안느 수녀가 그것을 녹음해 돌렸다.

천주교 정의구현사제단도 광주의 진실을 알리는 것이 중요하다고 생각했다. 광주 대교구에서는 그 일을 정형달 신부가 맡도록 했다. 정 신부는 〈광주사태에 대한 진상〉을 작성해서 전국에 배포했다. 〈찢어진 기폭〉 등 광주에 관한 글들이 과격하거나 일부 과장돼 있어서 공신력 있는 단체에서 광주의 진상을 알릴 필요가 있다고 생각해 그렇게 한 것이다. 이 글이 나오자 정의구현사제단과 전주, 부산, 마산, 안동, 수원, 순천, 원주, 인천, 청주, 서울의 천주교회 그리고 수도회 사제단은 "우리는 천주교 광주 대교구 사제단이 발표한 〈광주사태에 대한 진상〉이 진실임을 믿는다"는 성명서를 냈다. 그렇지만 대구 대교구 사제들, 서정길이 대주교로 있는 그곳 사제들은 동참하지 않았다. 성명서를 낸 곳의 사제들은 그것을 신자들에게 읽혔고, 신자들은 다른 사람에게 이걸 읽게 했다.*

진실 알리기에 앞장선 사제와 수녀들에게는 혹독한 시련이 따랐다. 현상금 50만 원에 지명 수배된 김성용, 조철현 신부 등 광주 대교구 소속 신부 7명, 오태순 등 서울 대교구 신부 5명, 노동문제 연구소 정마리안느 수녀가 연행됐다. 정마리안느 수녀는 보안사 지하실에서 심한 고문을 당해 뇌가 손상되고 하반신이 완전히 마비됐으며 언어도 잘 안됐다. 전주 교구 박창신 신부, 여산성당 주임 신부였던 이 사람은 광주의 진실을 알리기 위해 그야말로 여기저기 뛰어다녔다. 그러다가, 그 옆에 주둔하고 있었던 공수 부대 7여단 쪽 사람들로 보이는데, 1980년 6월 25일 밤 군인 같은 괴한들에게 쇠파이프로 맞고 실신했다. 그 후에도 계속 두들겨 맞고 다섯 군데나 칼에 찔려서 한 달 동안 운신을 못하는 상태에 처했다.

---

* 2016년 10월 SBS 〈그것이 알고 싶다〉는 천주교 대구 대교구가 운영하는 사회 복지 시설 희망원 문제를 다뤘다. 이 방송을 통해 희망원에서 2년여 동안 129명이 사망한 사실 등이 널리 알려지며 공분을 샀다. 임성무 전 천주교 대구 대교구 정의평화위원회 사무국장은 이 문제를 대구 대교구의 역사적 행보와 연결해 이렇게 설명했다. "대구 대교구가 갖고 있는 역사에서 부끄러운 점 중 제일 큰 건 친일에 앞장섰다는 거고요. 그다음에 (1979년) 12·12사태 이후에, (1980년 5월) 광주 이후에 국보위(국가보위비상대책위원회)라는 걸 만들었잖아요. …… 거기에 (대구) 교구 사제들 두 분이 참여했습니다. 다른 어떤 (천주교) 교구도 참여하지 않았고 오직 대구 교구만 참여를 했어요. 시립 희망원도 바로 그때 운영권을 받았습니다. …… 독재 권력을 비호하면서 이익을 챙기는 걸로 살았다는 게 저희 대구 교구가 갖는 부끄러움 중 하나입니다."

조작, 은폐, 왜곡으로 점철된
전두환·신군부의 광주 진실 규명 저지 공작

광주항쟁, 열여덟 번째 마당

무엇을 할 것인가를
끊임없이 묻게 만든 광주의 진실

김 덕 련 1980년 5월 27일 계엄군의 무력 진압으로 광주항쟁은 막을 내렸다. 그러나 그것은 오월 광주의 끝이 아니었다. 진실을 밝히고 알리는 지난한 투쟁 국면으로 넘어갔다는 점에서 새로운 시작이기도 했다. 오월 광주의 진실을 규명하는 것은 민주주의로 나아가는 길이기도 했다. 그렇기 때문에 전두환 쪽에서 보면 어떻게 해서든지 막아야 하는 일 아니었나.

서 중 석 현대사에 별 관심이 없는 사람이나 젊은이들은 광주항쟁 이후에는 광주의 진실이 상당히 알려졌을 것이라고 생각할지도 모른다. 그러나 광주의 진실을 알리는 것은 험난하고 힘든 일이었다. 전두환·신군부 정권이 다른 것은 몰라도 광주의 진실만은 갖가지 방법으로 알려지지 못하게 했기 때문이다.

　　천주교 광주 대교구에서는 매주 월요일마다 성당에서 강론 등을 통해 신자들에게나마 진실을 알리려 했다. 그러나 경찰의 원천 봉쇄, 방해로 그것마저 쉽지 않았다. 예컨대 구속 중인 김성용 신부가 주임 신부인 남동성당에서 1980년 6월 30일 미사를 드리려고 하자 경찰이 성당을 봉쇄하고 미사를 지내면 체포하겠다고 나왔다. 전남북 계엄분소장은 경고장을 보냈다. 착검한 군인들의 철저한 통제로 10여 명의 신부들도 들어갈 수 없자 주룩주룩 내리는 비를 맞으며 신자, 시민들과 함께 묵주 기도를 올리고 성가를 불렀다. 윤공희 대주교는 신부들의 강행 의사에도 불구하고 미사를 포기하자고 했는데, 훗날 윤 대주교는 이 결정을 후회했다.

1986년 5월 18일 학생과 시민들이 5·18 추모 미사를 끝내고 십자가와 태극기를 앞세워 가두시위를 하고 있다. 1980년대 학생 운동의 주된 활동 중 하나는 광주의 진실 알리기였다. 광주의 진실을 알리는 활동은 그 자체가 반전두환 투쟁이었다. 사진 출처: 경향신문

　학생들은 1984년경부터 학생 운동의 폭을 넓혀갔는데, 주된 활동의 하나가 광주의 진실을 알리는 일이었다. 그리하여 대학가는 4월에 4·19 기념을 겸해 4월 투쟁을, 5월에는 여러 날에 걸쳐 광주의 진실을 알리는 각종 교내 활동과 시위 투쟁을 벌였다. 광주의 진실을 알리는 활동은 그 자체가 반전두환 투쟁이었고 민주화 운동이었다. 5월 투쟁은 학생 운동을 확장하는 지렛대였다.

　이처럼 일부 성당과 교회, 대학을 중심으로 광주의 진실을 알리는 활동을 폈으나 제한된 공간에서 이뤄진 수공업적 활동이었다. 하지만 진실을 봉쇄하면서 전두환 정권은 조작, 은폐, 왜곡 활동을 온갖 매스컴을 이용해 국가적 차원으로 전개했다. 다윗과 골리앗의 싸움이었다.

'광주의 진실' 조작, 은폐,
왜곡의 복마전, 전두환 정권

—— 전두환 정권은 어떤 식으로 조작, 은폐, 왜곡 공작을 전개했나.

1985년은 2·12총선으로 야당이 그전의 야당과는 아주 달랐다. 민주화를 열망하는 선거 바람이 거세게 불어 김영삼, 김대중이 이끄는 신당이 돌풍을 일으켰고, 선거 전 제1야당이었던 민한당을 선거 후 삼켜버렸다. 선거 폭풍에 전두환 정권은 흔들흔들하는 것 같았다. 그렇지만 항쟁 5주년을 맞는 광주에 대한 태도는 달라지지 않았다.

여기저기서 광주의 진상을 요구하는 목소리가 높아지면서 야당 의원이 국회에서 광주 학살의 진상 규명을 요구했다. 그러자 윤성민 국방부 장관은 시위대에 의해 경찰이 중경상을 입는 등 경찰력만으로는 질서 유지가 안 되어 부득이 군이 나섰고, 불순분자가 유언비어를 조작하는 등 광주를 난동으로 몰고 갔으며, 시위 확산 이면에는 일부 정치 세력에 의한 배후 조종이 있었다고 주장했다. 광주항쟁 때 계엄사령관이 발표한 것과 대동소이한, 터무니없는 조작, 왜곡이었다. 그러나 당시 국민들 대다수는 광주의 진실을 모르고 있었다. 그러니까 윤성민이 그런 소리를 한 것이 아니겠는가.

국방부는 선명 야당의 공세에 대응하기 위해 '80위원회' 같은 대책 기구를 만들고 〈광주사태의 실상〉을 내놓았다. 이 문건에서 유언비어에 대해 한 얘기만 들어보자. "총 사망자 191명 중에는 칼에 찔려 사망한 여자는 한 명도 없었다." 그러고는 "당시 유포되었던 유언비어는 학원 소요를 배후 조종한 가운데 불순분자가 의도적이고 계획적으로 유포한 것으로 보여진다"고 주장했다. 이 문건에 당시 진실을 아는 사람들이 얼마나 분노했을 것인가는 차치하고, '학원 소요 배후 조종자'라고 1980년 5월 계엄사가 발표한 김대중이 그때(1985년) 야당의 최고 지도자였는데도 이런 소리를 한 것이다. 그러니 무슨 소리를 못할까 싶다.

보안사 등 사찰 기관은 광주의 진실을 틀어막기 위해 5·18 유족들을 감시, 사찰하고 회유했다. 5·18유족회장을 일일이 동행해서 따라다니기도 했다. 자식들 죽음에 강한 분노를 드러내도 기관원한테 극렬분자로 찍힐 수 있었다. 자식들 죽음을 얘기하지도, 슬픔을 함께 나누지도 못하게 막았다. 그러고는 '온건' 성향의 유족에게는 쌀과 연탄 등을 주며 회유했고 논을 사준다고도 했다. 광주 505보안부대는 유족을 A, B, C급으로 나누어 분류했다. 그러면서 A급은 극렬분자라고 불렀다. 5·18 관련 집회에 자주 나가거나 울분을 토하는 유족들이 여기에 속했다. 한때 149명의 유족 중 38명이 A급으로 감시를 받았다고 한다.

사찰 기관은 5·18의 진실을 지우는 데 눈엣가시인 유족회를 분열시키고 해체시키는 것이 자신들의 목적이나 다름없었다. 또 망월동 묘지를 없애는 것도 광주의 기억을 지우는 데 굉장히 중요했다. 그들은 금남로를 없앨 수는 없지만 망월동 묘지는 없앨 수 있다고 하면서 묘지 이장 계획을 세웠다. 그것은 유족들을 분열시키고 이간질하는 데도 좋았다. 그래서 전남지역개발협의회를 만들어 이장을 권했다. 그들은 묘지 이장 계획을 비둘기 계획이라고 했다. 이장을 하면 당시로는 거금인 1,000만 원을 준다고도 유혹했고 이장에 반대하는 유족들은 극렬파 또는 강경 유족이라고 불렀다.

망월동 시립묘지로 운구된 희생자들의 관과 그 유가족들. 사찰 기관은 금남로를 없앨 수는 없지만 망월동 묘지는 없앨 수 있다고 하면서 묘지 이장 계획을 세우기도 했다. 사진 출처: 전남대학교5·18연구소

—— 조작, 은폐, 왜곡 공작에서 언론 통제가 상당한 역할을 하지 않았나.

전두환·신군부·계엄사는 언론을 통제하면서 광주사태·광주항쟁에 대해 사실을 조작하거나 왜곡, 은폐했다. 대표적인 것이 1980년 5월 21일 자위권 발동을 주 내용으로 한 이희성 계엄사령관의 담화문이다. 그러한 조작, 은폐, 왜곡은 1985년 윤성민 국방부 장관의 국회 답변이나 대국민용으로 나온 국방부의 〈광주사태의 실상〉에서 다시 똑같이 반복됐다.

전두환이 지시해서 신군부가 많은 인원을 동원해 만든, 12·12

쿠데타, 5·17쿠데타, 광주항쟁에 대해 상세히 기록한 《제5공화국 전사》에서도 그러한 조작과 왜곡, 은폐를 무수히 볼 수 있다. 예컨대 5월 23일에 있었던 지원동 주남마을 소형 버스 참사에 대해 《제5공화국 전사》는 이렇게 써놓았다. "광주-화순 간 도로상인 지원동 부근에서는 무장 폭도들이 계엄군의 봉쇄선을 돌파하려다가 3~4명이 사살되었다." 무장 폭도들이 봉쇄선을 돌파하려 했다는 것도 사실 왜곡이거니와, 타고 있던 18명 중 17명이 사망했는데도 3~4명이라고 얼버무려 축소한 것이다. 공수 부대의 광주 유혈 작전에서 최초로 희생된 청각 장애인 김경철은 1980년 5월 18일 무수한 구타에 눈이 튀어나오고 전신이 으깨어져 그다음 날 오전 3시쯤 숨을 거뒀다. 그런데 《제5공화국 전사》에는 "19일 새벽 3시 '농아' 김경철이 타박상으로 사망한 기록이 있으나, 당시 진압봉조차도 사용이 금지되었던 계엄군의 진압 작전으로 미루어볼 때 계엄군과의 충돌에 의한 사망으로 보기는 어렵다"고 쓰여 있다.

1988~1989년 국회 광주 청문회는 허위 사실, 왜곡, 은폐 증언의 복마전 같았다. 몇몇 예를 보자. 전두환이 "당시 중앙정보부장 서리로서 군 지휘 계통상에 간섭을 할 수 있는 위치가 아니었기 때문에 군의 배치 이동 등 작전 문제에 간여한 사실이 없다"고 한 증언은 전두환이 어떤 사람인지 쭉 봐왔으니까 그냥 넘어가자. 계엄 사령관이었던 이희성은 "그 (국회 봉쇄) 사건에 대해 사후 보고를 받은 일도 없다. 그 군인들이 어느 부대 소속인 줄도 모른다"고 발뺌했다. "모든 정치 활동을 중지한다"는 5·17 계엄 포고령 제10호를 '발동'한 당사자가 자신이고, 국회 봉쇄라는 헌정 파괴, 국헌 문란 행위에 동원된 33사단 이상신 대대장이 육본에 상황을 보고한 뒤 출입 통제 지침을 받아 봉쇄를 한 것인데도 그런 거짓말을 한 것

이다. 최웅 당시 11공수여단장은 주남마을 소형 버스 집중 총격으로 15명(실제는 17명)이 사살된 것에 대해 "도대체 상상도 할 수 없는 상황"이라고 답변했다. 청문회에서 계속된 이러한 거짓 증언, 왜곡·은폐 증언은 상당수가 '답안 요령'을 조직적으로 익히고 예행연습까지 해서 나온 것이었다.

5·11분석반 만들어
광주 청문회 증언 조작에 문서 조작까지

── 예행연습, 어떤 식으로 이뤄졌나.

1988년 4·26총선으로 여소야대 국회가 출현함으로써 국회 차원에서 광주 진상 규명 작업이 벌어질 것은 필지의 사실이었다. 그리하여 헌정 사상 처음으로 광주 청문회와 5공(5공화국) 청문회가 열렸고, TV에서 이러한 국회 활동을 사상 처음으로 생중계하게 됐다. 광주 청문회는 광주항쟁 이후 처음으로 국민 대다수가 광주 유혈 사태와 광주항쟁에 대해 알 수 있는 기회였다. 신군부로서는 잔뜩 긴장하지 않을 수 없었다. 그래서 노태우 정권은 작심하고 조작, 은폐와 왜곡을 조직적으로 해내는 특별 기구를 만들어냈다.

1988년 5월 11일 국방부는 광주 청문회에 대비해 보안사 주도로, 국방부 산하 각 기관이 참여한 5·11분석반을 만들었다. 5·11분석반은 그동안 군에서 갖고 있던 광주 수사 기록 등을 취합해 5개 분야별로 나눠 조작, 왜곡, 은폐 방안을 연구하고 분석했다. 이들은 청문회에 군 쪽 증인으로 누구를 내세울 것인지, 발포 등 각종 쟁점

1988~1989년 국회 광주 청문회. 광주 청문회는 광주항쟁 이후 처음으로 국민 대다수가 광주 유혈 사태와 광주항쟁에 대해 알 수 있는 기회였다. 사진 출처: 경향신문

에 대해 어떻게 답변할지 등 예상 질문과 답변서를 세밀하고 치밀하게 작성했다. 또 증언 대상자를 '현지답사'하게 하고 호텔 등에서 사건 조작 발언 등에 대해 시나리오대로 예행연습을 시켜 자신감을 불어넣었고, 얼굴 표정까지 알려줬다. 소장, 준장, 연구관 등을 위원으로 한 5·11분석반은 1988년 7월부터 청문회가 종료된 1989년 12월까지 전체 회의를 32회 열었는데, 청문회가 끝나자 이들은 총평으로 "우리는 대단히 '선방'했다"고 자화자찬했다. 거의 10년이 다 되어 간신히 광주의 진실을 알 기회가 생겼는데, 그것을 차단하고 그런 얘기를 한 것이다.

문서 조작도 행했다. 한겨레 2017년 5월 17일 자에는 그런 예가 여러 개 나온다. 청문회에서 1980년 5월 21일 전남도청 앞 집단 발포에 앞서 시민들이 먼저 군에 사격했다는 주장을 최봉구 의원이 반박하자, 최웅 11공수여단장은 "문서가 잘못되었구먼요"라고 시인했다.

5·11분석반의 '5·18 주요 상황 개요' 답변에는 "21일 오후 1시에 무장 시위대가 최초 발사해 1시 30분에 계엄군이 광주 위협 공포탄으로 최초 발사한다"고 조작되어 있다. 30여 명이나 그 자리에서 숨진 만행을 정당방위로 꾸미기 위해 민간인의 경찰서 총기 피탈 시간을 조작한 것이다. 5·11분석반은 21일 오후 1시에 시민들이 총을 먼저 쏜 폭도라고 주장하기 위해 서류 조작을 지시했다. 청문회에 제출된 보안사의 '전남도경 상황 일지'에는 "5.21. 08:00 (전남 나주경찰서) 반남지서, 카빈 3정, 실탄 270발 피탈"로 적혀 있다. 그런데 원자료인, 1980년 6월 3일 작성된 전남도경 자료에는 시위대가 반남지서를 공격한 시각이 오전 8시가 아니라 오후 5시 30분으로 나와 있다.

5·11분석반은 1988년 육본 군사연구실이 펴낸 '광주사태 체험 수기'도 대폭 '수정'하라고, 수정이 아니라 왜곡 또는 조작이었지만, 지시했다. 5월 20일 3공수여단의 야간 발포로 4명이 사망했는데, 3공수여단 이상휴 중령 수기에 "전남대학교에서 급식 후 중대장 지역 대장에게 M16 실탄 30발씩 주고 사용은 여단장 통제"라고 쓰여 있는 것을 "발포 명령자와 관련되는 사항"이라며 "본인에게 통보 부분 수정"을 지시했다. 5·11분석반은 5월 27일 전남도청 작전에 투입된 20사단 김형곤 대령이 수기에서 "11공수여단과 지역 인수인계 시 4~5구의 시체가 가마니로 덮여 있었음"도 과잉 진압과 관련된다고 해서 '본인 통보 부분 수정'을 지시했다. 5·11분석반은 5월 20일 3공수여단 발포로 4명이 사망한 건도 은폐했고, 심지어 공수부대가 대검을 사용한 것까지 은폐했다. 그러니 계엄군이 대량 살

상 무기를 사용한 것을 은폐한 것은 너무도 필연적이라고 할까.

양심선언 막으려
정수동지회 조직해 관리

── 그런 속에서도, 소수이기는 하지만 계엄군이었던 이들 중에서
도 양심에 따라 행동하는 사람들이 나오지 않았나.

보안사는 계엄군 가운데 양심선언을 하는 사람을 두려워했다.
특히 당시 보안사나 5·18합동수사단에 있었던 사람들의 '변절', '배
신'을 경계했다. '변절' 가능한 사람들을 감시, 사찰했고, 양심선언
을 한 사람은 범죄자 취급을 했다.

허장환 전 보안사 광주지부 수사관은 1981년 강제 전역을 당
했다. 계엄사 합동수사본부에서 홍남순 변호사를 재야 수괴로 꾸몄
으나 검찰로 넘어가자 홍 변호사가 진술을 번복했는데, 허 수사관
은 홍 변호사를 재수사해 행적을 조작하라는 지시를 거부한 탓에
항명 행위로 쫓겨난 것이다. 그 뒤 허장환은 자신이 작성한 〈광주
사태의 전말〉 때문에 보안사에 끌려가 전기 고문 등 혹독한 고문을
당했다. 허장환은 1988년 12월 기자 회견을 열고 "1980년 5월 21일
전두환 보안사령관이 직접 광주에 왔다는 사실을 505 대공과장으
로부터 들었다"고 증언했다. 허장환은 2017년 민주 유공자로 인정
받았다.

〈어느 공수 부대의 수기〉는 주남마을을 지나던 소형 버스 탑
승객을 향한 집중 사격에 대해 쓴 글이다. 살아남은 3명의 부상자

중 두 명의 젊은 남성은 병원에 가면 살 수 있었는데도 머리에 3발씩 쏴 죽이는 장면을 상세히 썼다. 양심선언을 한 최영신 중사는 수없이 많은 협박을 받았고 집요하게 감시를 당했다. 최영신도 주남마을 버스 부상자 3명 중 상급자 지시로 청년 둘을 죽였음을 증언했다. 주남마을 소형 버스 학살 사건은 공수 부대원의 수기나 최영신 중사의 양심선언이, 이 두 사람은 동일 인물일 수도 있는데, 없었더라면 은폐됐을 수도 있다. 유일한 생존자 홍남숙의 증언을 보안사에서 거짓말로 만들어버리려고 했을 테니까.

5·18과 관련해서 군인이나 수사관들의 '특이 언동'을 사찰하던 보안사는, 그때는 이름이 기무사로 바뀌었는데, 1996년 검찰 조서에 '가슴이 잘린 여대생 시체'라고 기록되자 해당 검사도 사찰한 것으로 알려졌다.

정수장학회는 들어봤겠지만 정수동지회가 있다는 것을 아는 사람은 드물 것이다. 5·11분석반은 용의주도했다. 청문회가 끝난 뒤 전남합동수사단에서 5·18 수사를 한 사람들 가운데 허장환 같은 사람이 나타나지 않도록, 그들의 용어를 쓴다면 '변절'하지 않도록 하기 위해 만든 것이 정수동지회다. 광주항쟁 당시 광주 505보안부대를 주축으로 검찰, 정보부, 경찰 파견자들로 꾸려진 전남합수단은 80명이었다. 이들 80명의 변절, 특히 퇴직 후 변절 방지에 주력하고 단합 대회 등을 통해 '시대 상황'에 '동요'하지 말고 자신들이 '한 일'에 대해 '자긍심'을 갖도록 하기 위해 만들었다.

북한 특수 부대 600명 침투?
후안무치한 조작극의 극치

광주항쟁, 열아홉 번째 마당

죽은 사람이 교도소 습격?
실체 없는 '광주교도소 습격 사건'

김 덕 련 광주항쟁과 관련해 오랫동안 논란이 된 사안 중 하나가 이른바 광주교도소 습격 사건이다. 실체가 있는 사건이었나.

서 중 석 시민군의 광주교도소 습격 사건은 사실이라면 아주 중요한 사건이라고 생각할 수 있다. 전두환은 회고록에서 "교도소를 습격해 수감자들을 해방시키는 것은 전쟁 수행 중의 점령군 또는 혁명적 상황에서 혁명군이 취하는 교과서적인 작전"이라고 거창하게 말했는데, 당시 광주교도소에는 간첩 및 좌익수 170명, 강력범 300여 명을 포함해 2,647명이 수용돼 있었기 때문이다. 그런데 이에 대한 군의 발표는 신뢰성이 없거나 아주 약하다.

군의 광주교도소 습격 사건 발표를 살펴보려면 먼저 이 교도소가 특별한 위치에 있다는 점을 정확히 파악할 필요가 있다. 광주교도소는 광주에서 담양, 곡성, 여수, 순천 쪽으로 빠져나가는 교통의 요충지에 자리 잡고 있다. 그러니까 시민군이나 시위대원들이 담양, 곡성, 여수, 순천 쪽으로 시위를 확산시키려 하거나 주민들이 빠져나가려면 이 교도소 부근을 지나야 한다. 그다음에 이 국도와 서울-순천 간 고속도로가 측면과 후면으로 지나가는 데다 광주 동부인터체인지가 교도소 정문 앞을 거쳐 연결돼 있다.

이것이 무엇을 말하느냐 하면, 총격전이 일어난 장소를 명확히 해놓지 않으면 이 일대에서 일어난 총격전을 교도소 습격 사건으로 보기가 어렵다는 점이다. 그런데 군의 발표는 이 일대, 교도소 부근에서 일어난 총격이 교도소 습격인 것처럼 주장했다. 광주교도소 습격 사건을 이해하려면 군이 발표한 총격이 한 건을 제외하고는(이것도 문건마다 내용이 다르게 나온다) 3공수여단이 지켰을 때 발생했다는 점을 특히 눈여겨봐야 한다.

—— 그 이유는 무엇인가.

교도소가 중요한 곳이기 때문에도 31사단 대신 1980년 5월 21일 오후 2시 이후 시민군이 생겨나기 시작할 때 특별히 3공수여단에 맡겼을 터이지만, 이 지역이 교통의 요충지이기 때문에 시민군이 외곽으로 빠져나가는 것을 통제하기 위해 3공수여단을 배치했을 것이다. 이처럼 3공수여단은 교통의 요충지 통제, 교도소 보호라는 두 가지 임무를 맡고 있었다. 이것은 또 무엇을 얘기하느냐 하면, 3공수여단이 지키고 있고 옥상에는 기관총까지 설치해 엄중히 경계하고 있는 마당에 죄수를 탈출시키기 위해 소수의 시민군이 성능이 안 좋은 무기를 가지고 공격한다는 것은 대단히 비현실적이라는 것이다.

군의 발표 중 가장 이상한 것은 왜 시간이 오래 지나고 나서 이 사건이 중시되고 '폭도'들의 대표적인 난동 행위로 특별히 강조됐느냐는 점이다. 내 제자이자 광주항쟁 전문 연구자인 조선대 노영기 교수로부터 받은 초기 문건들과 1985년 이후 나온 문건을 비교해보면, 서로 차이가 많고 각각 다른 주장을 하는 경우가 많다. 1980년 5월 14~27일의 상황을 써놓은 전남합수단의 〈광주사태 일지〉에는 4건의 기록이 있는데(21~23일 사이), 두 건은 기습 '기도'이고 습격한 사건은 두 건으로 나온다. 그런데 1982년에 나온 전두환·신군부의 《제5공화국 전사》 2권은 참으로 이상하게도 본문에서는 이에 대한 언급이 거의 없고, 부록에 앞의 합수단 일지를 축소해 실었다. 책의 성격상 가장 상세히, 그리고 특별히 강조해서 언급해야 할《제5공화국 전사》에서 어째서 이렇게 교도소 습격 사건을 무시했을까.《제5공화국 전사》4권에는 본문에서 3공수여단이 교도소를 지켰다는 점은 서술했지만, 교도소 습격에 대해서는 언급하지 않았다.

1985년 2·12총선으로 국민의 민주화 열망이 강렬히 표출되고 강력한 선명 야당이 출현한다. 그때 국방부가 발표한 〈광주사태의 실상〉에는 5회에 걸쳐 습격이 있었다고 나오는데 그중 한 군데만 전남합수단 기록과 비슷하다. 1988~1989년 5·11분석반에서는 6회에 걸쳐 습격했다고 했다는데, 원문을 보지 못했다. 1996년 법원 판결문에는 피고인 측에서 제공 또는 제시했을 내용이 상세히 나오는데, 21~23일에 7회에 걸쳐 공격했다는 시간 등이 합수단 일지와도, 국방부 발표와도 맞지 않다. 전두환 회고록에는 6회에 걸쳐 공격했다고 나와 있는데, 앞에서 언급한 어떤 문건과도 그 시간 등이 다르다. 왜 이런 일이 일어났을까.

── 실체가 있는 사건이라면 어떤 사람들이 그런 일을 벌였는지, 그 과정에서 누가 체포됐는지 등과 같은 사항이 구체적으로 제시되는 게 자연스럽다. 그 부분은 어떤가.

광주교도소 습격 사건을 최초로 본격적으로 다룬 1985년 국방부의 〈광주사태의 실상〉은 5회에 걸쳐 교도소 공격이 있었다고 썼지만, 그중 2회만 그래도 약간이나마 설명이 있을 뿐이다. 그런데 이 문건에는 "(교도소 습격에) 가담한 폭도의 대부분은 과거 이 교도소에 복역했던 전과자, 당시 수용 중인 복역수의 가족 및 이들을 탈옥시키려 했던 극렬 시위자 등"이라고 명시돼 있다. 주로 전과자와 복역수 가족들이 교도소를 습격했다고 주장한 것이다.

이 주장은 전남합수단에서 작성한 〈광주교도소 습격 사건〉에 근거를 두고 있는 것으로 보인다. 이 문건이 중요한 것은 〈광주사태의 실상〉부터 전두환 회고록에 이르기까지 광주교도소 습격 사건을 주장한 문건 중 거의 유일하게 구체적인 내용과 사람 이름이 함께 나온다는 점이다. 〈광주교도소 습격 사건〉에는 당시 복역 중이던 류낙진의 처 신애덕과 동생 류영선이 시위에 가담해 교도소를 습격, 류낙진을 구출하도록 선동했다는 내용이 나온다.

구체성을 가진 아주 드문 케이스여서 이 부분은 조사 대상이 될 수 있었다. 국방부 과거사위원회는 2007년 류낙진 케이스는 광주항쟁을 불순분자 소행으로 몰아가기 위해 조작한 사건임을 밝혀냈다. 류영선은 1980년 5월 21일 전남도청 앞 발포로 머리에 관통상을 입고 병원에 옮겨졌다가 사망했다. 죽은 사람이 류낙진을 구하기 위해 교도소를 습격했다고 한 것이다. 류영선이 사망한 뒤 가족들은 차례로 전남합수단에 불려가 '류영선이 류낙진을 구하기 위해 시민군을 선동하고 교도소를 습격했다'는 내용과 관련된 심문을 받았다고 한다.

광주교도소 습격 사건은 특이하게도 광주교도소를 습격했다는 사람이 지금까지 한 명도 나오지 않고 있다. 5·11분석반은 이 사건으로 시위대 4명과 민간인 2명이 사망했고 시위대 7명을 체포했다고 했는데, 죄수를 탈출시키기 위해 교도소를 6회나 공격했다는 사건에서 4명밖에 안 죽었다는 것도 조금 이상하다. 민간인 2명 사망이란 다른 여러 사건과 비슷하게 광주를 빠져나가려 하거나 광주로 들어오려다가 죽은 사람일 것이다. 문제는 교도소 습격 사건으로 체포됐던 심영의 등 7명 중 교도소 습격 혐의로 기소돼 처벌받은 사람이 한 명도 없다는 데 있다. 한겨레 2017년 5월 17일 자에 의하면 심영의는 "5월 23일 광주교도소에서 2킬로미터 정도 떨어진 동일실고 부근을 지나다가 계엄군의 집중 사격을 받고 체포됐다"며 "교도소 습격 사범이 아니라는 사실이 입증돼 108일 만에 기소 유예로 풀려났다"고 말했다.

습격한 사람 나오지 않는 습격 사건
전두환의 근거 없는 엉뚱한 '추측'

— 전두환은 이에 대해 어떤 얘기를 했나.

교도소를 습격한 사람이 없다 보니 전두환은 기상천외의 엉뚱한 발상까지 했다. 전두환은 회고록에서 교도소를 습격해 수감자들을 해방시키는 것은 혁명군이 취하는 교과서적인 작전이라고 하더니만, "그런데 자신이 교도소를 공격했다고 나선 사람은 한 명도 없다고 한다"고 썼다. 그러면서 앞뒤에 "교도소 습격은 북한의 고정 간첩 또는 5·18을 전후해 급파된 북한 특수전 요원들이 개입한 것이라고 추측"했다. '추측'이라고 표현한 것이 주목된다. 전두환의 '추측'이라는 것이 얼마나 기상천외의 허무맹랑한 발상인가. 전두환 회고록이나 다른 문건 어디에도 교도소 습격이라고 볼 만한 습격은 찾아보기 어렵고, 더더구나 특수전 요원들의 작전이라고 볼 만한 것은 전혀 나오지 않는다. 전두환은 교도소 습격 사건을 북한 특수

전 요원들이 했다고 '추측'하는 것을 기발한 착상이라고 생각했는지 모르지만, 아무런 근거 없이 그러한 엉뚱한 '추측'을 하는 것은 당시 최고 권력자 행세를 한 자신과 계엄군을 욕보이는 짓으로 자신의 얼굴에 침을 뱉는 행위다.

한겨레(2017년 10월 12일 자)는 경찰 면담에서 당시 교도소장이던 한도희가 "3공수여단 병력이 중무장을 하고 있어서 교도소 습격이란 상상할 수 없었고, 계엄군이 시 인근 지역에 시위 확산을 막기 위해 무차별 발포한 것으로 알고 있다"고 말한 것을 근거로 교도소 습격설은 사실무근으로 공식 확인됐다고 보도했다. 한 소장은 노태우 정권 출범(1988년 2월) 한 달 전쯤 전두환 정권의 마지막 작품이었던 민족화합수습위원회에 나와, 시위대가 수차례 침입했으나 못 들어왔고 교도소 앞 총격전을 계엄군과 시민군의 총격전으로 생각했었다고 말한 바 있다.

김영택 기자에 의하면 2004년 교도소 교무과장이던 김근재는 "교도소 주변에서 총격 사건이 몇 번 있었다는 이야기는 들었습니다만, 시민군이나 학생들이 교도소를 습격했다는 사실은 전연 듣지도 보지도 못했습니다"라고 증언했다. 5월 21일 오후 2시 3공수여단과 교체하기 전에 교도소를 지켰던 정웅 31사단장이나 23일 오후 7시 3공수여단과 교체한 박준병 20사단장은 1988년 12월 청문회에서 교도소가 습격 받은 사실이 한 번도 없었다고 증언했다.

광주교도소 습격 사건은 광주항쟁 직후에는 별로 중요시되지 않았고, 그것으로 기록할 만한 것도 별반 없었다. 책의 성격상 특별히 강조해서 상세히 다뤘어야 할 《제5공화국 전사》에서 소홀히 취급한 것은 광주교도소 습격(사건)이라고 할 만한, 주목할 만한 사건이 없었기 때문이다.

그러나 광주항쟁 이후 광주의 진실을 알려는 움직임이 계속 확대됐다. 그보다 전두환·신군부에게 더 다급했던 것은 정치적인 큰 변화로 광주의 진실을 국회 차원 또는 국가적 차원에서 파헤치게 되는 엄청난 사태를 맞이하게 됐다는 점이다. 여기서 군 또는 국방부는 광주항쟁을 폭도들의 폭거로 몰아붙이는 데 이른바 광주교도소 습격 사건을 제시하는 것이 대단히 유용하다는 점에 눈을 돌린 것으로 보인다.

광주교도소 습격 사건이 1985년 2·12총선으로 강력한 선명 야당이 출현하고 민심이 전두환 정권에 등을 돌렸을 때, 1988년 4·26총선으로 여소야대 국회가 출현해 광주 청문회가 열렸을 때, 김영삼 정부 때 전두환·신군부가 내란죄 등으로 단죄를 받을 때 모습을 드러냈다는 것을 각별히 주목할 필요가 있다. (1996년 법원 판결문에 나오는 교도소 습격 사건을 나는 앞에서 피고인 측이 제공한 것에 의존했을 것으로 얘기한 바 있다.)

군 또는 국방부는 시위대가 외곽으로 빠져나가려고 하면서 광주교도소 부근에서 벌어진 총격전, 그 밖에 교통 요충지인 광주교도소 일대에서 있었던 총격 등을 5회(1985년), 6회(1988~1989년), 7회(1996년)로 각각 제시했다. 그러나 각각의 교도소 습격 사건은 상호 간에 시간, 장소, 규모 등이 맞지 않는 것이 대부분이고 교도소 습격 사건이고 볼 만한 사건이 구체적으로 제시되어 있지 않다. 그때그때의 응급 상황에 맞춰 취합했기 때문일 것이다.

그러다 보니까 유일하게 죄수를 탈옥시키기 위한 인물로 등장하는 사람도 이미 1980년 5월 21일 도청 앞 광장에서 군인의 발포로 죽은 사람이었다. 광주교도소를 습격했다는 사람이 한 명도 나오지 않았다는 점도 광주교도소 습격 사건이 허구임을 말해준다고 하겠다. 당시 현장에서 교도소를 지킨 지휘관이던 정웅 31사단장이나 박준병 20사단장도 교도소가 습격을 받은 사실이 없었다고 증언했다.

북한 특수 부대 침투?
후안무치한 조작극의 극치

—— 오월 광주를 폄훼하려는 시도 중 빼놓을 수 없는 것이 이른바 북한군 600명 침투설 아닌가.

'북한 특수군 600명이 광주에 와 각종 난동에 개입했다', 이보다 더 황당한 조작극을 찾아내는 것은 불가능할 것이다. 사실 이 조작극을 다룬다는 것 자체가 창피하고, 이런 망발을 하는 사람이 존재한다는 것이 믿기지 않는다. 낯 뜨거워 얼굴을 들고 다닐 수 없는 사회에 우리가 살고 있는 것이다. 그렇지만 공공 매체에서까지 이런 것을 보도하고 정치 갈등, 지역 갈등이 극심하다보니까 이런 주장을 믿고 싶어 하는 사람들도 있어 언급을 안 하고 넘어갈 수도 없을 것 같다.

광주사태·광주항쟁 당시에는 505보안부대건 검찰이건 경찰이건 어디에서도 이런 황당한 주장을 상상조차 하지 못했다. 1980년 5월 21일 계엄사령관 담화처럼 고작 '고첩'(고정 간첩)이 난동 사태를 일으켰다는 억지 주장이 있었을 뿐이다. 이 시기에는 바로 며칠 전에 전두환이 요란하게 써먹은 북괴 남침설도 별로 활용되지 않았다. 전두환은 5월 10일 일본 내각조사실이 짜고서 제공한 북한 남침설을 가지고 5월 12일 긴급 국무회의를 소집하게 하는 등 마구 퍼트렸고, 국가 위기설을 극대화해 비상 계엄을 지역 계엄에서 전국 계엄으로 확대시키지 않았나. 그런데 광주항쟁 시기에는 일본과 짜고서 무엇을 할 상황이 아니어서 전통적으로 써먹던 '고첩' 수준에 머문 것이다.

북한 특수군 600명설은 5월 27일 상무 충정 작전 직후 활동한 합동수사본부에서도 꺼내지 않았고, 전두환 지시로 만든 《제5공화국 전사》에서도 한마디도 하지 않았다. 물론 1985년 국방부 장관의 국회 답변이나 〈광주사태의 실상〉에도 나오지 않았다. 1988~1989년 조작, 왜곡, 은폐를 전문적으로 전담한 5·11분석반도 그런 발상은 전혀 하지 않았다. 전혀 할 수가 없었다고 하는 것이 더 정확할 것이다. 그래서 1990년대에 쏟아져 나온 광주항쟁에 대한 글, 서적이나 TV의 다큐멘터리에도 나오지 않았다. 그런데 북한 특수군 얘기가 새천년 21세기에, 그것도 2010년대에, 그중에서도 박근혜 정권 시기에 주로 나왔다.

경향신문 2018년 10월 15일 자에 의하면 탈북자 단체인 자유북한군인연합이라는 곳에서 2009년 탈북자 16명의 증언을 엮은 《화려한 사기극의 실체 5·18》을 냈다고 한다. 그것에는 '북한에 있을 당시 광주에 투입됐다는 특수 부대에 대해 들었다'는 식의 주장이 실렸다는 것이다. 그러면서 극우 세력이 "5·18에 북한군 특수 부대가 투입됐다"는 주장을 퍼트렸다.

북한 특수군 문제가 사회적 관심을 모은 건 박근혜 집권 첫해에 5·18을 맞으면서 조선·동아 종편이 본격적으로 특수 부대 '뉴스'를 내보내면서부터였다. 어떻게 공공 방송에서 이런 방송을 내보낼 수 있느냐고 많은 사람이 분노했지만 두 방송사, 특히 조선일보 쪽과 성향이 비슷한, 특수 부대설을 믿고 싶어 하는 사람들에게 그야말로 날개를 달아줬다.

조선일보 계열 TV조선은 2013년 5월 13일 〈장성민의 시사 탱크〉에서 이른바 북한 특수 부대 출신이라고 주장하는 임천용을 등장시켰는데, 임천용은 "600명 규모의 북한군 1개 대대가 침투했다", "전남도청을 점령한 것은 시민군이 아니고 북한에서 내려온 게릴라"라고 말했다. 이것은 허황하다, 황당하다 수준을 훨씬 넘어서는 소린데, 장성민은 이 소리에 의미를 부여해 의도하는 바를 드러냈다. 동아일보 쪽 채널A는 북한군으로 광주에 투입됐다고 주장하는 사람의 목소리만 내보내는 형태로 "광주 폭동 참가했던 사람들은 조장, 부조장들은 군단 사령관도 되고 그랬어요", "머리 긴 애들은 다 (북한) 전투원", "전라도 사람들은 광주 폭동이 그렇게 들통 나면 유공자 대우를 못 받는다" 등등의 소리를 했다. 분노가 엄청나게 커지고 파문이 일자 박근혜 정권은 공식적으로 "5·18 북한군 개입설은 허위"라고 밝혔다. 이러한 북한 특수 부대 침투설을 광주항쟁과 연결시켜 집대성한 인물이 바로 전두환이다.

전두환, 북한 부대 침투설과
광주항쟁 연결시켜 집대성

—— 어떤 점에서 그러한가.

2018년 5월 19일 SBS 〈그것이 알고 싶다〉는 전두환을 북한 개입설의 최초 유포자라고 불렀다. 미국 문서에 의하면 상무 충정 작지만원 씨가 2002년 8월 16일 자 동아일보에 실은 광고. 그는 이 광고를 통해 "광주사태는 소수의 좌익과 북한에서 파견한 특수 부대원들이 순수한 군중들을 선동하여 일으킨 폭동"이라고 주장했다.

전(5월 27일) 8일 후인 1980년 6월 4일 전두환이 주한 미국상공회의소에서 관계자들을 만나 시신 22구의 신원을 확인할 수 없었다고 하면서 22구의 시신 모두 북한에서 온 스파이의 것일지도 모른다고 말했다. 그런데 그로부터 30년 이상 전두환은 이상하게도 그 얘기를 꺼내지 않았다. 전두환답지 않게 묵직하게 입을 다문 것이다.

그러다가 2010년대에 와서 전두환은 특수군 침투설이 자신이 광주 학살에서 발뺌하는 데 대단히 유리하다고 판단한 것 같다. 전두환은 회고록에서 "북한 특수군의 개입 정황이라는 의심", "북한 특수군이 아세아자동차에 집결해 장갑차를 끌고 갔다", "대검을 사용해 시민을 살해한 것은 계엄군이 아닌 북한 특수군", "교도소 습격은 북한의 고정 간첩 또는 5·18을 전후해 급파된 북한 특수전 요원들이 개입" 등 광주항쟁을 특수군과 연결시키는 '추측'을 했다.

전두환 회고록은 나온 지 얼마 안 돼 배포 금지 처분을 받았다. 재판부가 허위라고 밝힌 33군데 중 16개가 북한 특수군 투입과 관련됐는데, 재판부가 허위라고 판단한 근거가 눈길을 끈다. 전두환은 《신동아》 2016년 6월호 인터뷰에서 "1980년 5·18 당시 보안사령관으로서 북한군 침투와 관련된 정보를 받은 적이 있는가"라는 질문에 "전혀(없다)"라고 답했다. 또 인터뷰에서 "북한 특수군 600명이 광주 현장에 존재했다"는 지만원 주장에 대해 대뜸 "어디로 왔는데?"라고 반문했다. 그러고는 "난 오늘 처음 듣는데"라고 말했다. 재판부는 국방부가 2013년 5월 30일 "5·18민주화운동 당시 북한군 특수 부대가 개입했다는 내용은 확인할 수 없었음"이라고 밝힌 것이나, 같은 해 6월 정홍원 총리가 국회에서 "5·18민주화운동에 북한군이 개입하지 않았다는 것이 정부의 판단"이라고 발언한 것도 회고록 배포 금지 가처분 신청을 받아들인 이유로 제시했다.

광주항쟁 당시 시민군 상황실장으로 사형 선고를 받았던 박남선은 지만원과 요절복통할 만한 기이한 법정 싸움을 벌이고 있다. 지만원이 총을 들고 전남도청 문을 나서는 박남선의 사진 얼굴을 변형시켜 노동당 비서를 지낸 황장엽이라고 한 것이다. 황장엽은 1997년 남한으로 망명했는데, 어떻게 당시 26세의 청년을 57세의 황잡엽이라고 할 수 있는지 신기하다. 그뿐 아니라 박남선 뒤의 청년 지용은 북한군 고위 간부였던 오극렬로, 박남선 앞에 앉아 있는 홍홍준은 지금도 북한에서 고위 간부로 활동하는 리선권으로 지목했다.

박남선은 "지 씨(지만원)는 특수군 600명 침투에 이어 최근엔 또다시 대규모 정치 공작조 600명이 더 내려왔다고 주장하면서 지난 9월까지 이 가운데 567명의 신원을 확인했다는 날조극을 이어가고 있다"며 "심지어 평창올림픽이 끝난 뒤에는 올림픽 대표단원 다수를 비롯해 북한 외무성 최선희 부상 등 유명 인사 83명도 '광수'(북한군 특수 부대원을 가리킴)라고 발표했다"고 말했다.

촛불 시위로 정권이 바뀐 이후 광주 유혈 사태에 대한 진상 규명 요구가 높아졌고 새로운 사실이 많이 밝혀졌다. 그러면서 범정부 차원에서 진상 규명을 위한 위원회를 구성하기로 해 2018년 3월 특별법이 통과되었고, 그해 9월 5·18민주화운동진상규명조사위원회가 출범하도록 되어 있었다. 그렇지만 자유한국당의 방해 공작으로 진전이 되지 않았다. 한국당은 심지어 자당 추천 위원으로 지만원을 제안하려고까지 했다. 2019년 2월 8일에는 '민의의 전당'이라는 국회에서 김진태, 이종명, 김순례 등 자유한국당 의원 주최로 '518 진상 규명 대국민 공청회'를 열었는데, 지만원이 연사로 나왔다. 일부 극우 정치인들의 진상 규명 재 뿌리기로 위원회가 활동할 수 있을지, 활동하더라도 성과를 거둘 수 있을지 심각한 우려가 나오고 있다.

나는 앞에서 북한 특수군 600명설을 다룬다는 것 자체가 창피하다고 얘기했지만, 그런 주장을 듣다보면 우리 사회가 정신병 중증 환자가 아닌가 하는 착각이 들기도 한다. 그렇지만 그런 얘기를 듣고 싶어 하는 사람들이 존재하는 한 박남선 말대로 극우 언론이나 조직에서는 그런 황당한 소리를 계속 확대 재생산해나가려고 할 것이다.

── 북한군 600명이 60만에 이르는 한국군, 그에 더해 주한 미군에게 들키지 않고 광주까지 내려왔다가 안전하게 돌아간다는 것 자체가 당시 상황에서 가능한 그림이 아니지 않나.

북한군 600명이 광주에 왔다면, 그리고 무사히 귀환했다면, 그 책임은 전적으로 군 실력자이자 보안사령관인 전두환 등 신군부와 이희성 계엄사령관이 져야 한다. 그러나 아무리 전두환, 이희성이 권력 탈취에 눈이 멀어 국방, 국가 안보를 소홀히 했다고 하더라도 600명이 내려와 활동하다가 귀환한다는 것은 불가능하다.

휴전협정 이후 북한군이 대거 침투한 해가 있었다. 1968년이다. 그해에 1·21 청와대 기습 때 31명이 내려왔고 울진, 삼척 지역에도 북한군이 내려왔다. 처음 군은 울진과 삼척 지역에 각각 2개 조씩 30여 명이 내려왔다고 발표했다. 다시 말하면 그 당시에도 한꺼번에 많은 인원이 내려오기는 어려웠다. 군은 최종 발표에서 울진, 삼척, 명주, 인제 등지에서 110명을 사살하고 5명을 생포했으며 2명이 자수했다고 발표했다. 그때만 해도 휴전선을 넘어오거나 해안선으로 접근하기가 쉬웠기 때문에, 여러 조로 나뉘어 오기는 했으나 이렇게 많은 병력이 내려온 것이다. 그러나 내가 졸병으로 동부 휴전선을 다닐 때는(1970년 연말) 철책선이 잘돼 있어 날아다니는 생물만 자유롭게 왕래할 수 있었고, 그 점은 해안선도 비슷했다. 그 이후로는 북한군이 소수만 내려왔고, 그것도 점차 줄었다. 그래서 울진, 삼척에 내려온 규모 이상으로 1970년대 이후에 내려온다는 것이 있을 수 없다는 사실은 이등병부터 육군 대장까지 다 알고 있었다.

전두환이 《신동아》 인터뷰에서 당시 북한군 침투 정보를 받은 적이 있느냐는 물음에 "전혀(없다)"라고 대답한 것은, 머리를 굴릴 생각을 못하고 맨정신으로 엉겁결에 대답했는지 모르지만 지극히 당연한 답변이었다. 그 때문에 《제5공화국 전사》도 그때 무장 공비가 대거 침투해 폭동 사태에 가세했다면 어떻게 될 뻔했느냐는 상습적인 얘기를 했을 뿐이다.

사실 그때 남북 회담이 열리고 있었다는 사실을 알고 있는 사람은 드물 것이다. 1980년 5월 22일 판문점에서는 남북 총리 회담을 위한 제8차 실무자 회의가 열렸다. 이날 회의가 제대로 되지 못한 것은 남측 항의 때문이 아니라 북측 항의 때문이었다. 북측 대표 현준극이 남조선이 '남침의 결정적인 시기를 노린다'는 등 자신들을 걸고넘어지며 계엄을 확대한 것은 대화 상대방인 자신들에 대한 도발이라고 항의한 것이다. 미국 CIA는 상무 충정 작전(5월 27일) 10일 후인 1980년 6월 6일 작성된 국가안전보장회의 문건에서 "지난 한 달 동안 반복된 북한의 입장은 북한은 남한의 사태에 결코 개입하지 않을 것"이라는 것이었다고 설명했다.

2017년 10월 전남지방경찰청은 수백 명의 북한군이 활동하다 일시에 사라졌다는 것은 터무니없는 주장이라고 공식 확인했다. 군이 아니라 경찰이 한 발표라는 점이 주목된다. 계엄군이 철수한 1980년 5월 22일 이후에도 시내 정보 센터 23곳이 가동되고 정보·보안 형사 130명이 활동했지만, 소위 북한군은 전혀 탐지되지 않았다. 그뿐 아니라 중앙정보부, 505보안부대 등 각종 정보·사찰 기관이 이 시기에는 특히 촘촘히 정보 활동을 하고 때로는 역공작도 했는데, 어디에서도 탐지되지 않았다.

2018년 9월 13일 광주지법 민사부는 전두환 회고록에 의해 명예를 훼손당한 5·18 민주화 운동 피해자들에게 7,000만 원을 배상하고 이 책의 출판 배포를 금지하라고 판결했다. 재판부는 회고록에서 북한군 개입설, 헬기 사격 관련 왜곡 등 32가지와 재출간된 이후 지적받은 5·18 희생자 암매장 부인, 광주교도소 습격 왜곡, 무기 피탈 시간 조작, 자위권 발동 조작 등 37가지 내용 등 69가지가 허위 사실이라고 판단했다. 당시 절대 권력자로서 행세하던 전두환이 12·12, 5·17, 광주항쟁만 나오면 왜 그렇게 작아지고 추해지는지 이해가 안 간다.

성폭력 자행한 계엄군,
피해자들은 신고조차 하기 어려웠다

— 오월 광주의 진실 규명 움직임이 사회적으로 활발할 때에도 차마 나서지 못하다가 근래에 와서야 피해자들이 어렵게 목소리를 낸 사안도 있다. 그 기간 동안 피해자들이 홀로 감내해야 했을 고통이 어느 정도였을지 짐작하기도 어려운 이 사안은 바로 성폭력 문제다.

군인들의 성폭력은 미투의 영향을 받았는지는 알 수 없으나 최근에 와서야 그 심각성이 부각됐다. 2018년 5월 12일에 방영된 SBS 〈그것이 알고 싶다〉는 성폭행당한 여성들의 심각한 정신 질환을 많이 다뤘다. 광주 한 지역에서 이틀 사이에 세 여학생이 성폭행을 당한 사례다. 이 프로그램에 성폭행으로 심한 정신 이상 증세를 보여 가족들까지 큰 고초를 겪는 장면이 나오는데, 성폭행이 장기간에 걸쳐 얼마나 심각하게 한 개인과 가족을 파괴하는가를 잘 보여준다. 산으로 끌려가 성폭행을 당한 최 모 여성의 경우 정신상태가 더욱 악화돼 과거에 자신이 진술했던 것까지 부인하는 증세를 보였다. 505보안부대가 수사할 때 성고문을 자행했다는 증언도 나온다.

2018년 10월 30일 '5·18 계엄군 등 성폭력 공동 조사단'이 언급한 것에는 최소 17명의 여성이 성폭력을 당한 것으로 나온다. 당시 30대 주부, 17세 여고생, 20세 시내버스 여성 노동자 등이 피해를 겪었는데, 공수 부대가 증파된 1980년 5월 19일에서 21일 사이에 집중적으로 그런 일이 일어났다. 군인 2명 이상이 집단 성폭행을 한 경우도 다수 확인됐다.

성범죄 피해를 수치로 여기는 사회적 분위기 때문에 성폭력 피해자들이 신고조차 꺼려 얼마나 많은 성폭력 피해자가 있는지 알 수 없지만, 신고한 성폭력 피해자 중 4명은 증거가 없다는 이유로 피해 보상을 받지 못했다. 일부 피해자들은 아직도 정신 병원에서 악몽에 시달리고 있다. 공동 조사단은 가해자들의 이름과 인상착의, 부대 표시 등의 진술을 들었지만, 조사권이 없어 가해자를 특정特定할 수는 없었다. 공동 조사단은 상무대의 군 영창 등지에서 자행된 성추행, 성고문 등이 45건에 이르는 것으로 파악했다.

공동 조사단이 발표한 성폭력 피해 사례 중 세 건이 한겨레에 소개됐다. 가정부로 일하던 한 여성은 1980년 5월 18일 저녁 들이닥친 한 무리의 군인들에 의해 뒷방으로 끌려갔다. 그때 군인 한 명이 대검이 꽂힌 총을 들이밀며 협박하고 성폭행했다. 이 여성은 임신을 했는데, 시기를 놓쳐 아이를 낳아 대한복지회 정문에 두었다. 2008년 사망한 이 여성은 공동 조사단이 발표한 17건에는 들어 있지 않다. 민주화 운동 보상 심의 과정에서 성폭력 부분이 없어 '부상자'로 분류됐기 때문이다.

다른 한 여성은 당시 22세로 1980년 5월 20일 중무장한 공수부대원에게 당했다. 그 뒤 정신 이상 증세로 병원-귀가-가출-귀가 등을 반복하다가 지금까지 정신 병원에 입원해 있다. 당시 18세로 여고 3학년이었던 세 번째 여성은 5월 19일 계엄군에게 붙들려 숲속으로 끌려갔다. 그곳에서 계엄군은 "너, 연락군이지?"라고 위협하며 집단으로 성폭행했다. 그 여성은 대학에 들어갔으나 1983년 심한 정신 질환으로 입원했다. 그 후 1986년 몸에 휘발유를 끼얹고 불을 붙여 병원에서 사망했다.

광주항쟁은 패배한 투쟁?
살아 숨 쉬며 6월항쟁으로 승화했다

광주항쟁, 스무 번째 마당

격렬한 갈등 상황에서도
약탈을 찾아볼 수 없었던 이유

김 덕 련 항쟁 기간에 계엄군이 일시적으로 물러난 후 광주 시민들은 슬픔과 분노 속에서도 자율적으로 질서를 유지했다. 범죄가 한 건도 없었던 건 아니지만, 폭도들의 세상이라는 당국의 선전과는 전혀 다른 모습이었을 뿐만 아니라 항쟁이 일어나지 않은 다른 지역과 비교해도 범죄가 그렇게 많다고 보기 어려운 수준이었다. 수많은 총기가 시중에 풀려 있던 상황임을 고려하면 더욱 놀랍다고 볼 수밖에 없다.

이와 관련, 큰 규모의 대중 운동 과정 또는 격렬한 갈등 상황에서도 약탈 현상을 찾아보기 어려운 것이 한국전쟁 이후 한국 사회의 특징 중 하나라는 생각이 든다. 광주항쟁뿐만 아니라 1960년 4월혁명, 1979년 부마항쟁에서도 이 점은 마찬가지였다. 다른 나라들의 경우 그러한 상황에서 약탈을 수반하는 경우가 꽤 있었던 것과 달리 한국에서는 그렇지 않았던 부분을 어떻게 봐야 할까.

서 중 석 어째서 4월혁명, 부마항쟁, 광주항쟁에서 약탈이 없었느냐. 4·19, 부마항쟁, 광주항쟁에는 부랑아로 불린 사람들이나 불우 청소년, 실업자들이 대거 가담했으나 외국에서 있었던 것과 같은 약탈 행위는 없었다. 부마항쟁에서 자동차 헤드라이트나 상점의 전등을 깨는 일은 있었다. 그러나 그 경우도 소등하라고 소리를 지른 다음에 불이 켜져 있으면 깬 것이지, 약탈과는 상관이 없었다. 그리고 4월혁명 때 분노한 민중이 이기붕 등의 집을 때려 부수고 그 집에 있는 물건도 꺼내고 그랬고, 부마항쟁 때도 권력자의 집을 부수고

항쟁 기간 동안 걸려 있던 도청 옥상의 태극기와 검은 리본. 항쟁 기간에 광주 시민들은 슬픔과 분노 속에서도 자율적으로 질서를 유지했다.
사진 출처: 전남대학교5·18연구소

그러지 않았나. 그렇지만 약탈 행위라고 할 만한 일은 일어나지 않았다.

눈앞에 좋은 물건들이 있는데도 왜 약탈 행위가 안 일어났느냐. 나도 딱 잘라 말하기는 어려운데, 4월혁명이나 부마항쟁, 광주항쟁 기록들을 보면 그 시위대들이 약탈에 관한 생각을 꿈에도 할 수가 없었던 것 같다. 그 사람들이 주장한 걸 봐라. 4월혁명 때에는 부정 선거 규탄 및 이승만 정권 고발, 부마항쟁 때에는 유신 체제 타도, 광주항쟁에서는 전두환 일당 처단 같은 것들이 주된 내용을 이루고 있었다. 그러면서 싸웠던 건데, 그런 시위를 벌이면서 약탈을 한다? 그런 생각조차 안 들었던 것으로 보인다.

한 가지 더 생각할 수 있는 것은 한국이 세계에서 일본과 함께 가장 안전한 나라에 속한다고 볼 수 있다는 점이다. 난 세계 각지를 여행하면서 그런 생각을 많이 했다. 강력 범죄가 전혀 없는 건 물론 아니지만, 다른 나라와 비교해보면 밤에도 비교적 마음 놓고 돌아다닐 수 있지 않나. 혼자 산에 갔던 여성이 범죄 피해자가 되는 일이 생기기도 했지만, 그래도 아직까지는 혼자 등산을 가더라도 다른 나라에 비하면 안전한 편이다. 500년이 넘는 조선 역사를 보더라도 강도가 많았다는 이야기는 그렇게 많지 않다. 한국은 오랫동안 그러한 문화 민족의 전통을 가지고 있었는데, 그런 전통이 이 문제에서도 일정하게 작용했을 것으로 보인다.

광주항쟁, 1980년대 내내
살아 숨 쉬며 6월항쟁으로 승화되다

—— 광주항쟁을 한국사에서 어떻게 자리매김하는 것이 적절하다고 보나. 아울러 항쟁 당시 소수의 부유층을 제외한 대다수의 광주 시민이 계층을 넘어 하나가 된 측면이 분명히 있지만, 희생자 중 하층민이 높은 비중을 차지하는 것 또한 사실이다. 이런 부분을 어떻게 봐야 할까. 광주민중항쟁, 5·18항쟁, 광주민주화운동, 5·18민주화운동 등 명칭이 다양한데 어떤 용어가 가장 적절하다고 보는지도 궁금하다.

광주항쟁을 어떻게 평가할 것인가, 어떠한 역사적 역할을 했는가, 이런 것들을 마지막으로 살펴보자. 광주항쟁은 갑오농민전쟁(1894년), 3·1운동(1919년), 4월혁명, 부마항쟁과 함께 한국 근현대사에서 아주 중요한 위치를 차지하고 있다. 권력을 탈취하기 위해 변란을 일으킨 집단이나 독재자의 영구 집권욕에 의해 국가가 누란의 위기에 처했을 때, 또는 새로운 세상을 열기 위해 민중이 역사의 전면에 나서 싸우는 경우가 있는데 그러한 항쟁을 대표하는 것 중 하나로 광주항쟁을 꼽을 수 있다.

광주항쟁은 1980년 5월 19일 이미 학생 운동을 넘어서서 시민 중심의 투쟁으로 변하고 있었다. 그러면서 5월 20일에는 택시 기사들을 중심으로 한 기사들의 투쟁이 나타나는데, 22일 이후 시민군으로서 총을 잡은 사람들도 대부분 날품팔이나 실업자, 구두닦이를 비롯한 하층 노동자로 민중들이었다. 20일에 차량 시위를 한 택시 기사들, 버스 기사들도 민중들이었다. 이들은 공수 부대와 목숨 걸고 싸웠고 희생도 가장 컸다. 광주항쟁에서 이들의 역할은 아주 중요했고 결코 외면을 당하거나 잊혀서는 안 되는 위치에 있다.

그런데 광주항쟁에서는 이들뿐만 아니라 대학생이나 교수, 가톨릭 신부 같은 사람들의 역할도 컸다. 밥을 지어 함께 나눈 부인들을 비롯해 일반 시민들도 큰 역할을 했다. 그러니까 3·1운동과 흡사하게 소수를 제외하고는 각계각층이 참여한 것도 부인할 수 없다. 그렇게 해서 일시적으로는 광주 공동체를 형성하고 있었지만, 내부적으로는 갈등도 있었다.

명칭에 대해 질문했는데, 위에서 언급한 의미에서도 광주민중항쟁이라고 부르는 게 좋다고 본다. 그렇지만 3·1운동, 부마항쟁, 6월항쟁 이렇게 부르는 것과 연관시켜서 볼 때도 그렇고 또 광주항쟁에 소수를 제외한 각계각층이 참여했다는 점에서도 그냥 광주항쟁이라고 불러도 좋겠다는 생각이 든다. 그래서 난 지금은 광주항쟁이라는 이름을 쓰고 있다. 5·18민주화운동은 노태우 정권 때 일종의 타협의 산물로 명명됐는데, 적극적 의미가 좀 약하다고 생각한다.

─── 1980년 5월 이후 한국 사회는 오월 광주를 빼놓고는 이야기하는 것이 불가능하다고 해도 지나치지 않은 상황을 맞이하게 된다. 광주항쟁은 그 후 한국 사회에 구체적으로 어떤 영향을 끼쳤다고 보나.

광주항쟁에 대해 '1980년 5월 27일 대대적인 병력 투입으로 희생을 치르면서 끝을 맺을 수밖에 없었다. 그러면서 일단은 성공하지 못했다', 이렇게 보는 견해도 있다. 그러나 광주항쟁에서 누가 승리했느냐, 이건 참으로 알기가 어렵다. 일부 광주 시민들이 좌절했을 수도 있고 불안해했을 수도 있지만, 광주항쟁의 대의는 1980년대 내내 살아 움직였다. 그것에 대해 전두환 등 신군부 집권 세력은 집권 기간 내내 불안하지 않았겠나. 그러면서 결국 김영삼 집권기에 주모자들이 대거 체포돼 재판을 받았다.

광주항쟁이 없었더라면 이런 일이 있을 수 있었을까. 그뿐 아니라 군부의 유신 잔당들이 '서울의 봄'을 깨부수고 제2의 유신 체제를 만들고 있는데 그러한 변란에 아무도 항거하지 않았다면, 그런 나라에 미래가 있다고 할 수 있을까. 선생들이 학생들에게 정의롭게, 올바로 살아야 한다고 가르칠 수 있을까. 그런 점에서도 광주는 한국인들의 가슴에 길이 남을 역할을 했다. 4월혁명과 똑같이 역사에 정의를 세우는 역할을 한 것이다.

광주에서 드러난 민중의 위대함, 전 세계 어디에서도 찾아보기 어려운데, 어떻게 공수 부대에 맞서 그렇게 사생결단하고 강렬히

1987년 7월 9일 서울 시청 광장에서 치러진 이한열 열사 장례식.
광주항쟁이 승화돼 6월항쟁으로 나타나는 것이지만 다른
한편으로는 광주항쟁이 직접적으로는 6·29선언을 갖게 하는 데
역할을 했다고 얘기할 수 있다. 그런 면에서도 광주항쟁은 우리
역사에서 아주 중요한, 잊혀서는 안 되는 위치를 차지하고 있다.

싸울 수 있었는가, 더군다나 그런 공수 부대를 물리칠 수까지 있었느냐, 이런 점은 앞으로 더 많이 논의를 해볼 필요가 있다. 경우에 따라서는 1871년 파리 코뮌과 비교, 검토해볼 필요도 있겠다는 생각이 든다.

광주항쟁은 누구나 얘기하는 것이지만 1980년대 민주화, 자주화 운동의 추동력이었다. 광주항쟁은 젊은이들의 가슴에 뜨겁게 불을 지폈다. 1980년대에 광주 그날이 떠오르면 그렇게 참혹하게 많은 시민이 죽었는데도 자신들이 아무 일도 하지 못한 것을 자책하면서 '내가 어떻게 살아야 하나', '나는 무엇을 해야 하는가', 당시 30대이던 내 또래들도 그런 번민에 사로잡혔으니 재학생들 마음은 어떠했겠나.

'부미방'(부산 미국 문화원 방화) 사건 주동자인 문부식이 최후 진술에서 "광주사태가 아니었다면 나는 이 자리에 서 있지 않을 것이다"라고 얘기하기도 했지만 1980년대 민주화, 반미 자주화 운동은 광주를 빼고 생각할 수가 없게 돼 있다. 그것은 6월항쟁으로 일단 대미를 장식하게 된다. 그렇게 광주항쟁이 살아 숨 쉬면서 6월항쟁으로 승화돼 한국 민주주의를 끌어올리고 민주화와 자유, 인권을 쟁취하게 했다고 얘기할 수 있다.

그뿐 아니라 6월항쟁으로 전두환·신군부가 무릎을 꿇고 결국 노태우의 6·29선언이라는 게 나오게 되는데, 6·29선언이 나온 가장 큰 이유 중 하나는 군이 출동하지 않았기 때문 또는 군이 출동할 수 없었기 때문이라고 봐야 한다. 그건 광주항쟁 경험과 연결돼 있다. 뭐냐 하면 광주항쟁 당시 그 무서운, 막강한 공수 부대, 숫자도 아주 많았던 계엄군이 결국 광주에서 철수할 수밖에 없지 않았나. 그 정도로 강한 반발, 죽음을 두려워하지 않고 생사를 초월한 투쟁,

저항을 본 것이다.

　이러한 광주의 경험은 전두환, 노태우 등 신군부 이너 서클한테만 지울 수 없는 충격을 준 게 아니라 광주에 내려온 모든 군인에게 큰 영향을 끼쳤다고 난 본다. 그러면서 전체 군에도 아주 큰 영향을 주게 된다. 전시를 제외하고 계엄 등으로 출동했을 때 군이 물리적, 심리적으로 그렇게 크게 타격을 입은 일은 그전에는 없지 않았나. 다른 나라에서도 유례를 찾기가 쉽지 않다. 그런 속에서 6월항쟁 상황을 보니까 광주항쟁 비슷하게 큰 규모로, 그것도 전국 각지에서 격렬하게 일어나고 있었다, 이 말이다. '여기서 우리 군이 나갈 수는 없다. 제2의 광주항쟁이, 그것도 전국적으로 일어나면 어떻게 되겠느냐', 이런 판단을 안 할 수가 없었다. 특히 전두환, 노태우 등으로서는 6월항쟁 기간 내내 항상 광주가 떠올랐을 것이다. 그래서 6·29선언이 나왔다고 난 본다.

　즉 광주항쟁이 승화돼 6월항쟁으로 나타나는 것이지만 다른 한편으로는 광주항쟁이 직접적으로는 6·29선언을 갖게 하는 데 역할을 했다고 얘기할 수 있다. 그런 면에서도 광주항쟁은 우리 역사에서 아주 중요한, 잊혀서는 안 되는 위치를 차지하고 있다.

나가는 말

1980년 5월, 전두환 일당은 광주를 피로 물들였습니다. 그로부터 어느새 39년. 학살과 항쟁이 교차한 오월 광주는 역사를 바꿨습니다. 오월 광주의 파장을 배제한 채 1980년 5월 그날 이후의 한국 현대사를 설명하는 건 불가능합니다.

다시 찾아온 오월을 맞아 《서중석의 현대사 이야기》 16~17권을 독자 여러분 앞에 내놓습니다. '서중석의 현대사 이야기' 연재 가운데 2016년 '12·12쿠데타와 오월 광주'라는 주제로 프레시안에 실린 것들 중 일부의 내용을 더 충실히 하고 새롭게 구성한 결과물입니다.

16~17권의 핵심 사안은 오월 광주입니다. 16권에서는 박정희 피살 후 오월 광주에 이르는 과정, 오월 광주 당시 상황과 역사적 의미를 짚었습니다. 17권에서는 오월 광주 이후 권력을 찬탈한 전두환 일당의 집권 전반기를 살폈습니다.

39년이라는 긴 시간이 흘렀지만, 밝혀야 할 사안은 지금도 적잖게 남아 있습니다. 그런 가운데, 뻔뻔한 거짓말과 터무니없는 궤변으로 오월 광주를 어떻게든 폄훼하려는 세력이 여전히 날뛰고 있습니다. 오월 광주 문제는 현재 진행형입니다. 오월 광주의 진실을 잊으면 민주주의에 미래는 없습니다.

2019년 5월
김덕련

서중석의 현대사 이야기⑯

초판 1쇄 펴낸날 2019년 5월 10일

지은이	서중석 김덕련
펴낸이	박재영
편집	이정신 임세현
디자인	당나귀점프
제작	제이오

펴낸곳	도서출판 오월의봄
주소	경기 파주시 회동길 363-15 201호
등록	제406-2010-000111호
전화	070-7704-2131
팩스	0505-300-0518

이메일	maybook05@naver.com
트위터	@oohbom
블로그	blog.naver.com/maybook05
페이스북	facebook.com/maybook05

ISBN	979-11-87373-89-6 04900
	978-89-97889-56-3 (세트)

이 도서의 국립중앙도서관 출판시도서목록(CIP)은 e-CIP홈페이지(http://nl.go.kr/ecip)와
국가자료공동목록시스템(http://www.nl.go.kr/kolisnet)에서 이용하실 수 있습니다.
(CIP 제어번호 : CIP2019016685)

• 책값은 뒤표지에 있습니다. 잘못된 책은 바꾸어 드립니다.

이 책에 실린 사진은 저작권을 가지고 있는 분들과 기관의 허락을 받아 게재했습니다.
저작권자를 찾지 못하여 게재 허가를 받지 못한 일부 사진은 저작권자가 확인되는 대로
게재 허락을 받고 통산 기준에 따라 사용료를 지불하겠습니다.